बुद्ध की ओर

बुद्ध की ओर

रविन्द्र कुमार

ज्ञान पब्लिशिंग हाउस
नई दिल्ली 110002

बुद्ध की ओर

मूल्य : 360

ISBN : 81-212-0924-2

भारत में सन् 2007 में प्रकाशित
ज्ञान पब्लिशिंग हाऊस
5, अंसारी रोड, दरियागंज,
नई दिल्ली–110002
फोन : 23261060, 23282060, फैक्स : (011) 23285914
ईमेल : books@gyanbooks.com
वेब साईट : http://www.gyanbooks.com

लेजर टाइपसेटिंग : टैक्ट कम्प्यूटर ग्राफिक्स, दिल्ली
मुद्रित : सालासर ऐमेजिंग, सिस्टम, दिल्ली

अनुक्रमणिका

आत्मकथ्य

अपनी तरुणावस्था और भरपूर यौवनकाल में मेरा झुकाव नास्तिकवाद की ओर रहा। मैं, तब, ईश्वर रूपी किसी सर्वोच्च सत्ता में विश्वासकर्ता नहीं था। चूँकि ईश्वर विचारों की मेरी परिधि में नहीं आता था; दूसरे शब्दों में, जहाँ तक मेरी बुद्धि जाती थी, वहाँ तक ईश्वरीय सत्ता के प्रमाण मुझे नहीं मिलते थे, और मेरी आँखें उसे देख नहीं सकती थी, इसलिए मैं उसके अस्तित्व को नकारता था। लेकिन ऐसा करते हुए भी मैं अपने आप में दृढ़ नहीं था। वैचारिक द्वन्द्व मेरे मस्तिष्क में चलता ही रहता था। असामन्जस्य की स्थिति मेरे समक्ष बनी रहती थी और वह तब तक बनी रही, जब तक मैं स्वयं भली-भाँति यह निश्चय नहीं कर सका कि "मनुष्य की बुद्धि से परे भी बहुत कुछ है" और "आँखें जहाँ तक देख पाती हैं, वास्तव में उससे आगे भी बहुत कुछ होता है।"

अपनी असामन्जस्यपूर्ण स्थिति के दौरान ही मैंने तथागत गौतमबुद्ध के जीवन और सम्यक् दर्शन को गहराई से जानने और समझने का प्रयास किया। ऐसा करने पर, मुझे ईमानदारी से स्वीकार करना चाहिए, मुझे अत्यधिक शान्ति प्राप्त हुई और साथ ही बुद्ध और बौद्ध दर्शन के प्रति मेरे आदर में अभिवृद्धि भी हुई। तदोपरान्त ऐसी परिस्थितियाँ मेरे सामने आईं कि व्यावहारिक रूप से भी बौद्ध मतावलम्बियों के जीवन से मैं साक्षात्कार कर सका। यही नहीं, निरन्तर ऐसे अवसर भी आए कि मैं गौतम बुद्ध के जीवन के कुछ पहलुओं और बौद्ध दर्शन पर लिखूँ और बोलूँ। मैंने ऐसा किया भी, और मैं पुनः कहना चाहूँगा कि

ऐसा करने से मैंने स्वयं बहुत कुछ जाना। चूँकि सीखने और जानने की कोई सीमा नहीं होती; विशेष रूप से किसी मनुष्य के सम्बन्ध में तो ऐसा कहा ही जा सकता है, इसलिए मैं तथागत के जीवन और उनके ग्राह्य एवं कल्याणकारी सन्देश से भी सीखने व जानने को निरन्तर आतुर रहता हूँ। इस दिशा में यदि कोई विशेष अवसर मिले, तो मैं उसका हृदय से स्वागत करता हूँ, एवं अवसर प्रदानकर्ता का आभार मानता हूँ।

यह ग्रन्थ वास्तव में ऐसे ही प्राप्त एक सुअवसर का परिणाम है, जो मुझे एक मित्र ने एक वर्ष पूर्व मुम्बई में यह कहकर दिया कि वे गौतम बुद्ध के जीवन पर दो या ढाई घण्टे की एक फिल्म बनाना चाहते हैं, तथा मैं उन्हें पटकथा लिखकर दूँ। "पटकथा लिखने का मुझे कोई अनुभव नहीं है" मैंने उन मित्र से स्पष्ट कह दिया था, लेकिन इस सम्बन्ध में उनके बारम्बार अनुरोध को मैं टाल नहीं सका; परिणामस्वरूप "बुद्ध की ओर" शीर्षक से ग्रन्थ सामने है।

गौतम बुद्ध एशिया के महाप्रकाश हैं। उनके जीवन और विचारों पर बड़े-बड़े विद्वानों द्वारा बहुत लिखा गया है, बहुत कहा गया है। मैं अपने को उन विद्वानों जितना सामर्थ्यवान नहीं मानता हूँ। बुद्ध के प्रति मेरा जो आदर है, और बौद्ध दर्शन की जो मेरे लिए महत्ता है, दोनों के प्रति श्रद्धा एवं सम्मानभाव के उद्देश्य से ही मैं यह ग्रन्थ तैयार कर सका हूँ। इससे कुछ भी अधिक किसी को मेरे इस प्रयास के बारे में नहीं समझना चाहिए। श्रद्धा रूपी इस भावांजलि के अर्पण के बाद मैं स्वयं को हल्का अनुभव कर रहा हूँ। क्यों? इसका खुलासा मैं अपने अगले एक ग्रन्थ में करूँगा।

मेरठ (उ०प्र०) — रवीन्द्र कुमार

आभार

"बुद्ध की ओर" शीर्षक से इस ग्रन्थ को तैयार करने में प्रत्यक्ष और अप्रत्यक्ष, दोनों रूपों में अनेकजन की प्रेरणा मेरे साथ रही है। विशेषकर श्री लखमेन्द्र खुराना प्रत्यक्ष रूप से और श्रीमती कमलेश अप्रत्यक्ष रूप से इस कार्य में मेरे प्रेरक रहे हैं। दोनों के प्रति मैं हृदय से आभारी हूँ।

जीवन की अवधि बहुत छोटी है और मनुष्य की योजनाएँ बहुत लम्बी और विस्तृत; तथा इन्हीं योजनाओं में व्यस्त रहकर व्यक्ति उस अन्तिम पड़ाव पर पहुँच जाता है, जहाँ पश्चाताप के अतिरिक्त उसके पास कुछ भी शेष नहीं रहता। उस अन्तिम पड़ाव के समय व्यक्ति की काया में बल नहीं होता; वह रूप-रंगविहीन हो जाती है; जर्जर अवस्था में पहुँच चुकी होती है, और सिवाए व्यथा व दुःख के कुछ और नहीं दे सकती। इसीलिए जो लघु जीवन-अवधि को घमण्ड से दूर रहकर यथार्थ के धरातल पर जीते हैं, काया का सदुपयोग करते हैं, वे ही जीवन को सफल करते हैं।

इस ग्रन्थ की तैयारी में, विशेष रूप से दो-तीन बार इसे पढ़कर शुद्ध बनाने में उक्तानुसार यथार्थ के धरातल पर जीने वाले श्री मनोज कुमार 'गनोज' ने जिस प्रकार निःस्वार्थ भाव से मुझे सहयोग दिया है, उसके लिए मैं उनका भी आभारी हूँ।

जीवन-पथ पर अनेकजन निरन्तर मिलते हैं। उनमें से अधिकांश एक-दिन, दो दिन, चार दिन, एक महीना, एक साल... तक याद रहते हैं, फिर

भूलते जाते हैं। लेकिन कुछ ऐसे भी होते हैं, जो कर्मठता और कर्तव्यपरायणता से सीख देते हुए जीवनभर नहीं, तो अनेक वर्षों तक स्मृति में रहते हैं, भले ही किसी निजी कार्य विशेष में वे प्रत्यक्ष-अप्रत्यक्ष रूप से सहयोग करने में सक्षम न हो सके हों। मुझे भी कई ऐसे लोग इस ग्रन्थ की रचनाकाल की अवधि में मिले और अपनी कर्मठता, कर्तव्यपरायणता व प्रबन्धन-कला से मुझे प्रेरित कर सके, मुझमें शक्ति का संचार कर सके।

ऐसी ही एक कर्मठ और कर्तव्यपरायण महिला अधिकारी सुश्री लीना बनसोड़ से मेरी भेंट वर्धा में हुई थी। मैं उनके सम्बन्ध में अधिक तो नहीं जानता, लेकिन एक ही भेंट में उनकी दृढ़-निश्चयपूर्वक और कर्तव्य मानकर कार्य करने की क्षमता व प्रबन्धन-कला से मैं बहुत प्रभावित व प्रेरित हुआ। इसीलिए मैं आदर व स्नेह के साथ उन्हें यहाँ स्मरण करता हुआ, उनके प्रति भी आभार व्यक्त करता हूँ।

- रवीन्द्र कुमार

बुद्धं शरणं गच्छामि

शाक्य क्षत्रिय कुल में उत्पन्न राजकुमार सिद्धार्थ द्वारा अर्जित 'बुद्ध' वह परमपद है, जिसका अभिप्राय है, "वह, जो जागृत है; जो प्रकाशमान तथा ज्ञान-सम्पन्न है।" अपने परमपद से कुल को धन्य करने, दूसरे शब्दों में कुलभूषण के रूप में स्थापित होने के कारण राजकुमार सिद्धार्थ 'शाक्यमुनि' भी कहलाए।

'बुद्ध' हो जाने के उपरान्त सिद्धार्थ 'तथागत' के रूप में भी अति सम्माननीय हुए; 'तथागत' का अभिप्राय होता है, "वह, जो समान मार्ग से आता और जाता है।"

यही नहीं, 'बुद्ध' महात्माओं के महात्मा के रूप में प्रतिष्ठित हुए; उन्हें करुणा का अवतार माना गया, तथा वे उस एशिया के महाप्रकाश स्वीकारे गए, जिसने संसार को कई मार्गों के माध्यम से जीवन को सार्थक करने का बोध कराया।

"मानव-जीवन दुखमय है; स्वयं मनुष्य दुखों के जाल में फँसता है। वह दुखों से बाहर न निकलकर उस श्रेष्ठ जीवन को निरर्थक कर लेता है, जो दुर्लभ है और पूर्णतः सार्थक किए जाने योग्य है।" बुद्ध ने यही वास्तविकता मानव-विश्व के समक्ष रखी, और वह भी इतने सरल, सहज व सुगम शब्दों में कि वह उस आमजन की मुक्ति का मार्ग बन गई, जो हजारों वर्षों से अन्धकार भरा जीवन जी रहा था, जो अधिकार-शून्य था; और दुखों, जटिलताओं और कठिनाइयों से बाहर निकल पाना जिसके लिए प्रायः असम्भव था।

बुद्ध ने मुक्ति का मार्ग प्रदान किया और समान रूप से प्रत्येक का, आम और खास का, आह्वान किया, "स्वयं अपना दीपक बनो।" बुद्ध का

आह्वान एक ऐतिहासिक क्रान्ति थी, ऐसी क्रान्ति, जिसने भारत के बाद विश्व के कई दूसरे भागों को अपनी चपेट में ले लिया; करोड़ोंजन बुद्धमय हो गए।

ढाई हजार से भी अधिक वर्ष व्यतीत हो गए हैं, जब बुद्ध ने क्रान्ति का बिगुल बजाया, उसे ध्येय तक पहुँचाया और उसके माध्यम से आने वाले हजारों वर्षों तक के लिए एक कल्याणकारी व जीवन को सार्थक करने वाले मार्ग की स्थापना की। न केवल स्वयं महात्मा बुद्ध के जीवनकाल में ही, अपितु उनके बाद भी उस क्रान्तिकारी मार्ग पर चलकर अनेक अपने जीवन को सार्थक कर गए। वह मार्ग इतना श्रेष्ठ एवं सक्षम सिद्ध हुआ कि आज तक भी वह कारगर है तथा उसके माध्यम से उसी प्रकार अभी भी कल्याण संभव है, जिस प्रकार दो हजार पाँच सौ वर्ष पूर्व संभव था। आने वाले समय में भी उसकी सार्थकता कम नहीं होगी।

देशकाल की परिस्थितियाँ निरन्तर परिवर्तन का विषय हैं; स्वयं तथागत गौतम बुद्ध का यही मानना था, लेकिन परिवर्तित परिस्थितियों में किसी स्थापित श्रेष्ठता, जिसे धर्म की संज्ञा दी जा सकती है, या जिसे स्थापित मार्ग कहा जा सकता है, की सार्थकता कम नहीं होती। महत्त्वपूर्ण बात, तो भी, यह होती है कि उस श्रेष्ठता या स्थापित मार्ग को मौजूद परिस्थितियों में कैसे अनुकूल बनाया जाए?

बुद्ध द्वारा स्थापित श्रेष्ठता या मार्ग इसलिए भी कल्याणकारी एवं सक्षम है, क्योंकि वह अपरिहार्य परिवर्तन के नियम को स्वीकारते हुए तथा परिस्थितियों को अनुकूल बनाते हुए ही, दुखों से छूटकर मुक्ति की चाह रखने वालों का "बुद्धं शरणं गच्छामि" के लिए आह्वान करता है।

◆◆◆

देशकाल, कुल, परिवार एवं वंश

मेरु पर्वत को घेरने वाले सात महाद्वीपों में से मध्यवर्ती जम्बू-द्वीप, जिसका विस्तार दस हजार योजन है; इसे ज्ञात विश्व का मध्य भाग भी कहा जाता है और साथ ही द्वीपों-का-द्वीप माना जाता है। इसी जम्बू-द्वीप का आर्यवर्त और फिर आर्यवर्त में मध्यदेश, जिसकी लम्बाई तीन सौ योजन एवं चौड़ाई दो सौ पचास योजन है। शालवन की उपस्थिति के कारण मध्यदेश अत्यन्त ही रमणीय, हरा-भरा और सम्पन्न रहा है।

मध्यदेश की पूर्वी सीमा पर कजंगल (वर्तमान संथाल परगना का कंकजोल), पश्चिम में थूण (वर्तमान हरियाणा का थानेश्वर), उत्तर में उशीरध्वज (वर्तमान हरिद्वार के निकट उशीरगिरि) तथा दक्षिण में सेत कण्णिक (सूहूम का निगम, जो नागसेन की जन्मभूमि है) रहे हैं। मध्यदेश की दक्षिणी-पूर्वी सीमा पर सललवती (सिलई) नदी बहती रही है।

अत्यधिक पवित्र माने जाने वाले मध्यदेश में अपने कुलों, गोत्रों एवं वर्णों को धन्य करने के साथ ही पूरे विश्व में कीर्ति फैलाने वाले अनेक ऐश्वर्यशालियों, चक्रवर्तियों, महाप्रतापियों, महाश्रावकों और लोकमान्यों का जन्म हुआ है। बुद्ध के समकालीन, इन्द्रियों पर विजय प्राप्तकर्ता व अहिंसा के एक प्रवर्तक चौबीसवें जैन तीर्थंकर महावीर का नाम इस कड़ी में विशेष रूप से और बड़े ही आदर के साथ लिया जा सकता है।

उनके समय में ही यदि सम्पूर्ण भरतखण्ड और इसकी सीमाओं के बाहर भी अपनी विद्वत्ता के लिए प्रसिद्ध पुरुषों-आचार्यों का उल्लेख करना हो

तो प्रमुख रूप से न्याय दर्शन के प्रणेता आचार्य गौतम, चार्वाक दर्शन के प्रणेता बृहस्पति के उत्तराधिकारी माण्डव्य, दार्शनिक गोपाल, सिद्ध गौड़पाद, कीमियागर गौड़पाद, शाम्बव्य काश्यप, वादनारायण व्यास, आजीवक पंथ के संस्थापक और सामाजिक समानता के कट्टर समर्थक गोशाला, उरुबेल-काश्यप, नदी-काश्यप और गया-काश्यप का नाम लिया जा सकता है।

यद्यपि मध्यदेश में क्षत्रिय एवं ब्राह्मण, दोनों, बहुत ही श्रेष्ठ माने गए हैं, लेकिन राजकुमार सिद्धार्थ के जन्म के समय यहाँ का क्षत्रिय वर्ण सर्वश्रेष्ठ रहा और इसके कपिलवस्तु नगर-राज्य के राजा शुद्धोदन इसी वर्ण से आते हैं।

कपिलवस्तु का स्वयं अपना विशेष महत्त्व तथा गौरवपूर्ण इतिहास रहा है। प्राचीन भारत के एक महान ऋषि और सांख्य दर्शन के प्रवर्तक कपिल मुनि का आश्रम जिस स्थान पर था, वही स्थान राजकुमार सिद्धार्थ के जन्म के समय कपिलवस्तु नगर था; दूसरे शब्दों में, सिद्धार्थ के पिता महाराज शुद्धोदन का नगर-राज्य। कपिल मुनि का आश्रम सिद्धार्थ के जन्म से कितने वर्ष पूर्व था? इस सम्बन्ध में निश्चित रूप से कुछ नहीं कहा जा सकता है, लेकिन कालान्तर बहुत बड़ा है। ऋग्वेद में उल्लिखित पिंगल कपिल मुनि का ही नाम है, जो सिद्ध करता है कि सिद्धार्थ के जन्म से लगभग दो हजार वर्ष पूर्व कपिल मुनि का आश्रम उनके जन्म-स्थान पर था। स्वयं जातक कथाओं में भी कपिल ऋषि का नाम आता है; और वहाँ से भी इसी तरह की स्पष्टता होती है। दूसरे, उस स्थान से विकसित हुआ कपिल मुनि का सांख्य दर्शन भारतीय आध्यात्मिक चिन्तन पर अपना विशेष प्रभाव रख सका था; वह प्रभाव लम्बे समय तक बना भी रहा। स्वयं बौद्ध दर्शन एवं उसके मध्य घनिष्ठ वैचारिक सम्बन्ध को जाना तथा समझा जा सकता है क्योंकि उसमें भी सम्यक् ज्ञान विचार है।

यदि कपिल ऋषि के सांख्य दर्शन की परम्परा को आगे बढ़ाने वाले विद्वानों की बात की जाए, तो आचार्य आलार कालाम राजकुमार सिद्धार्थ के जन्म से पूर्व सांख्य विचारधारा के पोषक थे। बुद्ध होने से पूर्व बोधिसत्त्व की स्थिति में राजकुमार सिद्धार्थ स्वयं आचार्य आलार कालाम से मिले थे और उनसे

सन्तुष्ट न होने पर अपने मार्ग पर आगे बढ़े थे।

राजा शुद्धोदन एक जननेता भी थे, क्योंकि उस समय कपिलवस्तु गणराज्य था। वे गौतम गौत्र से थे और उसी इक्ष्वाकु वंश से आते थे, जिसमें हरिशचन्द्र जैसे अनेक महाप्रतापी सम्राटों, राजाओं और महापुरुषों सहित मर्यादा पुरुषोत्तम राम ने जन्म लिया था। इस प्रकार शुद्धोदन सूर्यवंशी भी थे।

महाराज शुद्धोदन जयसेन के सुपौत्र और सिंहहनु के सुपुत्र थे। देवदत्त एवं आनन्द, जिनका राजकुमार सिद्धार्थ व गौतम बुद्ध के जीवन से घनिष्ठ सम्बन्ध रहा है, के पिता शुक्लोदन शुद्धोदन के भाई थे। उनके तीन और भाई-अमृतोदन, धोतोदन एवं शुक्रोदन-थे; और अमिता तथा प्रमिता नामक दो उनकी बहनें थीं।

शुद्धोदन बहुत प्रभावशाली, लोकप्रिय एवं सम्माननीय राजा थे; वे अपने न्याय के कारण जनता के लिए उसी प्रकार सुखकर थे जैसे उनके इक्ष्वाकु वंशीय पूर्वज रहे थे।

शुद्धोदन का विवाह देवदह के क्षत्रिय कोल वंशीय शासक अंजन की सुपुत्री महामाया के साथ हुआ। वे अपने समय की सुप्रसिद्ध व सुशील रानी थीं; रानी होते हुए भी उनमें चंचलता नहीं थी, वे पूर्ण आस्तिक व धर्मनिष्ठ थीं, व्यसन-मुक्त थीं और जनप्रिय भी थीं।

शुद्धोदन का दूसरा विवाह महाप्रजापति गौतमी के साथ हुआ। गौतमी महामाया की ही छोटी बहन थीं।

◆◆◆

महामाया का स्वप्न और सिद्धार्थ का जन्म

"राजन्! सूँड में रजतकमल धारण किए उज्ज्वल वर्ण के एक हाथी ने स्वप्न में पहले मेरे शयनकक्ष में प्रवेश किया, फिर तीन बार उसने मेरी शय्या की प्रदक्षिणा की तथा अन्ततः मेरी कुक्षि में प्रवेश किया। मैं निद्रा से बाहर आई हूँ, और स्वप्न की इस अभूतपूर्व घटना ने मुझमें तीव्र जिज्ञासा उत्पन्न कर रखी है; मैं स्वप्न के रहस्य को जानना चाहती हूँ।" प्रौढ़ हो रही रानी महामाया ने प्रातःकाल के आवश्यक कर्मों से निवृत्त होने के बाद शुद्धोदन से हुई अपनी भेंट में विनयपूर्वक कहा।

"आपके इस स्वप्न की बात से तो मेरे भीतर भी कौतूहल उत्पन्न हो गया है देवी महामाया! स्वप्न के रहस्य को जानने की जिज्ञासा मुझे भी हो रही है।" प्रायः शान्त व गम्भीर रहने वाले राजा शुद्धोदन ने महामाया को प्रत्युत्तर दिया और फिर वे शीघ्रतापूर्वक अपने सभाकक्ष की ओर बढ़ने लगे।

वे सभाकक्ष में पहुँचे और नगर के विद्वान-पण्डितों को सादर आमंत्रित करने का आदेश उन्होंने अमात्य को दिया। वे शीघ्रातिशीघ्र रानी महामाया के स्वप्न के रहस्य को जानने को आतुर थे।

महाराज शुद्धोदन के आदेशानुसार अमात्य द्वारा दिए गए निमंत्रण पर कुल चौसठ विद्वान-ब्राह्मण राजप्रासाद पधारे। सभी प्रकाण्ड पण्डित थे। स्वयं शुद्धोदन ने उनका योग्य सत्कार किया और फिर उनके समक्ष रानी महामाया के स्वप्न की बात प्रस्तुत की।

समस्त विद्वानों ने विचार किया और एक स्वर में राजा को बताया,

"देवी महामाया ने गर्भधारण किया है।"

रानी महामाया और स्वयं राजा शुद्धोदन की आयु बढ़ने की ओर थी। ऐसे में शुद्धोदन को घटित घटना ईश्वरीय चमत्कार लगी।

"यह तो भरपूर ईश्वरीय कृपा है", ऐसा मानकर शुद्धोदन ने अन्तर की गहराइयों तक जाकर प्रभु का आभार प्रकट किया। तदोपरान्त भरपूर जिज्ञासा के साथ उन्होंने विद्वान-ब्राह्मणों से प्रश्न किया :

"आत्मा किस कायारूप में प्रकट होगी?"

"देवी महामाया के गर्भ में पुत्र है", विद्वानों ने शुद्धोदन को पुनः एक स्वर में उत्तर दिया।

शुद्धोदन की प्रसन्नता का ठिकाना न रहा; लेकिन होने वाले पुत्र के भविष्य को जानने की भी उन्हें शीघ्रता थी। उन्होंने विद्वान-पण्डितों से पूछा :

"पुत्र का भविष्य...?"

"आपका यह पुत्र यदि गृहस्थी रहा, तो चक्रवर्ती सम्राट होगा", विद्वानों ने भली-भाँति गणना करके तथा आपस में विचार-विमर्श करके उत्तर दिया।

"लेकिन 'यदि' का क्या अभिप्रायः है? क्या मेरे पुत्र के गृहस्थ में न रहने की भी संभावना है?" राजा शुद्धोदन ने पूछा।

"हाँ राजन्! इसकी प्रबल संभावना है।"

"ऐसी स्थिति में.....?" तनिक चिन्तित प्रतीत होते शुद्धोदन ने शीघ्रतापूर्वक जानना चाहा।

"वह परिव्राजक होगा और बुद्ध होगा", विद्वानों ने धीमे स्वर में बताया।

राजा शुद्धोदन के मस्तिष्क पर गम्भीरता स्पष्टतः झलकने लगी। विद्वानों ने गर्भस्थ शिशु को प्रणाम किया और राजप्रासाद से विदा ली।

२

महामाया के गर्भधारण को दसवाँ माह प्रारम्भ हो गया। यह समयावधि राजा शुद्धोदन के लिए तनिक चिन्तापूर्ण रही। विद्वानों की भविष्यवाणी के बाद उन्होंने अपने को अधिकाधिक ईश्वरीय शरण में ही प्रस्तुत रखा।

गर्भधारण के दसवें माह की आधी अवधि व्यतीत हुई, तो महामाया ने अपने मायके जाने की इच्छा प्रकट की। उन दिनों प्रसव के लिए मायके जाने की परम्परा थी। राजा ने महामाया को आज्ञा प्रदान की।

रानी के प्रस्थान के लिए शुभ समय निर्धारित किया गया और उसी के अनुसार उन्होंने राजसी ठाट-बाट के साथ देवदह के लिए प्रस्थान किया। रानी के साथ राजकुलोत्पन्न कई सुन्दरियाँ, कुलांगनाएँ और भद्र राजपुरुष भी भेजे गए।

रानी का रथ लुम्बिनी पहुँचा। लुम्बिनी कपिलवस्तु एवं देवदह के मध्य में स्थित सुन्दर और विशाल हरा-भरा वन था। वन में शाल के वृक्षों की भरमार थी। दोनों राज्यों- कपिलवस्तु एवं देवदह-के नागरिक समान रूप से वन के प्रति आकर्षित थे; वह वन वैसे भी दोनों ही राज्यों की सम्पत्ति था।

रानी महामाया वन को देखकर अति आनन्दित हुईं; उनकी इच्छा वन के भ्रमण की हुई। इसलिए रानी के आदेश पर अस्थायी पड़ाव डाला गया। उपरान्त महामाया ने साथ आईं परिचारिकाओं एवं राजपुरुषों के साथ वन के भीतर प्रवेश किया।

वैशाख-पूर्णिमा का पवित्र दिन था; पुण्य नक्षत्र था। आकाश सहित समस्त दिशाएँ स्वच्छ थीं; शान्ति का वातावरण था। महामाया वन में फूलों से लदे एक शालवृक्ष के नीचे आकर खड़ी हो गईं। वृक्ष की शाखाएँ पुष्पों के भार से झुकी हुई थीं। गर्भवती माता की इच्छा एक शाखा को पकड़ने की हुई।

वृक्ष की शाखा ने मातृेच्छा को जान लिया तथा वह और अधिक झुक गई, जिसे महामाया ने दाहिना हाथ उठाकर पकड़ लिया। बहुत ही रोचक और रोमांचित चित्र उपस्थित हो गया था। भूमि फूल गई थी। वृक्षों से और नई-नई कोमल शाखाएँ फूटने लगी थीं। वन में जन्मित-नवागन्तुक पक्षी मिलकर मंगल गीत गाने लगे थे।

स्वयं रानी महामाया आकाश से उतरी दिव्य अप्सरा के समान प्रतीत होती थीं। वे अति सुन्दर थीं; सुअलंकृत थीं। पुण्य कर्मों एवं पवित्र आचरणों वाली चेतनायुक्त रानी की स्वस्थ काया पर प्रत्येक आभूषण दिव्य शोभा बिखेरता था।

वे रानी थीं, इसलिए उनके वस्त्र भव्य थे, वे हल्के रंग के थे, फिर भी सुवर्ण सूत्रों से मंडित उनकी किनारियाँ मन को मोहती थीं।

रानी के माथे पर सिन्दूर की बिन्दी चन्द्रमा के समान आभा बिखेरती थी। उनका बायाँ हाथ लटका हुआ था, इसलिए उनके कंठ में पड़ी स्वर्णमाला दाएँ से बायीं ओर झुक गई थी और इस प्रकार वह प्रौढ़ हो रही रानी महामाया की सुन्दरता में और अधिक बढ़ोत्तरी करती थी।

महामाया के चक्षुओं का हल्का अंजन, उनके पतले होंठ, हाथों की अंगुलियों के रंगे नाखून, स्वर्ण-पायल और उनमें मौजूद मुक्ता तथा पैरों की अंगुलियों के रंजित नख साक्षात् देवी के दर्शन करा रहे थे। जो भी रानी महामाया के दर्शन उस समय कर पाया होगा, निश्चित ही, देवी स्वरूपा माता के उस दर्शन-लाभ से उसकी मुक्ति का मार्ग प्रशस्त हुआ होगा। रानी की पवित्रता और सौन्दर्य का वह अद्वितीय और अभूतपूर्व दृश्य था; वह धन्य कर देने वाला था।

३

अचानक रानी महामाया को प्रसव पीड़ा प्रारम्भ हो गई। उन्होंने संकेत किया। तुरन्त ही गहरी बुनाई वाले वस्त्र से उनके चारों ओर घेरा बना दिया गया। लोग वहाँ से हट गए।

शालवृक्ष की शाखा महामाया के दाएँ हाथ में ही थी कि शिशु की गर्भ से उत्पत्ति हुई। चारों महाब्रह्मा स्वर्णजाल लिए वहाँ उपस्थित थे। शिशु को स्वर्णजाल में ले उन्होंने रानी के समक्ष उसे रखा; उन्हें प्रणाम किया और कहा:

"देवी! आपको पुत्ररत्न की प्राप्ति हुई है।"

रानी ने कुक्षि त्यागकर नवलोक में आए शिशु को देखा। उन्हें लगभग दस माह पूर्व का स्वप्न स्मरण हुआ, जब रजतकमल धारण किए उज्ज्वल वर्ण के हाथी ने उनकी कुक्षि में प्रवेश किया था। उन्हें ध्यान आया विद्वान-पण्डितों की भविष्यवाणी का, जिसमें उन्होंने यह भी कहा था कि उनका पुत्र बुद्ध होगा। शिशु को देखने और फिर भविष्यवाणी पर विचार करने के बाद रानी महामाया

को चिन्ता नहीं हुई। उनका चेहरा पूर्णतः खिला रहा। वे निश्चिंत होती जा रही थीं कि उनकी कुक्षि से जन्म लेकर उन्हें धन्य करने वाले बुद्ध ही हैं।

अपने एक पूर्वजन्म का घटनाक्रम, जिसमें वे राजा बन्धुमा की ज्येष्ठ पुत्री थीं और उन्होंने अपने गर्भ से भगवान के जन्म की इच्छा की थी, का चित्र अब उनके समक्ष प्रस्तुत हो गया। उनकी आयु ४५-४६ वर्ष के लगभग हो रही थी। वे भली-भाँति जान गई कि महाप्रतिष्ठित होने वाले और जग को जागृत करने वाले बुद्ध को अपने गर्भ से जन्म देने के प्रयोजन से ही वे कपिलवस्तु के राजा शुद्धोदन की धर्मपत्नी बनी थीं। इसलिए रानी ने अपने जन्म को सार्थक माना और बुद्ध को नमस्कार किया।

राजसी परम्परा के अनुसार चार महाराजाओं ने नवजात शिशुरूप बुद्ध को स्वर्णजाल से मृगचर्म में लिया, फिर एक व्यक्ति ने उन्हें स्वच्छ वस्त्र में ग्रहण किया। तदोपरान्त बुद्ध स्वयं ही एक भरपूर खिले हुए कमल पर खड़े हो गए और सर्वप्रथम उन्होंने सहज दृष्टि से पूर्व दिशा की ओर देखा। उसके बाद उन्होंने एक-एक कर सभी दस दिशाओं की ओर दृष्टिपात किया। जैसा कि चक्रवर्ती सम्राटों की परम्परा थी, उन्होंने उत्तर दिशा की ओर सात कदम रखने प्रारम्भ किए। बुद्ध को इस तरह कदम रखते देखकर विद्वान-ब्राह्मणों ने श्वेत छत्र उनके ऊपर किया; उन्हें राजसी चिह्न और पादुका प्रदान की गई। सातवाँ पद पूर्ण हो जाने के बाद बुद्ध ने घोषणा की, "मैं जगत में श्रेष्ठ हूँ।"

४

राजा शुद्धोदन के कुल पुरोहित काल देवल को जैसे ही नवजात शिशु की सूचना प्राप्त हुई, वे तुरन्त राजप्रासाद पहुँचे। देवल सिद्धि शक्ति प्राप्त थे, वे अपने समय के श्रेष्ठ तपस्वियों में से भी एक थे। उन्होंने शुद्धोदन से पूछा, "राजन्! क्या आपको पुत्ररत्न प्राप्ति हुई है?"

"हाँ महात्मन्!" राजा ने उत्तर दिया।

देवल की बाँछें खिल गईं। उन्होंने शुद्धोदन से पूछा :

"क्या मैं उस महान आत्मा के तुरन्त दर्शन कर सकता हूँ?"

"निःसन्देह!" राजा ने कहा।

फिर उनके आदेश से तुरन्त ही दो राजसी सेविकाएँ सुअलंकृत शिशु के साथ उपस्थित हुईं।

शिशु इतना सुन्दर और कंचनवर्णी था कि भगवे रंग के कम्बल में रखी स्वर्ण-मुद्रा के समान वह प्रतीत होता था। फिर उस पर श्वेत रंग का छोटा-सा छत्र, सुन्दरता को अधिकाधिक बढ़ा रहा था। मानो चन्द्रमा पृथ्वी पर आ गया था; अथवा स्वयं दिनकर मेघरहित होकर वहाँ उपस्थित था, प्रायः ऐसा आलौकिक दृश्य जान पड़ता था।

शुद्धोदन ने राजसी सेविकाओं से शिशु को अपने हाथों में लिया और फिर काल देवल की ओर उसे बढ़ाया। देवल ने दोनों हाथों से उसे लिया; उसे ऊपर को उछाला और ऐसा करने के साथ ही वे शिशु के साथ ही स्वयं भी हँसे।

शुद्धोदन को आश्चर्य हुआ, क्योंकि शिशु व देवल का साथ-साथ हँसना दर्शाता था कि दोनों पहले से ही एक-दूसरे से परिचित हैं; परिचय प्रगाढ़ है और निकटतम है।

लेकिन दूसरे ही क्षण देवल गम्भीर भी हो गए। उनकी भौहें झुकीं और दक्षिण दिशा में रखे कमण्डल पर पड़ी। वहीं एक चौकी के सहारे दण्ड भी खड़ा था। फिर देवल ने विस्तृत गगन की ओर देखा; वे विचारमग्न हुए तथा उनकी आँखों में आँसू आ गए।

राजा शुद्धोदन चकित हुए; साथ ही वे चिन्तित हुए, जबकि शिशु को लाने वाली दोनों राजसी सेविकाएँ गहरे आश्चर्य में डूबने लगीं और दृष्टि गाड़कर देवल की ओर देखती रहीं। राजा को विचार हुआ कि कदाचित् काल देवल शिशु के भविष्य को जानते हुए ही इस तरह उद्विग्न हो रहे हैं। इसलिए धीरे से अपने कान को देवल के मुख की ओर ले जाकर राजा ने पूछा :

"महात्मन्! क्या सब कुछ ठीक है? कोई संकट तो नहीं है?"

"नहीं राजन्! कोई संकट नहीं है।" काल देवल ने अति सहजतापूर्वक उत्तर दिया।

"लेकिन पहले आप व शिशु, दोनों, हँसे; फिर आपकी आँखों में आँसू! ऐसा क्यों?"

"मेरी आँखों में आँसुओं का कारण मेरा दुर्भाग्य है; मैं उसी पर रोया", देवल ने उत्तर दिया।

"कैसा दुर्भाग्य?" शुद्धोदन ने जानना चाहा।

"राजन्! यह शिशु अद्भुत है। इसके जो लक्षण मैं देख रहा हूँ, उनसे स्पष्ट है कि यह मानव-विश्व का तो महानतम पुरुष होगा ही, इसकी कीर्ति भी सब लोकों में फैलेगी....।"

देवल बोल रहे थे, राजसी सेविकाएँ भी चुम्बक के समान खिसककर उनके निकट आ गई थीं और पाषाण शिलाओं के समान खड़ी होकर महात्मा को सुन रही थीं। शुद्धोदन के हृदय की धड़कनें तीव्र होती जा रही थीं; वे अधिकाधिक जिज्ञासु होते जा रहे थे। उन्होंने देवल से पूछा :

"महात्मन्! कैसे लक्षण......?"

"यह महापुरुष बुद्ध होगा। मेरा सबसे बड़ा दुर्भाग्य यही है कि मैं उस समय तक जीवित नहीं रहूँगा; लेकिन राजन्! आप कितने सौभाग्यशाली हैं? आप नहीं जानते। आप स्वयं बुद्ध को देख सकेंगे।"

काल देवल ने फिर शिशु की ओर निहारा और अन्ततः अपना सिर उनके चरण-कमलों में रखने के बाद राजा से विदा ली।

५

शिशु के जन्म का पाँचवाँ दिवस था। उसके नामकरण संस्कार की तैयारी थी। राजप्रासाद की भूमि सुगंधित द्रव्यों से लीपी गई थी, भिन्न-भिन्न प्रकार के पुष्प बिखेरे गए थे। शिशु को स्नान कराया गया और वैदिक रीति से नामकरण संस्कारार्थ एक सौ आठ पारंगत विद्वान-ब्राह्मणों को आमंत्रित किया गया।

ब्राह्मण राजप्रासाद पधारे और वहाँ परोसी गई स्वादिष्ट खीर को खाकर तृप्त हुए। राजा ने ब्राह्मणों से शिशु के भविष्य के सम्बन्ध में फिर प्रश्न किया।

सभी एक सौ आठ ब्राह्मण भविष्य बता पाने में सक्षम नहीं थे; उनमें से आठ विद्वान लक्षण ज्ञाता थे, विचारोपरान्त भविष्यवाणी कर सकते थे। उन्हीं आठ ने गर्भाधान के दिन व समय की स्थिति, नक्षत्र आदि पर विचार किया और उनमें से सात ने अपना मत प्रकट करते हुए बताया :

"यदि यह गृहस्थ में रहेगा तो चक्रवर्ती सम्राट होगा, नहीं तो प्रव्रज्या ले बुद्ध होगा।"

लेकिन आठवाँ नवयुवक ब्राह्मण अपने आसन से उठकर शिशु के समीप गया, उसे निहारने लगा। कोडिन्य नामक वह नवयुवक विद्वान, अन्यों से अधिक गम्भीर था और गहरा भी। शिशु को निहारते देख राजा ने कोडिन्य से पूछा :

"महात्मन् कोडिन्य! आप क्या कहते हैं?"

कोडिन्य मुसकाए। फिर उन्होंने एक अंगुली शिशु की ओर उठाते हुए राजा शुद्धोदन से कहा :

"राजन्! यह बुद्ध होगा; मुक्ति-मार्ग का प्रशस्तकर्ता सम्यक् सम्बुद्ध होगा।"

राजा शुद्धोदन ने कोडिन्य को सुना; रानी महामाया और दूसरे भद्रजन ने भी उनके मंतव्य को जाना। नामकरणोंपरान्त विद्वान-ब्राह्मण भी विदा लेकर चले गए।

राजकुमार सात दिन के हो गए। अपने गर्भ से बुद्ध को जन्म देकर व जीवन को सार्थक कर महामाया स्वर्ग सिधार गई। शिशु की मौसी महाप्रजापति गौतमी मृत्यु के क्षण महामाया के पास थीं। महामाया ने प्राण त्यागने से पूर्व गौतमी को शिशु के लालन-पालन का उत्तरदायित्व सौंप दिया।

◆◆◆

काल देवल की प्रार्थना

महामाया को स्वर्ग सिधारे अनेक वर्ष बीत गए; राजकुमार सिद्धार्थ महाप्रजापति गौतमी के संरक्षकत्व में बड़े होने लगे। राजप्रासाद के भीतर और पूरे नगर-राज्य में अपने मधुर व करुण स्वभाव, मीठी बोली, आचरण और व्यवहार के कारण वे अल्पायु में ही चर्चा का विषय बनने लगे। यहाँ तक कि कपिलवस्तु के निकटवर्ती दूसरे राज्यों में भी सिद्धार्थ के व्यवहार की बातें सुगन्धि की भाँति फैलने लगीं। कपिलवस्तु और निकटवर्ती राज्यों का महिला वर्ग उन्हें दिव्य-पुरुष मानने लगा था। काल देवल की देखरेख में राजकुमार की शिक्षा-दीक्षा हो रही थी; देवल राजकुमार के भविष्य के सम्बन्ध में भली-भाँति जानते ही थे, इसलिए जब कभी सिद्धार्थ के व्यवहार से कोई ऐसी घटना घटित होती, जो मानवीयता की उच्च स्थिति का बोध कराने वाली होती, तो उन्हें कोई आश्चर्य नहीं होता था। वे तो बुद्ध का स्मरण कर उनकी भीतर-ही-भीतर जय-जयकार करते थे।

प्रातःकाल की प्रथम वेला थी। चैत्र माह के प्रारम्भिक दिनों के सुहावने व सुखदायी मौसम के कारण वातावरण मोहक था। काल देवल वृद्ध हो चुके थे और अभी भी कपिलवस्तु नगर-राज्य की सीमा पर स्थित उसी आश्रम में रह रहे थे, जिसमें वे कई दशकों से शुद्धोदन के पिता सिंहहनु की मृत्यु के बाद से रहने गए थे।

देवल नित-नियम के बहुत पक्के थे। इसलिए सदा ही की भाँति उस दिन भी आवश्यक दैनिक कर्मों से निवृत्त होने के बाद, स्नान आदि करके वैदिक रीति से विधिवत् ईशवन्दना की तैयारी में थे।

अचानक देवल की दृष्टि आश्रम के समीप की पगडंडी से नगर की ओर जा रही दो प्रौढ़ महिलाओं पर पड़ी। वे उनकी ओर देखने लगे। जैसे-जैसे महिलाएँ और समीप को आती गईं, उनकी आपसी वार्ता के स्वर भी देवल के कानों को छूने लगे। उनमें से एक महिला कह रही थी, "सिद्धार्थ अभी मात्र दस वर्ष के ही तो हैं, लेकिन जिस तरह कल उन्होंने राजसभा में करुणा का अद्वितीय उदाहरण प्रस्तुत किया, उससे स्पष्ट हो जाता है कि उनके भीतर महान पुण्य-आत्मा है। देख लेना! एक दिन सिद्धार्थ की सारे संसार में जय-जयकार होगी....।"

देवल के कानों में दूसरी महिला के शब्द भी पड़े, जो कह रही थी, "परमपिता परमेश्वर ने हमें कपिलवस्तु में जन्म देकर हमारे जीवन को ही धन्य कर दिया है। हम कितने सौभाग्यशाली हैं कि ......?"

"हाँ सखी! हम सभी धन्य हैं, सौभाग्यशाली हैं। अल्पायु में ही हमारे राजकुमार ने राजसभा में तर्क रखकर जिस तरह हंस के लिए न्याय प्राप्त किया, वैसा मैंने तो पहले कभी नहीं सुना। सिद्धार्थ कपिलवस्तु के राजा बनेंगे, भले ही मैं तब तक जीवित रहूँ या नहीं, तो निश्चित रूप से मैं यह कह सकती हूँ कि उनके शासन में सबको उसी तरह न्याय प्राप्त होगा, जिस तरह इक्ष्वाकु वंश के शासकों के राज्य में प्राप्त होता था। जनता बारम्बार उसी तरह राजा के रूप में सिद्धार्थ की माँग सर्वोच्च सत्ता से, ईश्वर से करेगी, जैसे उसने राम के लिए की थी....।"

दोनों महिलाएँ अपने वार्ताक्रम के साथ ही आगे बढ़ रही थीं और देवल के मस्तिष्क में उभर रहा था कपिलवस्तु के राजसी उद्यान का गत दिवस का वृतान्त, जिसे उनके एक प्रिय शिष्य ने उन्हें शब्द-प्रति-शब्द सुनाया था; और फिर उनके चक्षुओं के समक्ष प्रकट हुआ राजसभा का वही घटनाक्रम, जिसकी चर्चा वे महिलाएँ करती जा रही थीं, और संयोगवश जिसके वे स्वयं भी साक्षी थे।

उनके शिष्य ने वृतान्त में बताया थाः

"राजकुमार सिद्धार्थ ने राजकीय उद्यान में प्रवेश किया, तो मानो उद्यान लताओं ने झुककर उनका अभिवादन किया; कलियाँ खिल गईं। हे गुरुदेव!

विभिन्न पुष्प लताओं व वृक्षों से भरपूर, सुखानुभूतिकर्ता और सुन्दर उद्यान में पहुँचे राजकुमार साक्षात् देव प्रतीत होते थे। उनके आगमन से उद्यान की शोभा व सुन्दरता और अधिक बढ़ गई थी।"

"और हे गुरुदेव! उद्यान के जलाशय में विकसित नीलकमलों के उठे हुए पत्र, उनमें से कुछ नीर पर फैले और कुछ स्वच्छ जल में डूबे, किसी का भी निरन्तर अपनी ओर ध्यानाकर्षित करते थे; मन को मोह लेने वाले थे...।"

काल देवल सुन रहे थे और उनके शिष्य कह रहे थे, "अति सुन्दर, सरल, धवल एवं आकर्षक हंसों का एक दल जलाशय में केलिरत था। उनके पंखों से जलबिन्दु उछलते थे और सरोज-पत्रों पर मुक्ता के समान छलकते थे। हल्के-हल्के हवा के झोंकों से कमल के तने काँपते थे और पत्तों पर बिखरे जल-बिन्दु हिल-हिलकर सरोवर के विशाल जल-भण्डार में समा जाते थे, उसी प्रकार जैसे आत्मा परमात्मा में समाकर मुक्त हो जाती है....।"

"गुरुदेव! जलाशय में केलिरत हंस-दल के समानान्तर स्वच्छ नीले आकाश में भी पंक्तिबद्ध एक हंस-दल गमनशील था; मुक्तावस्था में, प्रसन्नतापूर्वक वह दल द्वन्द्व गान में उसी तरह प्रतीत होता था, जैसे किसी राजपथ पर कुलांगनाएँ मंगल गीत गाने में व्यस्त हों.....।"

"बहुत अच्छे," देवल ने मध्यम स्वर में कहा।"

"लेकिन अचानक," शिष्य ने वृतान्त को आगे बढ़ाते हुए कहा, "नभ में गमनशील हंस-पंक्ति बिखर गई; मधुर संगीत में खोए हंस-दल में क्रन्दन व्याप्त हो गया और किसी क्रूर के बाण से आहत एक हंस राजकुमार सिद्धार्थ के चरणों पर आ गिरा।"

"अरे!" देवल ने तनिक गहरी साँस ली और जिज्ञासामय होकर पूछा, "फिर...."

"फिर गुरुदेव! मैंने देखा जलाशय में केलिरत हंस-दल की ओर, जो स्पष्टतः अनुभव कर रहा था गगन से पृथ्वी पर गिरे अपने एक बन्धु की पीड़ा को। जलाशय में केलिरत हंस-दल भयभीत होकर किनारे की ओर सिमट गया और फिर किनारे पर वनस्पति में छिपने लगा।"

"लेकिन जैसे ही मैंने आहत हंस की ओर दृष्टि की, तो पाया कि राजकुमार सिद्धार्थ के दयालु हाथ उसकी ओर बढ़ चुके थे। आहत हंस फड़फड़ा रहा था; उसका गाढ़ा रक्त बूँद-बूँद पृथ्वी पर बिखर रहा था, और करुणावान राजकुमार उसे इस तरह देखकर सिहर गए थे। निर्मल नेत्रों वाले राजकुमार ने फिर भी हंस को गोद में उठाया और तुरन्त ही बाण को उसके शरीर से निकालकर दूर फेंक दिया।"

"और गुरुदेव! जब राजकुमार सिद्धार्थ ऐसा कर रहे थे तो प्रतीत होता था कि हंस जैसे उनका चिरपरिचित हो। यही नहीं, हंस करुणामय राजकुमार की गोद में दुबकने लगा। राजकुमार हंस की पीठ को सहलाने लगे। हंस को आश्रय मिला, प्रेमानुभूति हुई और स्पष्टतः जान पड़ता था कि हंस का दुख कम हो रहा है; हंसों का क्रन्दन लुप्त हो रहा है तथा वेदना निरन्तर घट रही है। यह भी प्रतीत हो रहा था कि रक्तस्राव से निर्बल हो गए हंस में राजकुमार की करुणा से बल भर रहा था; वह अपनी लम्बी ग्रीवा को सिद्धार्थ की कमर पर मोड़कर सो जाना चाहता था और अन्ततः अपनी आत्मा को राजकुमार की आत्मा के साथ जोड़ देना चाहता था...।"

काल देवल का तेजस्वी चेहरा गम्भीर हो गया था। उन्होंने शिष्य के मुख से आगे सुना :

"राजकुमार सिद्धार्थ कदाचित् हंस के तत्काल उपचार के प्रति चिन्तित थे। चिन्तित भाव से ही उन्होंने अपने चारों ओर देखा। उनके समीप राजप्रासाद से साथ में आया तो कोई नहीं था, लेकिन जैसे ही उनकी दृष्टि घूमी, उन्होंने देखा अपने चचेरे भाई देवदत्त को। देवदत्त के हाथों में धनुष व बाण था और वे बहुत तेजी से उसी हंस की ओर बढ़ रहे थे, जो अब राजकुमार सिद्धार्थ की गोद में था...।

"राजकुमार सिद्धार्थ की गोद में सोने को तत्पर हंस ने भी देवदत्त के आने की आहट सुनी। उसकी आँखें खुल गईं; धनुष-बाण लिए आक्रान्ता को उसने देखा और पुनः भय से काँपते हुए वह सिद्धार्थ से लिपटने लगा...."

"गुरुदेव! देवदत्त राजकुमार सिद्धार्थ के पास पहुँचे और तीव्र स्वर में बोले, 'हंस को मुझे दो, मैंने इसे मारा है'।"

"राजकुमार सिद्धार्थ ने उन्हें क्या उत्तर दिया?" काल देवल ने जानना चाहा तो उनके शिष्य ने बताया :

"राजकुमार ने शान्त स्वर में देवदत्त से कहा, 'नहीं, हंस मेरा है', इसलिए वह उन्हें नहीं दिया जा सकता।"

"लेकिन हंस का मैंने शिकार किया है, मैंने इसे मारा है, इसलिए इस पर मेरा अधिकार है", देवदत्त ने कहा।

"मैंने इसे बचाया है", राजकुमार बोले।

"नहीं, यह मेरा है", देवदत्त जोर से बोले।

"तनिक धीरे बोलो देवदत्त! हंस तुम्हारे भारी स्वर से भयभीत हो रहा है।"

शिष्य अपने गुरु काल देवल को राजकुमार सिद्धार्थ और देवदत्त के मध्य हुए तर्क-वितर्क का ब्यौरा दे रहे थे और देवल एकटक उसे सुनते जा रहे थे। फिर शिष्य ने बताया :

"देवदत्त ने कहा, 'मैंने गगन में विचरते हंस पर निशाना साधा था; मुझे गर्व है कि मेरा निशाना सफल रहा।' चूँकि उसके निशाने से घायल होकर ही हंस भूमि पर गिरा, इसलिए उसे उससे कोई नहीं ले सकता।"

"लेकिन राजकुमार सिद्धार्थ देवदत्त के क्रूर स्वभाव के समक्ष भी विचलित नहीं हुए। वे गम्भीर मुद्रा में दृढ़ होकर देवदत्त के तर्क का प्रतिकार करते रहे और फिर अपनी करुण आँखों को पूरी तरह खोलकर उन्होंने आक्रान्ता की ओर देखा तथा कहा, 'मैंने हंस के प्राणों की रक्षा की है, मैं इसे तुम्हें नहीं दूँगा...।' और ऐसा कहते-कहते राजकुमार और दृढ़ हो गए।"

"गुरुदेव! देवदत्त आगे कोई और तर्क दे, इससे पहले ही राजकुमार सिद्धार्थ पुनः बोले कि उन्होंने हंस के प्राणों की रक्षा की है, इसलिए उस पर उन्हीं का अधिकार है....।"

"देवदत्त फिर भी अपनी दावेदारी के लिए अड़े रहे; राजकुमार सिद्धार्थ से वे तर्क करते रहे और इस प्रकार दोनों के बीच विवाद बढ़ने लगा। अन्ततः दोनों ने तय किया कि राजा के पास जाया जाए, हंस पर दावेदारी के सम्बन्ध में वे जो निर्णय दें, उसे स्वीकार किया जाए। फिर दोनों राजदरबार की ओर चले...।"

राजसभा में काल देवल स्वयं उपस्थित रहे ही थे। वहाँ उन्होंने देखा ही था :

"राजकुमार सिद्धार्थ की गोद में आहत हंस और देवदत्त के हाथों में धनुष व बाण था। दोनों ही राजकुमार थे; राजा शुद्धोदन ने दोनों के मस्तक चूमें; दोनों को समान रूप से प्रेम दिया और उनसे विवाद को ठीक प्रकार से सुना, जैसा कि काल देवल के शिष्य भी उन्हें सुना चुके थे।"

शिष्य द्वारा सुनाए गए वृतान्त व राजकुमारों द्वारा राजा के समक्ष प्रस्तुत घटनाक्रम में तनिक भी अन्तर नहीं था...।

फिर, काल देवल ने राजा शुद्धोदन को हँसते हुए देखा और देवदत्त को यह कहते हुए सुना :

"देवदत्त! जीवित प्राणी पर उसी का अधिकार होता है, जो उसके प्राणों की रक्षा करता है। दूसरे शब्दों में, बचाने वाले का अधिकार मारने वाले से कहीं अधिक होता है।"

"यदि हंस मर जाता तो!" देवदत्त ने राजा से पूछा।

"तब वह तुम्हारा आखेट होता!" शुद्धोदन ने निर्णय दिया।

"ओह! यह हंस मरा क्यों नहीं?" देवदत्त ने ऐसा बोलकर क्रोध भरी आँखों से हंस की ओर देखा और राजसभा से पलायन किया।

देवल ने यह भी देखा कि "देवदत्त के पलायन के बाद हंस राजकुमार सिद्धार्थ से लिपट गया; हंस की आँखों में सन्तोष था, खुशी थी; उसके पंख फूल रहे थे और उसे दया व मित्रता का पूरा-पूरा भान हो रहा था।"

काल देवल ने दया और मित्रता, जिनके संयोग से करुणा का निर्माण होता है, का ऐसा उदाहरण पहली बार देखा था।

महिलाएँ पगडंडी पर आगे बढ़ गईं, सचेत होकर तुरन्त काल देवल ईश प्रार्थना के लिए चले गए, और यह जानते हुए कि राजकुमार सिद्धार्थ बुद्ध होंगे, राजा नहीं, तथा इस प्रकार महिलाओं की कामना पूर्ति नहीं होगी, परमात्मा से प्रार्थना करने लगे, "उन्हें करुणा का ऐसा उदाहरण बनाना, जो बेजोड़ हो और जन्म-जन्मान्तरों तक जिसकी करुणा की कीर्ति बनी रहे।" फिर सहसा उनके अपने भीतर से दृढ़ता से भरपूर स्वर फूट पड़े :

"निश्चित ही सिद्धार्थ करुणा के एक बेजोड़ प्रणेता होंगे; उनकी करुणा असंख्यजन के कल्याण का आधार बनेगी, दुखों से छुटकारे का, और जीवन की सार्थकता का मार्ग प्रशस्त करेगी। करुणा लोगों को उनकी शरण में खींच लाएगी; जनसमुदाय उनके करुणा के मार्ग पर बढ़ेगा, और उसे बढ़ना चाहिए, क्योंकि यह कल्याण का मार्ग है...।"

◆◆◆

शुद्धोदन के प्रयास

राजकुमार सिद्धार्थ किशोरावस्था की ओर बढ़ रहे थे। मौसी और सौतेली माँ गौतमी उन्हें सगी माता के समान प्रेम करती थीं। सिद्धार्थ के प्रेम में उनकी ओर से कोई कमी न रह जाए, इसलिए गौतमी ने अपनी कोख से जन्में नन्द को पालन-पोषण के लिए धाय को दे दिया था। लेकिन राजा शुद्धोदन सिद्धार्थ को, मौसी महाप्रजापति गौतमी से भरपूर प्रेम मिलने के बाद भी, अधिकाधिक समय अपनी दृष्टि के सामने ही पाना चाहते थे। राजकीय स्तर से आयोजित होने वाले सार्वजनिक कार्यक्रमों व समारोहों में वे सिद्धार्थ को साथ ले जाने का प्रयास करते थे; और सिद्धार्थ अधिक-से-अधिक सामाजिक व सांसारिक गतिविधियों में रुचि लें, यह उनकी अपेक्षा रहती थी।

कपिलवस्तु में चहुँ ओर हर्ष और उत्साह का वातावरण था। घरों को लीप-पोतकर स्वच्छ किया गया था। मार्गों पर सज्जा की गई थी। राजप्रासाद और दूसरे राजकीय भवन चमकाए गए थे; उन पर पताकाएँ फहराई गई थीं। सभी नागरिकों ने नए वस्त्र धारण किए थे। स्त्रियों ने विशेष वेशभूषाएँ धारण की थीं और वे हर प्रकार से सजी-धजी थीं।

कपिलवस्तु स्वयं ही एक सजी दुल्हन के समान लगता था। नगर द्वारों के स्तम्भ सजे थे। उन पर आम्र-पल्लव लगे थे। जल-कलश रखे थे। दुकानें सजी थीं। देवालय-मंदिर धूप-गन्ध से सुवासित थे। मृदंग एवं वीणा जैसे वाद्ययंत्रों पर संगीत लहरियाँ थिरक रही थीं।

इस हर्षोल्लास का कारण था वह परम्परागत हल-कर्षण उत्सव, जो प्रतिवर्ष स्वयं राजा के नेतृत्व में मनाया जाता था।

राजा शुद्धोदन अपने युग के कृषि-पण्डित भी थे। उनके अधीन लगभग एक हजार निजी हाली थे, जिससे उनकी विशाल खेती-बाड़ी का अनुमान लगाया जा सकता था। राजपरिवार के लोग और शुद्धोदन स्वयं भी चाव से हल चलाते थे।

उस दिन अच्छी तरह नहलाए गए और रंगे गए सींगों वाले सैंकड़ों बैलों के जोड़े राजकीय प्रांगण में एकत्रित थे। सभी जोड़ों के कन्धों पर जुए थे; सुन्दर और सुसज्जित हल थे। शुद्धोदन का हल स्वर्ण जड़ित था। राजा के प्रासाद से प्रांगण में आने की प्रतीक्षा हो रही थी। उनके नेतृत्व में हलों के साथ हालियों को खेत पर पहुँचना था; अपने-अपने हल को तेज चलाने की होड़ लगानी थी।

शुद्धोदन राजप्रासाद से प्रांगण पहुँचे। ग्यारह वर्षीय राजकुमार सिद्धार्थ भी उनके साथ थे। राजकुमार ने वहाँ एकत्रित जनसमुदाय को देखा; जनता में उत्साह और विजयी होने की इच्छा को परखा। वे इस आयु तक ही काफी समझदार हो चुके थे।

राजा अपने हल के साथ मार्ग पर बढ़े; अमात्यगण और पुरोहित उनके साथ थे। साथ में थे धात्रियों और परिचारिकाओं से घिरे राजकुमार सिद्धार्थ। मार्ग में राजा की, और साथ में राजकुमार की जय-जयकार हो रही थी। जनसमुदाय के नारों, "राजा शुद्धोदन की जय", "राजकुमार सिद्धार्थ" व "राजकुमार गौतम की जय" से आकाश गूँज रहा था।

हाली-समूह खेत के निकट पहुँचा। वहाँ एक पल्लवित जामुन का वृक्ष था। उस वृक्ष की शीतल व घनी छाया में एक शय्या पर राजकुमार को बैठा दिया गया; धात्रियों तथा परिचारिकाओं के एक दल को उनके पास छोड़ दिया गया और फिर शीघ्र ही शंख ध्वनि हुई। राजा का हल सबसे पहले खेत में पहुँचा और फिर उनका अनुसरण किया राजसी हलों ने, तदोपरान्त अन्यों ने।

दूसरी बार शंख ध्वनि हुई तथा सभी के द्वारा अपने-अपने हल चलाने की होड़ प्रारम्भ हो गई। बालक उछलने लगे; महिलाएँ गीत गाने लगीं। हल तीव्रतापूर्वक खेत के एक से दूसरे छोर तक जाते, फिर लौटते और भूमि पर लकीरें बनती जाती थीं। स्वाभाविक था लोग कहते :

"देखो! कितनी उत्तम जोड़ी है बैलों की? कैसे आगे बढ़ रही है?"

वे यह भी कहते :

"और वह देखो! कैसे ढीठ हैं? बैल आगे बढ़ते ही नहीं हैं।"

"आगे क्या बढ़ेंगे? बैलों के जैसी स्थिति स्वयं स्वामी की भी है। लगता है पूरे वर्ष कुछ किया ही नहीं। हाँ, बैल मोटे जरूर हो गए हैं, लेकिन...।"

हलों के तीव्र गति से प्रतियोगिता में भाग लेने से धूल भी उड़ रही थी। परन्तु लोगों में उत्साह देखते ही बनता था। कोलाहल था, जिसे सुनकर राजकुमार गौतम की संरक्षिकाएँ-धात्रियाँ व परिचारिकाएँ- भी उसे देखने को आतुर हो उठीं। वे खेत की मेढ़ पर आ पहुँची तथा प्रतियोगिता को देखने में मग्न हो गईं। प्रतियोगिता समाप्त हुई, तो वे भी अन्यों के साथ खान-पान में व्यस्त हो गईं।

सहसा उन्हें राजकुमार गौतम का ध्यान आया। वे उल्टे पैरों उनके पास लौटीं, तो उन्होंने पाया राजकुमार को एकचित्त व शान्त मुद्रा में पद्मासन में बैठे हुए। उनकी एक हथेली दूसरी हथेली पर थी; रूप अद्भुत था। चमत्कार प्रतीत होता था। ऐसा जान पड़ता था कि जैसे स्वयं साक्षात् ईशमूर्ति सामने हो।

दो धात्रियाँ दौड़कर राजा शुद्धोदन के पास पहुँची और बोलीं :

"राजन्! चमत्कार... राजकुमार गौतम ध्यान-मुद्रा में हैं; उनके नेत्र आधे खुले हैं। उन्हें पद्मासन में बैठे देख ऐसा लगता है मानों साधना स्वयं धरती पर उतर आई हो।"

ऐसा सुनकर शुद्धोदन कौतूहल से भर गए। वे तुरन्त पुत्र के समीप पहुँचे। कुछ अन्यों ने भी अपने राजा का अनुसरण किया। राजा ने देखा समाधिस्थ देव समान सौम्यमूर्ति राजकुमार को, और दूसरों ने भी अपनी आँखों से देखा उनके बालयोगी तथा योगीश्वर स्वरूप को। राजा और प्रजा निरन्तर देखते रहना चाहते थे उस अद्भुत चित्र को; वे रमना चाहते थे उस शान्ति से भरपूर वातावरण में।

कुछ के स्वयं ही हाथ जुड़ गए और उन्होंने भीतर-ही-भीतर कामना की, उस स्वरूप से एकाकार करने की; उसके अनुसरण की और अन्ततः जीवन को सार्थक करने की। लेकिन पुत्र का वह शान्त तथा अद्भुत स्वरूप देखने के

बाद हृदय से रोमांचित होने वाले शुद्धोदन को स्मरण हुआ कोडिन्य और काल देवल की भविष्यवाणियों का। उन्होंने विशाल आकाश की ओर देखा।

२

राजकुमार के सम्बन्ध में की गई भविष्यवाणियों और समय-समय पर घटित होते घटनाक्रम, जैसे कि हंस के जीवन की रक्षा, योगी के रूप में पद्मासन में बैठना आदि, से राजा शुद्धोदन सचेत रहने लगे। सचेतता के मूल में कहीं-न-कहीं शंका थी, चिन्ता थी। राजा उन सहायकों, सेवकों-सेविकाओं को विशेष रूप से सचेत करते थे, जो राजकुमार गौतम के साथ प्रासाद से बाहर नगर में या राज्य के दूसरे भागों में जाते थे। राजकुमार विचलित न हों, उनका ध्यान न बँटे और उन्हें किसी भी प्रकार की चिन्ता न हो, इस तरह के निर्देश दिए गए थे। कोई बूढ़ा, रुग्ण, विक्षिप्त, रंक अथवा दुखी राजकुमार के सामने न आए, ऐसा आदेश दिया गया था।

कपिलवस्तु में वन उद्यान की बहुत चर्चा रहती थी। उस वन की सुन्दरता और रमणीयता से प्रभावित होकर लोगों ने गीत तक रच डाले थे। राजकुमार सिद्धार्थ गौतम के कानों में भी वे गीत पड़े, तो उन्होंने वहाँ जाने की इच्छा व्यक्त की। राजा शुद्धोदन ने परमप्रिय राजकुमार के वन उद्यान गमन की व्यवस्था की।

नगर को सुचारु ढंग से सजाया गया। स्वर्ण जड़ित रथ में अलंकारों से सज्जित चार अश्व जुते थे। राजकुमार रथ में सवार होने पहुँचे। राजा ने सिद्धार्थ का मस्तक चूमा। रथ प्रासाद से निकला और मार्ग पर बढ़ा।

राजकुमार सिद्धार्थ गौतम उद्यान जा रहे हैं, पूरे नगर में यह समाचार फैल चुका था। इसलिए उनके दर्शनों की सभी नर-नारियों में अभिलाषा थी। मार्ग में लोग पंक्तिबद्ध होकर हाथ जोड़े खड़े थे; राजकुमार गौतम की जय-जयकार कर रहे थे। रथ आगे बढ़ रहा था, जनसैलाब उमड़ रहा था। "राजकुमार आ रहे हैं", लोग शोर मचा रहे थे। शोर सुनकर, कपिलवस्तु में सभ्य और सदा अलंकृत रहने वाली महिलाएँ व बालाएँ, बिना अलंकरणों की चिन्ता किए ही

सिद्धार्थ के दर्शनार्थ द्वारों से निकल रही थीं।

अचानक राजकुमार सिद्धार्थ गौतम की दृष्टि एक बूढ़े व्यक्ति पर पड़ी। बूढ़े की काया जवाब दे चुकी थी तथा अब उसमें कम्पन था। वह हाथ में थामी लाठी के सहारे झुका हुआ था तथा दूसरे सभी व्यक्तियों से अलग लगता था। राजकुमार गौतम उसे देखने लगे। फिर उन्होंने अपने सारथी से पूछा :

"भाई! यह कौन है?"

"यह बूढ़ा है राजकुमार!" सारथी ने सहजभाव से उत्तर दिया।

सारथी से उत्तर पाकर राजकुमार सिद्धार्थ बूढ़े को एकटक देखने लगे। बूढ़े की झुकी हुई कमर थी, अंग ढीले हो गए थे; उसके दाँत टूट चुके थे; आँखें गड्ढों में धँसी हुई थीं, माथे पर अनेक सिलवटें थीं और बाल सन की भाँति श्वेत थे। कोई भी समझदार उस बूढ़े को देखकर अनुमान लगा सकता था कि वह कभी स्वस्थ किशोर रहा होगा; यौवन में वह बलशाली तथा सुन्दर था।

लेकिन अब! विकृत व रसहीन हो गए शरीर और मांस छोड़ चूकी हड्डियों, टेढ़े हो गए अंगों तथा जवाब दे चुकी आँखों के कारण वह अन्यों की दया का पात्र था। वह धरती पर भार था। वह दो कदम-चार कदम चलता था, फिर रुक जाता था, खड़ा रहता था और लाठी के सहारे सीधा होने का प्रयास करता था। वह भरसक प्रयत्न करता था कि उसकी थकान मिटे, वह आगे बढ़े, लेकिन उसका प्रयास बारम्बार विफल होता था। उसकी किशोरावस्था और जवानी वापस आने वाली नहीं थी।

इस तरह के बूढ़े को राजकुमार गौतम ने जीवन में पहली बार देखा था। राजप्रासाद में समस्त सुविधाओं, सुखों, विलास प्रसाधनों व प्रसन्न करने वाली वस्तुओं के मध्य जीने वाले राजकुमार के लिए यह प्रथम अनुभव था। लेकिन इस अनुभव ने उन्हें भीतर तक झकझोर दिया था। उदास हो गए राजकुमार ने सारथी से पूछा :

"भाई! यह कैसे...?"

"अपनी किशोरावस्था और यौवनकाल में इसका स्वास्थ्य देखते ही बनता था। यह आप जैसा ही सुन्दर था...।"

"फिर यह इस तरह... झुक क्यों गया है?"

"राजकुमार! इसे आयु की मार ने दबा डाला है।"

"अच्छा," धीमे व चिन्तापूर्ण स्वर में यह बोलकर राजकुमार शान्त हो गए।

सारथी को राजा शुद्धोदन का निर्देश स्मरण हुआ। उसने चाबुक से संकेत किया और अश्वों ने तीव्र कदम उठाया। लेकिन दूसरे ही क्षण राजकुमार गौतम ने पूछा :

"इसके बाल श्वेत क्यों हैं?"

"बढ़ती आयु बालों का कालापन सोखती जाती है। इसका बुढ़ापा काले बालों को सोख गया है," सारथी ने शीघ्रतापूर्वक उत्तर दिया और उसने पुनः चाबुक उठाई। रथ में जुते अश्व वेग से चलने लगे। परन्तु राजकुमार सिद्धार्थ के मस्तिष्क में बूढ़े की दशा निरन्तर प्रश्न उत्पन्न कर रही थी। उन्होंने फिर पूछा :

"लेकिन इसकी ऐसी दशा... रूप!"

"राजकुमार! जिस प्रकार वृक्ष कालान्तर में सूख जाता है, पतझर का मौसम आने पर पत्रविहीन हो जाता है, और पक्षी उसमें घोंसला नहीं बनाते, उसका त्याग कर देते हैं, उसी प्रकार... यह भी....।"

"और काया की जर्जरता!"

"काया! राजकुमार! इसने भी शिशु रूप में अमृत समान माँ का दूध पीया था। बालक के रूप में यह पेट के बल चला था। यह सुन्दर, स्वस्थ और आकर्षक किशोर बना; फिर यह नौजवान हुआ, प्रौढ़ बना। शनैः-शनैः इसकी काया दुर्बल होती गई; अब यह बूढ़ा है। अतः रोगी है। बुढ़ापा स्वयं में बहुत बड़ा रोग है।"

"क्या यह काया इसी प्रकार इसके साथ रहेगी?"

"नहीं राजकुमार! एक दिन यह काया भी इसका साथ छोड़ देगी। यह दुर्बल व जर्जर दीख रही है, लेकिन अभी और भी जर्जर होगी। इसकी कमर और झुकेगी। बुढ़ापा निरन्तर इस पर आक्रमण करेगा। यह चाहे या न चाहे,

इस पर मार पड़ती रहेगी।"

"भाई! क्या इस प्रकार की दशा वाला यही अकेला व्यक्ति है?"

"नहीं परमश्रेष्ठ राजकुमार! एक दिन मेरी और आपकी भी ऐसी ही दशा होगी। हम भी बूढ़े होंगे; बुढ़ापे के आक्रमण का शिकार बनेंगे।"

"हैं?" राजकुमार ने गहरी श्वाँस ली।

"राजकुमार! वास्तविकता यही है। वृद्धावस्था रूप, बल और आनन्द की हत्या करती है। इसमें स्मृति क्षीण हो जाती है, इन्द्रियाँ दुर्बल हो जाती हैं। शोक होता है, दुख बढ़ता है, आयु समाप्त होती जाती है, और फिर एक दिन...।"

राजकुमार सिद्धार्थ गौतम की काया में कम्पन हुआ। वे विचारमग्न हो गए, उनका मस्तक झुक गया। यद्यपि उनके सम्मान में लोग खुशियाँ मना रहे थे, उन्हें मार्ग पर जाते देखकर उल्लासमग्न हो रहे थे, नाच और गा रहे थे, लेकिन सिद्धार्थ उदास हो गए और अचानक उनके मुख से निकला :

"धिक्कार है ऐसे जन्म को; ऐसे शरीर को भी जो बलहीन हो जाता है, कुरूप बन जाता है तथा दुख का कारण बनता है।"

इस प्रकार का धक्का लगने के बाद राजकुमार जिस प्रयोजन के लिए राजप्रासाद से बाहर निकले थे, वह अरुचिकर हो गया। खिन्न मन वाले गौतम यही सोचते रहे कि "काया विषाद का कारण बनेगी, घृणा की पात्र होगी, दूसरों पर बोझ बनेगी, स्वयं पृथ्वी पर भी बोझ होगी; धिक्कार है ऐसे जन्म पर, ऐसी काया पर।" और उन्हें लज्जा का अनुभव हुआ। उन्होंने सारथी से रथ वापस लौटवाया।

धीरे-धीरे रथ राजप्रासाद वापस पहुँचा। राजकुमार निराश थे। सारथी का चेहरा भी मुरझाया हुआ था। राजा शुद्धोदन चकित थे, शंकाग्रस्त थे; वे जानना चाहते थे कि हुआ क्या है? राजा जैसे ही रथ के निकट आए, उससे पहले ही शीघ्रता से रथ से उतरकर सिद्धार्थ प्रासाद के भीतर चले गए। राजा ने सारथी से पूछा :

"राजकुमार को क्या हुआ है?"

"राजन्! राजकुमार ने एक बूढ़े व्यक्ति को देखा जो....।"

सारथी ने सारा वृतान्त शुद्धोदन को सुनाया। वे चिन्ता में डूब गए। चूँकि उन्हें सिद्धार्थ के भविष्य को लेकर शंकाएँ भी थीं, इसलिए उन्होंने एक ओर तुरन्त ही उनके मनोविनोद हेतु कार्यक्रम के आयोजन का आदेश दिया; वे प्रसन्न हों तथा सांसारिक सुख में रमें, ऐसी व्यवस्था करने को कहा और दूसरी ओर अमात्य को बुलाकर कड़ा आदेश दिया :

"अमात्य! आप सुनें। राजकुमार सिद्धार्थ एक बूढ़े को देखकर विचलित हुए हैं, वे इस कारण गम्भीर चिन्तन में हैं। उन्हें वैराग्य उत्पन्न हो सकता है। इसलिए ध्यान रखें कि आगे से राजप्रासाद के चारों ओर पूरे आधे योजन तक कोई वृद्ध, रंक या बूढ़ा, रोगी अथवा दुर्बल न आए। ऐसे किसी की छाया तक नहीं पड़नी चाहिए।"

शुद्धोदन ने अमात्य को आदेश देने के बाद फिर नीले अम्बर की ओर देखा एवं यह विचारकर कि राजकुमार सिद्धार्थ राजसी मनोरंजन व भोग-विलास में डूबकर घटनाक्रम को भूल जाएँगे, अपने कक्ष की राह ली।

३

राजप्रासाद की राजसी दिनचर्या से ऊबे हुए राजकुमार सिद्धार्थ गौतम ने परिवर्तनार्थ प्रकृति की गोद में जाने का मन बनाया। वे जिज्ञासु होने के साथ-साथ ही प्रकृति प्रेमी भी थे।

राजादेश पर रथ सजा, उसमें तरुण अश्वों को जोता गया। सारथी भी नौजवान था; वह स्वस्थ था। राजकुमार रथारूढ़ हुए। वे उत्साही और प्रसन्नचित्त थे। स्वास्थ्यवर्धक प्रातःकाल का समय था, शीतल व मन्द-मन्द हवा बह रही थी। सूर्य का प्रकाश सुखदायक था और मौसम को अधिक सुहावना बनाता था।

रथ राजप्रासाद से बाहर हुआ तथा उद्यान मार्ग पर बढ़ चला। अचानक राजकुमार की दृष्टि भूमि पर बैठ एक व्यक्ति पर पड़ी जो कराह रहा था। उसके समीप दो व्यक्ति बैठे थे, जबकि एक खड़ा था, लेकिन कराहते मानव का दुख-दर्द बाँटने वाला उनमें से कोई नहीं था।

रोगग्रस्त उस मानव को देखने के बाद राजकुमार सिद्धार्थ गौतम ने

युवा सारथी से कहा :

"रथ को तुरन्त रोको!"

"जैसी आज्ञा राजकुमार!" यह बोलकर सारथी ने तेजी से रास खींची। अश्व थम गए और रथ रोगग्रस्त व्यक्ति के समीप रुक गया। उस रोगी की आँखें जवाब दे चुकी थीं, लेकिन जो थोड़ी-बहुत रोशनी उनमें अभी भी थी, वह चारों ओर घूमकर दया याचना करती थी। आँखें कभी विशाल अम्बर की ओर उठती थीं, कभी स्वतः ही बन्द हो जाती थीं। शरीर की नसें बहुत दुर्बल हो गयी थीं तथा वे सूखकर त्वचा में लीन हो चुकी थीं। चेहरा ऊबड़-खाबड़ हो बिगड़ चुका था; यद्यपि उसके विस्तृत और आकर्षित होने के चिह्न अभी भी मौजूद थे। वह रोगी स्पष्टतः बोल नहीं पाता था, साँस तेजी से लेता था, उसका शरीर काँपता था, हाथ भी बहुत दुर्बल हो सूख गए थे।

रोगग्रस्त मानव निराश था, उसकी स्थिति दयनीय थी। उसे आश्रय चाहिए था; उसे सहायता की आवश्यकता थी। उसने स्वस्थ, सुन्दर तथा तेजस्वी राजकुमार सिद्धार्थ की ओर देखा; उसने सजे हुए बलशाली और अनुशासित अश्वों की ओर देखा, तथा उसने देखा उजले व आकर्षक परिधान में युवा सारथी को। वह रोने लगा। उसका दुख प्रकट होने लगा।

"यह कौन है भाई?" करुणा से भरपूर अपने बड़े-बड़े नेत्रों को उठाकर राजकुमार सिद्धार्थ ने सारथी से पूछा।

"राजकुमार! यह दीन है, साधनविहीन है और रुग्ण है। इसकी देखभाल करने वाला कोई नहीं है।"

"इसका कोई सगा-सम्बन्धी....!"

"यह एक पराजित मनुष्य है। इसके पास धन-सम्पत्ति नहीं है; यह बलहीन और असहाय है। यह किसी को कुछ दे नहीं सकता, किसी के काम नहीं आ सकता। ऐसे में दया के पात्र इस मानव पर कोई दया भी क्यों करेगा?"

"ओह! यह है स्थिति", कहकर करुणायुक्त राजकुमार ने अपने

चेहरे का पसीना पोंछा। वे कुछ क्षण मौन रहे, लेकिन फिर अपने सारथी से पूछने लगे :

"इसकी ऐसी दशा होने का कारण क्या है?"

"प्रकृति का प्रकोप और उसके कारण हुआ ज्वर इसके रोग का आधार है। रोग हो जाए, तो मनुष्य कितना भी शक्तिशाली हो, वह टूट जाता है, तथा अन्यों की दया का पात्र बन जाता है।"

"क्या ज्वर का मारा यही अकेला पुरुष है? क्या यही रोगी है?"

"नहीं राजकुमार! ऐसा नहीं है। रोग की चपेट में सभी आते हैं।"

"क्या मुझे और तुम्हें भी...?"

"जी हाँ राजकुमार!"

"परन्तु क्यों?"

"काया रोग का कारण है। स्वस्थ काया की बात स्वप्न के समान है। शाश्वत सुख, वास्तविक प्रसन्नता जीवन में प्रायः सम्भव नहीं है।"

राजकुमार का सारथी था तो युवा, लेकिन वह समझदार था। उसकी बातों में सत्यता थी। इसलिए उसने जो कुछ कहा, उससे राजकुमार सिद्धार्थ का हृदय हिल गया, मन काँप गया और मस्तिष्क हिलोरे लेने लगा। वे सोचने लगे :

"क्या जीवन है मनुष्य का? उसका प्रारम्भ कैसा है? उसकी किशोर तथा युवावस्था कैसी है? फिर उसकी दशा बुढ़ापे में.....? उसमें व्याप्त रोग और....। दिन-रात आयु का क्षय...अहा! जीवनान्त....।"

वे गम्भीर आश्चर्य में पड़ गए और सोचने लगे :

"रोगों में फँसकर और अशाश्वत क्रियाओं के वशीभूत होकर भी मानव निर्भीकता का दावा करता है। अपने को रोगमुक्त मानकर वह प्रसन्नता प्रकट करता है। वह तो अज्ञानी है; इसीलिए आनन्दमग्न हो संसार में भ्रमण करता है।"

राजकुमार क्षोभ में डूब गए। मानव की अज्ञानता पर उन्हें ग्लानि हुई।

राजपथ के दोनों ओर कूदते-मचलते लोगों की ओर उन्होंने अपनी करुण दृष्टि से देखा और फिर सारथी से कहा :

"रथ को वापस करो भाई! लौट चलो।"

"जी राजकुमार!"

सारथी ने आज्ञा का पालन किया। रथ वापस लौटा और राजप्रासाद पहुँचा। शुद्धोदन भौंचक्के रह गए शीघ्र रथ की वापसी को देखकर। वे रथ के निकट आए। देखा कि राजकुमार प्रासाद में प्रवेश कर चुके हैं। उन्होंने संकेतकर सारथी को रोका। उससे पूछा :

"शीघ्र क्यों लौट आए?"

"राजकुमार ने वापस लौटने का आदेश दिया था महाराज!"

"लेकिन क्यों?"

"महाराज! राजकुमार ने मार्ग पर एक रोगग्रस्त व्यक्ति को देखा। उसे देखकर वे विचलित हो गए। उस रोगग्रस्त मानव की दशा अत्यन्त ही शोचनीय थी; बस उसी को देखने के बाद राजकुमार ने आगे न जाकर रथ वापसी का आदेश दिया।"

राजा एकटक होकर धूल से भरे रथ को और अश्वों को देखने लगे। सारथी ने झुककर श्रद्धापूर्वक राजा को प्रणाम किया और रथ को मोड़कर वह प्रासाद से बाहर हो गया।

राजा शोकमग्न थे। वे स्थिति को समझ चुके थे। जैसे ही रथ बाहर गया, उनका ध्यान बँटा। उन्होंने प्रासाद की ऊँची प्राचीर पर देखा कि गिद्ध आकर बैठ रहे थे, और उनके आगमन से वहाँ मौजूद अन्य पक्षी भाग रहे थे। वे भयभीत हुए और उन्होंने अमात्य को उपस्थित होने का आदेश दिया।

अमात्य असमय राजा के बुलावे से चिन्तित हुए, यद्यपि शीघ्रातिशीघ्र वे उनकी सेवा में उपस्थित हुए और बोले :

"क्या आदेश है महाराज का?"

महाराज शुद्धोदन ने प्राचीर पर बैठे गिद्धों व वहाँ से भागते पक्षियों की ओर संकेत किया; फिर क्षितिज की ओर देखा।

अमात्य समझदार थे। उन्हें राजा का अभिप्रायः जानने में देर नहीं हुई। फिर भी उन्होंने आदेश को राजा के मुख से सुनना चाहा। राजा ने कहा :

“राजप्रासाद के चारों ओर तीन चौथाई योजन तक कड़ा पहरा बैठा दो। कोई भी बूढ़ा, रोगी या दुर्बल इस सीमा में प्रवेश न कर सके, ऐसा सुनिश्चित करो।”

“जो आज्ञा महाराज”, अमात्य अभिवादन कर चले गए और शुद्धोदन ने गहरी साँस ले ईश्वर का ध्यान किया।

४

राजकुमार सिद्धार्थ राजप्रासाद में निरन्तर घुटन अनुभव करते थे। सांसारिक सुखों, वैभवों और भोगों में से निकलकर वे बाहर भागने को आतुर रहते थे। स्वर्ग समान कृत्रिम वातावरण उन्हें आनन्दानुभूति नहीं देता था। वे बारम्बार, इसीलिए, प्रकृति की गोद में और खुले आकाश के नीचे जाने को लालायित रहते थे।

एक दिन वे इतने बेचैन हो उठे कि उन्होंने सारथी को बुलाकर उद्यान जाने की इच्छा प्रकट की। सारथी ने आज्ञा शिरोधार्य की। श्वेत अश्वों वाला सुन्दर रथ आया और उसे हाँकने वाला नौजवान व आज्ञाकारी सारथी।

राजसी परिधान पहने देवतुल्य राजकुमार सिद्धार्थ, जिनके सिर पर हीरों व मणियों से जड़ित मुकुट था, कानों में कुण्डल थे और गले में माला थी, रथ पर सवार हुए। सदा ही की भाँति, नई आशा के सपने सँजोए राजा शुद्धोदन अपने प्रिय पुत्र को माथा चूमकर विदाई देने आए। विदाई हुई और रथ राजप्रासाद से बाहर हुआ, तथा वह बढ़ चला भिन्न-भिन्न प्रकार के सुन्दर व सुगन्धित फूलों से सजाए गए मार्ग पर। मार्ग पर स्थित भवनों-अट्टालिकाओं से स्वस्थ व नौजवान युवक, युवतियाँ और सजी-धजी महिलाएँ झाँक रही थीं।

कुमार भी उन्हें झाँकते देख रहे थे। अचानक उनकी दृष्टि पड़ी पथ पर प्रवेश कर रहे चार व्यक्तियों के कन्धों पर रखी वस्तु पर, जो सफेद वस्त्रों में लिपटी थी और फूलों से सजी हुई थी। राजकुमार को वस्तु के बारे में जानने

की जिज्ञासा हुई, लेकिन उसके सम्बन्ध में वे सारथी से पूछें, उससे पहले ही उनका रथ रुक गया। अर्थी को सम्मान देने के उद्देश्य से सारथी ने रथ रोक दिया था। यही नहीं, राजकुमार ने देखा कि उसके सम्मान में पथाग्रसर अन्य वाहन भी रुक रहे थे; सामान्यजन उसे पहले मार्ग पर गुजरने का अवसर दे रहे थे। उन्होंने यह भी देखा कि साथ चल रहे लोग शोकाकुल थे; उनके चेहरे मुरझाए हुए थे तथा वे दुख व वेदना से ग्रस्त थे। कुछ रो भी रहे थे।

राजकुमार गौतम ने सारथी से पूछा :

"यह क्या है भाई?"

"राजकुमार! यह अर्थी है।"

"अर्थी है! क्या कोई बलवान व्यक्ति सज-धज कर अर्थी पर सोया है?"

"नहीं परमश्रेष्ठ राजकुमार गौतम...!"

"फिर!"

"इसकी मृत्यु हो चुकी है। प्राणान्त हो गया है। यह सदा के लिए अपने इस शरीर को छोड़ चुका है। यह क्रियाहीन हो गया है....।"

"लेकिन अर्थी पर रखकर और फूलों से सजाकर ये लोग इसे कहाँ ले जा रहे हैं?"

"सदा के लिए इसे छोड़ देने के लिए, इसको अग्नि को समर्पित करने के लिए अंत्येष्टि स्थल ले जा रहे हैं राजकुमार!"

"ऐसा क्यों....?"

"इसके प्राण निकल गए हैं; यह मिट्टी के समान है, त्याज्य है। इसलिए इसको अग्नि को समर्पित कर त्याग करने जा रहे हैं। यह जलकर राख हो जाएगा।"

"क्या इसी अकेले के साथ ऐसा हो रहा है?"

"नहीं परमश्रेष्ठ!"

"तो!"

"सभी की एक-न-एक दिन यही स्थिति होगी। सभी मर जाएँगे।"

"क्या मैं भी...?"

"जी राजकुमार! आप भी और मैं भी इसी प्रकार मर जाएँगे।"

राजकुमार सिद्धार्थ गौतम को भारी आघात लगा। वे अभी तक मृत्यु की सच्चाई से अनभिज्ञ थे। वे गम्भीर चिन्तन में डूब गए और रह-रहकर उनके मस्तिष्क में विचार आता :

"हृष्ट-पुष्ट काया इस तरह अग्नि में जलकर राख हो जाएगी; वह मिट्टी में मिल जाएगी!"

शोक में डूबे राजकुमार ने सारथी से पूछा :

"क्या मृत्युचक्र चलता ही रहता है? क्या यह चलता रहेगा?"

"जी हाँ राजकुमार!" सारथी ने गम्भीर और धीमे स्वर में उत्तर दिया।

राजकुमार सिद्धार्थ और गम्भीर हुए, चिन्तन में डूब गए। उन्होंने अपनी स्वयं की काया को देखा। काया के वर्ण को देखा; गले में पड़ी सुन्दर माला को देखा और निहारा अपनी राजसी पोषाक को। साथ ही उन्होंने अपने रथ में जुते और श्रेष्ठ ढंग से सजाए गए बलशाली अश्वों को देखा; उन्होंने देखा अपने समझदार, युवा तथा आज्ञाकारी सारथी को एवं पथ पर विचरते नागरिकों को, अलंकृत नवयौवनाओं को और क्रीड़ामग्न बालकों को। फिर दौड़ाई उन्होंने अपनी दृष्टि आगे निकल चुके मृत व्यक्ति की अर्थी की ओर, और अपने सारथी से कहा :

"रथ को वापस ले चलो भाई! मेरी आगे जाने की कोई इच्छा नहीं है।"

"जो आज्ञा राजकुमार!"

सारथी ने रथ मोड़ा और वह राजप्रासाद वापस पहुँच गया। राजा को सूचना मिली तो उन्हें आश्चर्य और अपार चिन्ता हुई। रथ शीघ्र वापस क्यों आया? उन्हें यह जानने की जिज्ञासा थी। कोई अप्रिय घटना तो नहीं हुई, वे शीघ्र जानना चाहते थे।

राजकुमार रथ से उतरकर तीव्रतापूर्वक अपने कक्ष की ओर बढ़ गए और राजा शुद्धोदन ने सारथी से पूछा रथ की शीघ्र वापसी का कारण। सारथी ने सारा वृतान्त सुनाया और करबद्ध प्रणाम कर अपनी राह ली।

शुद्धोदन की चिन्ता बहुत बढ़ गई थी। इस तरह की एक के बाद दूसरी घटना ने उन्हें बेचैन कर दिया। वे और कड़े उपाय करना चाहते थे, ताकि राजकुमार को वैराग्य न हो। उन्होंने अमात्य को बुलवाया। अमात्य उपस्थित हुए। राजा ने आदेश दिया :

"राजप्रासाद के चारों ओर एक योजन की दूरी तक कठोर पहरा बैठा दो ताकि कोई दुर्बल, वृद्ध और रोगी इस सीमा के भीतर प्रवेश न कर सके; किसी मृत की अर्थी इस क्षेत्र से न गुजरे।"

अमात्य आज्ञापालन का वचन देकर चले गए और राजा शुद्धोदन ने खुले आकाश के नीचे परमेश्वर का ध्यान कर हाथ फैलाए।

◆◆◆

बोधिसत्त्व कुमार

राजा शुद्धोदन को अपने कुल-पुरोहित काल देवल की विद्वत्ता पर कोई शंका नहीं थी। वे ज्ञानवान थे और दूरदर्शी भी, तथा भविष्य के बारे में जब कभी उन्होंने कुछ कहा, वही घटित भी हुआ; कपिलवस्तु के राजा के संज्ञान में यह भली-भाँति था। राजकुमार सिद्धार्थ के भविष्य के सम्बन्ध में, फिर भी, जो कुछ काल देवल ने कहा वह राजा के गले आसानी से नहीं उतर रहा था। वे दुविधा में रहने लगे। कभी तो वे सब कुछ ईश्वर पर छोड़ते थे और कभी स्वयं अन्तर्मन को यह कहकर दिलासा देते, "जो होना है, जो विधाता ने करना है, वही होगा; सिद्धार्थ को बुद्ध स्वरूप होना है, तो ऐसा ही होगा।" लेकिन दूसरी ओर वे मोहमय और उत्तरदायी पिता थे और इस रूप में वे हर प्रयास करते थे कि राजकुमार सांसारिक सुखों, आनन्दों एवं रसों में इतने डूब जाएँ कि उन्हें वैराग्य उत्पन्न न हो; लोक-परलोक का विचार उनके मस्तिष्क में न आए तथा वे किसी भी तरह के मानवीय दुख, पीड़ा या वेदना से साक्षात्कार न करें। ऐसे में उन्हें राजकुमार के नामकरण संस्कार के दिन राजप्रासाद में आमंत्रित विद्वान पण्डितों में से उन सात के मत का स्मरण होता था, जिसमें उन्होंने कहा था कि सिद्धार्थ का गृहस्थी होना भी संभव हो सकता है।

जैसे ही राजकुमार अपने कक्ष से बाहर निकलते और प्रासाद के बागीचे में प्रकृति की शरण में जाते, कुमारियाँ उन पर मँडराने लगती थीं। रंग-बिरंगी पोशाकें पहने, सजी-धजी अलंकृत, सुन्दर और पुष्पादित कामिनियाँ तितलियों की भाँति राजकुमार गौतम के चारों ओर होती थीं। एक-से-एक बढ़कर सुन्दरी थी उनमें।

उनमें आकर्षक और लम्बे केशों वाली थीं; पुष्पों से सज्जित उनकी चोटियाँ स्तम्भों को अलग-अलग करती दृष्टिगोचर होती थीं। उनमें अति सुन्दर भौंहों से युक्त मृग समान नयन वाली थीं और पतले होठों वाली थीं; और पतली, लचीली व लम्बी अंगुलियों वाली भी थीं; उनमें नितम्बिनियाँ थीं, गोल पिंडलियों वाली थीं; हर तरह से मनमोहने में निपुण बालाएँ थीं। उन्हें काम-कला में पाण्डित्य प्राप्त था। वे कला प्रवीण थीं और किसी भी पुरुष को अपनी मादक चितवनों से आहत कर सकने में अभ्यस्त थीं। उनके कामाक्रमण से बच पाना सरल नहीं था; बड़े-से-बड़ा महारथी भी उनके आक्रमण से प्रायः धराशायी हो जाता था।

सुन्दरियाँ उद्यान में विचरण करते राजकुमार सिद्धार्थ गौतम के पास से गुजरतीं। उनके सामने मीठी मुस्कान बिखेरतीं। उनके मार्ग में सुन्दर व सुगन्धित पुष्पों की वर्षा कर उन्हें आकर्षित करने का सतत प्रयत्न करतीं। कोई उनके कंठ में माला डालने के बहाने अपने वक्षस्थल से राजकुमार का स्पर्श करती, तो दूसरी चलते-चलते हाथ से ही उन्हें छूती। कोई होशियारी से उनका चुम्बन ले डालती और दूसरी उनके समक्ष बड़े गोपनीय ढंग से अंग प्रदर्शन करती। उन्हें राजा से आज्ञा मिली थी। इसलिए उन्हें लिप्त करने का वे कोई प्रयास नहीं छोड़ना चाहती थीं।

लेकिन सिद्धार्थ विचलित नहीं हुए। काम उन पर प्रभावी नहीं हुआ। प्रकृति के घेरे में विचरते और ध्यानमग्न रहते हुए, काम-सुख के जाल में फँसे बिना वे वापस राजप्रासाद में अपने कक्ष में पहुँच गए।

राजा शुद्धोदन अपने प्रयास में विफल होते तो उनकी चिन्ता भी बढ़ती थी, लेकिन फिर भी शीघ्र हार न मानकर वे तुरन्त राजकुमार को सांसारिक सुख-आनन्द में लिप्त करने के उद्देश्य से किसी अन्य विकल्प की खोज करते थे।

२

राजकुमार युवावस्था की ओर भी बढ़ रहे थे। उनकी आयु उन्नीस वर्ष

के लगभग थी। रूप-रंग, कद-काठी और बल में उनका कोई सानी नहीं था; करुणामूर्ति और उदार नेत्रों वाले सिद्धार्थ की सुन्दरता देखते ही बनती थी। राजा ने एक सुदृढ़ विकल्प पर विचार कर उनके विवाह का निर्णय लिया। "सिद्धार्थ का विवाह हो जाएगा, तो पारिवारिक गतिविधियों में उनकी संलग्नता होगी; वे सांसारिक सुख-आनन्द की परिधि में आ जाएँगे, और इस प्रकार उनका ध्यान वैराग्य, लोक-परलोक के विचार आदि से हट जाएगा", राजा शुद्धोदन के मस्तिष्क में यह बात थी। उनके मस्तिष्क में यह भी था कि पत्नी-प्रेम, भोग आदि में संलग्नता से, तथा फिर बालक होंगे तो उनसे उनका ध्यान दूसरी ओर हो जाएगा। राजा के अमात्यों, परामर्शदाताओं, पारिवारिकों और महाप्रजापति गौतमी ने भी उन्हें सिद्धार्थ के विवाह की ही सलाह दी थी।

कपिलवस्तु के निकटवर्ती कोलियगण के राजा सुप्रबुद्ध की सुन्दर, सुशील और रूपवती कन्या यशोधरा, जिन्हें राजकुमारी गोपा और भद्र कपिलायनी या कात्यायनी के नाम से भी पुकारा जाता था, के साथ राजकुमार सिद्धार्थ का विवाह कर दिया गया। यशोधरा गुणवान थीं; साथ ही वे जैसे घर की ही कन्या थी क्योंकि रानी महामाया और उनके पिता सुप्रबुद्ध बहन-भाई थे; इस प्रकार यशोधरा अपने वंश की ही कन्या थी। राजा शुद्धोदन को विश्वास था कि यशोधरा के कपिलवस्तु आ जाने से सारी स्थिति सँभल जाएगी, सिद्धार्थ की ओर से उनकी चिन्ता दूर हो जाएगी।

विवाहोपरान्त राजकुमार को तीन भव्य प्रासाद दिए गए, ताकि तीनों प्रमुख ऋतुओं का वे भरपूर आनन्द ले सकें। किसी भी प्रकार की सुविधा के अभाव से मुक्त प्रासादों में नृत्यबालाओं, गायिकाओं और मनोरंजन के साधनों की पूरी-पूरी व्यवस्था की गई थी। राजसी व्यवस्था रंग लाती दीख पड़ी। सिद्धार्थ रुक गए।

राजकुमार सिद्धार्थ पत्नी यशोधरा से बहुत प्रेम करते थे। यशोधरा अपनी ओर से भी राजकुमार को कभी शिकायत का अवसर नहीं देती थीं; वे हर प्रकार से पति का ध्यान रखती थीं; और अधिकाधिक संभव प्रेमवर्षा उन पर करती थीं।

राजकुमार सिद्धार्थ का गृहस्थ जीवन आगे बढ़ता देख राजा शुद्धोदन की चिन्ता कम होने लगी थी; "बादल पूर्णतः छट जाएँगे", उन्हें ऐसी आशा बँधने लगी थी। वे पुत्र के बुद्धस्वरूप हो जाने की भविष्यवाणी को भूलने लगे थे। समय बीतने लगा। राजकुमार सिद्धार्थ पत्नी से स्नेह के साथ ही पूर्व की भाँति अपने प्रकृति-प्रेम को भी बनाए हुए थे। यदा-कदा राजोद्यान जाते थे; बगीचों से घिरे प्रासादों में टहलते थे और सोच-विचार भी करते थे।

३

शुद्धोदन राजकुमार के प्रकृति-प्रेम से परिचित थे। उन्हें ज्ञात था कि प्रकृति की गोद में जाकर सिद्धार्थ चिन्तन-मनन करते हैं। वे उद्यान में घने और हरे-भरे वृक्षों, पुष्पों, लताओं, जलाशयों, पक्षियों, जन्तुओं आदि को देखकर सुखानुभव करते हैं, तथा वहाँ ध्यान लगाते हैं। इसलिए संशयी और चिन्तित राजा ने राजकुमार के प्रकृति प्रेम के माध्यम से भी उन्हें सासांरिक सुख, भोग व आनन्द में लिप्त करने का प्रयास किया।

कपिलवस्तु नगर राज्य के भव्य उद्यान में उत्सव मनाया जाना था। राजकुमार सिद्धार्थ को स्वयं शाही रथ पर बैठाकर राजा शुद्धोदन ने उसमें भेजा। प्रासाद से निकलकर रथ राजपथ पर आया। सदा की भाँति नगर-नागरिक राजकुमार का अभिवादन करने हेतु पथ पर निकल पड़े। बालाएँ उनकी जय-जयकार करतीं, उन पर पुष्प वर्षा करतीं और करुणा के देव समान अपने प्रिय राजकुमार को निहारतीं; वे आनन्दानुभूत होतीं, सुख तथा सन्तोषानुभव करतीं।

रथ तनिक आगे बढ़ा। राजकुमार की दृष्टि विचरण करते हुए भिक्षुक की ओर गई। भिक्षुक की काया पर एक स्वच्छ चीवर था। वह चिन्तारहित था। उसके मस्तक पर तेज था। वह शान्तिपूर्वक विचरण कर रहा था। उसके हाथ में एक छोटा-सा भिक्षापात्र भी था। वह धैर्यधारण किए था। सांसारिक व्यवहारों से पृथक वह सन्यासी अपने आप में खोया हुआ था। सांसारिक सुखों, भोगों व आनन्द से वह मुक्त था; दुखों से भी वह अलग था, क्योंकि उसने अपने को उनसे

पृथक कर दिया था। राजकुमार शान्त व तेजस्वी भिक्षुक को देखकर प्रभावित हुए और फिर अपने सारथी से कहने लगे :

"रथ को रोक दो भाई!"

सारथी ने "जो आज्ञा राजकुमार!" कहकर रथ रोक दिया।

भिक्षुक ने रथ को रुकते हुए देखा, लेकिन उस पर इसका कोई विशेष प्रभाव नहीं पड़ा, भले ही रथ पर राजकुमार सिद्धार्थ गौतम विराजमान थे। भिक्षुक ने रथ के निकट आने का प्रयास भी नहीं किया। उसकी विचरण-क्रिया जारी थी। राजकुमार ने जिज्ञासा से सारथी से पूछा :

"यह विचरणकर्ता व्यक्ति कौन है?"

"यह प्रव्रजित है।"

"प्रव्रजित...! इतना शान्त, गम्भीर और काषाय वस्त्रधारी...! तथा इसके हाथ में भिक्षापात्र भी है। यह कार्य क्या करता है?"

"राजकुमार! यह सांसारिक मोह माया से दूर है; संसार के प्रपंचों से इसे कुछ भी लेना देना नहीं है। यह वीतरागी है। अब संसार की इसके लिए कोई महत्ता नहीं है। संसार इससे लाभान्वित हो सकता है, यह संसार से नहीं...।"

"क्या सांसारिक सुख, भोग, आनन्द इसने वास्तव में छोड़ दिए हैं? क्या यह दुख, वेदना से दूर है? क्या इसने अपने को इनसे पृथक कर लिया है? क्या यह शान्त चित्तवाला है....?"

"जी हाँ परमश्रेष्ठ राजकुमार!"

"क्या रोग, बुढ़ापा और मृत्यु से इसे कष्ट नहीं पहुँचेगा?"

"नहीं राजकुमार!"

"क्या यह स्थित है?"

"जी राजकुमार!"

राजकुमार भीतर और बाहर, दोनों ओर से, प्रसन्न हुए। उन्हें भिक्षुक के सम्बन्ध में और जानने की इच्छा हुई...। उन्होंने भिक्षुक की दिनचर्या के बारे

में पूछा, नित-नियम को जाना और जानने के बाद उनके आनन्द में वृद्धि हुई। राजकुमार सिद्धार्थ के हर्ष-विषाद मिटने लगे...। उनके मस्तक पर तेज उभर आया; वे रोमांचित हो गए तथा सारथी से बोले :

"रथ को आगे बढ़ाओ भाई!"

पूर्व में सारथी के अनुभव दूसरे प्रकार के रहे थे। इसलिए वह आश्चर्यचकित हुआ। राजकुमार सिद्धार्थ ने "वापसी" के बदले "आगे चलने" का आदेश दिया था। सारथी ने पूछा :

"कहाँ चलना है परमश्रेष्ठ राजकुमार?"

"उद्यान की ओर भाई!"

रथ उद्यान पहुँचा। मोह-माया, भोग-सुख, सुविधा-आनन्द से विरत होते राजकुमार ने उद्यानोत्सव में भाग लिया। दूसरे शाक्य राजकुमारों की भाँति वे सरोवर में उतरे; जल-क्रीड़ा में उन्होंने भाग लिया। सन्ध्या तक प्रकृति की गोद में वे खेले तथा उद्यान से राजप्रासाद लौटने से पूर्व उन्हें अलंकृत किया गया। कानों में कुण्डल, कंठ में भव्य व आकर्षक माला, काया पर राजसी वस्त्र थे; सुगन्धित व सुरभित लेप कर सिद्धार्थ को सजाया गया था। वे इतने सुन्दर तथा तेजस्वी लग रहे थे कि नगर में प्रविष्ट होते ही उन्हें देखने वालों का सैलाब उमड़ पड़ा।

उनकी शोभायात्रा बढ़ रही थी; स्त्रियाँ, कुमारियाँ, बालाएँ उन्हें देखने को आतुर थीं। एक अति सुन्दर शाक्य वंशी बाला कृशा गौतमी ने राजकुमार सिद्धार्थ के देवस्वरूप को देखा और वह उन पर मुग्ध हो गई, और सहसा उसके मुख से निकला :

"धन्य व परम निवृत्त हैं वे माता-पिता जिनके राजकुमार सिद्धार्थ पुत्र हैं; धन्य व परम निवृत्त है वह नारी जिसके राजकुमार गौतम पति हैं।"

शाक्य सुन्दरी कृशा गौतमी के शब्द राजकुमार गौतम के कानों में पड़ गए। उन्होंने सारथी को संकेत किया, रथ रुक गया। राजकुमार सिद्धार्थ ने प्रतिभायुक्त सुन्दरी कृशा की ओर देखा; फिर उन्होंने शाक्य कुमारी से प्रश्न किया :

"किसके परम निवृत्त होने पर शान्ति मिलती है?"

"राग की ज्वाला के शान्त हो जाने पर दोष-अग्नि; दोष-अग्नि शान्त होने पर मोह-अग्नि और मोह-अग्नि शान्त होने पर अहंकार का अन्त तथा अहंकार के अन्त होने पर परम निवृत्ति होती है; स्थायी शान्ति मिलती है।"

राजकुमार सिद्धार्थ गौतम के ज्ञानचक्षु खुल गए। शाक्य सुन्दरी कृशा गौतमी ने उनका अतिश्रेष्ठ मार्गदर्शन किया था; उनके विवेक को जागृत किया था; निर्वाण के मार्ग की ओर उन्हें बढ़ाया था। इसलिए राजकुमार सिद्धार्थ सादर व हृदय से कृशा का धन्यवाद करना चाहते थे। इसी प्रयोजन से राजकुमार गौतम ने गले से मुक्ता-माला निकाली, उसे दाएँ हाथ की हथेली पर दो-तीन बार उछाला; फिर उन्होंने शाक्य सुन्दरी कृशा की ओर देखा।

सुन्दरी कोमल हृदयी थी। सौन्दर्य की जीती-जागती मिसाल थी और नारित्व का प्रतीक थी। राजकुमार की क्रिया से उसे कामेच्छा हुई और वह खिलखिला उठी। तदोपरान्त राजकुमार ने अपने कंठ की वह मुक्ता-माला सारथी के हाथ कृशा के पास भेजी। सारथी माला देने चले और राजकुमार ने पलकें झुका लीं। वे पुनः कृशा का भीतर-ही-भीतर आभार प्रकट करने लगे।

अपने को भेजी गई मुक्ता-माला स्वीकार करते हुए सुन्दरी ने सोचा कि राजकुमार उस पर मुग्ध हुए हैं। इसलिए उसने तुरन्त माला पहन ली। फिर उसने राजकुमार गौतम को करबद्ध प्रणाम किया तथा अपने यौवन को सफल समझा; और साथ ही उसने अपने रूप-सौन्दर्य व अपने जीवन को सफल समझा।

कृशा ने राजकुमार सिद्धार्थ की अनुरागपात्री बनकर रहने का सुन्दर सपना सँजो डाला; ऐसे सुख, भोग, राग, आनन्द से भरपूर जीवन का, जिस पर राजकुमार की छत्रछाया हो। उसके आनन्द का ठिकाना नहीं था। उसके हाथ वक्षस्थल पर एक-दूसरे से आकर मिल गए थे। नेत्र द्रवित व उदार हो उठे थे और उन नेत्रों से कृशा ने राजकुमार की ओर निहारा; राजकुमार जीवनभर प्रश्रय दें, नेत्र मानों यही गुहार कर रहे थे। लेकिन राजकुमार सिद्धार्थ ने धीरे से पलकों को उठाया और फिर कहा :

"आप गुरु के समान हैं देवी! मेरी इस छोटी-सी भेंट को दक्षिणा समझकर स्वीकार करो।"

बोधिसत्त्व के वचनों से कृशा की आँखें मानों पाषाण सदृश हो गईं। उसका काम रोग दूर हुआ, सलोना स्वप्न टूट गया तथा वह सत्यता के धरातल पर तुरन्त वापस आ गयी और बोली :

"धन्य हैं आप...!" आपने मेरे डोलते जीवन को एक नया आयाम दिया है। इसलिए गुरु समान तो आप ही हैं, मैं नहीं। आपने जो भेंट दी है, उसे मैं गुरु प्रसाद समझकर रख रही हूँ...।"

◆◆◆

गृहस्थाश्रम त्याग

कपिलवस्तु के राजपथ पर विचरण करते भिक्षुक के सांसारिक सुख-दुख, मोह-माया, राग-तृष्णा, भोग-आनन्द आदि से विरक्ति से जागृत हुए राजकुमार सिद्धार्थ के अन्तःकरण को शाक्य सुन्दरी कृशा के वचनों ने एक आयाम दिया था। उनकी बुद्धि स्थिर हो गई थी। वे अब बोधिसत्त्व थे। यद्यपि राजकुमार गृहस्थी थे, लेकिन उक्त घटनाक्रम के बाद अब वे एक निश्चित मार्ग की खोज में लग गए, जो जीवन को सार्थक करे और कराह रही मानवता को मुक्ति के द्वार तक ले जाए।

यद्यपि राजकुमार भरपूर जवानी में थे, उनकी आयु लगभग २९ वर्ष हो रही थी और यशोधरा एक पुत्र, जिसका नाम स्वयं सिद्धार्थ की पसन्द से राहुल रखा गया था, की माता बन गईं थीं, लेकिन उन्हें सांसारिक वास्तविकता का ज्ञान हो गया था। राजकुमार सिद्धार्थ राहुल से प्रेम करते थे; वे अपने पुत्र के सम्बन्ध में विचार करते थे, लेकिन उनका दृढ़ विश्वास बनता जा रहा था कि मानवता के कल्याण और मुक्ति हेतु मार्ग की खोज के लिए और उस मार्ग पर आगे बढ़ने के लिए जो त्याग वांछित है, उनमें गृहस्थी को भी छोड़ देना होगा।

राहुल सात दिन का था। राजकुमार सिद्धार्थ गौतम राजसी परिधान में देवमूर्ति के समान प्रासाद के संगीत कक्ष में ऊँचे आसन पर विराजमान थे। राज्य की सुन्दरतम नर्तकियाँ वाद्य यंत्रों के साथ सिद्धार्थ के सम्मुख थीं। कोयल के समान गाने वाली युवतियों ने स्वर निकाले तो नर्तकियाँ थिरकने लगीं और कामोत्तेजक नृत्य प्रारम्भ हो गया। राजकुमार नृत्य और संगीत में खो जाएँ, वे कामोत्तेजक हों, उन सभी का यह प्रयास था; परन्तु निरन्तर प्रयासरत रहने के

बाद भी वे सफल नहीं हुईं। सिद्धार्थ कामोत्तेजित नहीं हुए।

सुन्दरियों व युवतियों ने पराजय को पूर्णतः स्वीकार नहीं किया। उन्होंने प्रासाद से बाहर न जाकर पुनः प्रयास प्रारम्भ किया; कला-प्रदर्शन किया, परन्तु राजकुमार टस-से-मस नहीं हुए। अपने ध्यान में सिद्धार्थ की आँखें बन्द हो गईं। सुन्दरियाँ-नर्तकियाँ फिर से विफल हुईं; वे थक गई थीं। वे ऊँघने लगीं; उन्हें निद्रा आ गई।

रात्रि बढ़ती जा रही थी। रात चाँदनी थी। जैसे ही प्रासाद के प्रहरी ने समय सूचित करने के उद्देश्य से घण्टा बजाया, राजकुमार सिद्धार्थ ने आँखें खोलीं। सुन्दरियाँ, नर्तकियाँ व युवतियाँ निद्रा के वशीभूत थीं। उन्होंने सबकी ओर देखा। वहाँ का दृश्य उन्हें शमशान के समान प्रतीत हुआ। सोई हुई सुन्दरियों, नर्तकियों व युवतियों में कोई अपने अंग-वस्त्र से अनभिज्ञ थी, तो कोई अपने केशों से; उनमें से कोई औंधें मुँह वाद्यशाला के फर्श पर पड़ी गहरे श्वाँस ले रही थी, तो अन्य कोई किसी दूसरी की काया से लिपटी थी। होश खोई युवतियों की ऐसी दशा से स्थिर बुद्धि या दूसरे शब्दों में बोधिसत्त्व राजकुमार गौतम के भीतर तरंगें उठीं। उन्होंने विचार किया :

"कोमल अंगों वाली ये सुन्दरियाँ काया के अंग प्रदर्शन से जिस काम को उत्तेजित करने का प्रयास करती हैं, वह काया उन हड्डियों व मांसपेशियों की ही बनी हुई है, जो शनैः-शनैः विनाश की ओर बढ़ती है; वही काया, जो रोगग्रस्त होती है, जो वृद्धावस्था को प्राप्त होती है तथा जिसे एक दिन श्वाँस रहित हो जाने पर अग्नि में जला दिया जाता है।"

उन्हें यह समझ आया :

"इनकी कामना और इनके प्रयास दया के पात्र हैं। सत्यता और वास्तविकता से अनभिज्ञ ये नहीं जानती हैं कि काया का रूप, वर्ण व सुन्दरता शनैः-शनैः क्षय को प्राप्त होने वाली है।"

बोधिसत्त्व कुमार सिद्धार्थ को युवतियों-सुन्दरियों से घृणा नहीं हुई; उनकी करुणा उभर आई। कामना से मुक्त हो वे वाद्यशाला से बाहर निकले और राजप्रासाद स्थित यशोधरा के कक्ष की ओर बढ़े।

कुमार सिद्धार्थ में आज पहले से कहीं अधिक दृढ़ता थी; उनमें आत्म-विश्वास था। वे त्याग का उदाहरण प्रस्तुत करने जा रहे थे। राजप्रासाद के द्वार पर पहुँचते ही उन्होंने करुणामयी वाणी में पूछा :

"क्या यहाँ कोई है?"

"मैं हूँ, राजकुमार श्रेष्ठ!" ऊँघते हुए द्वाररक्षक छन्दक ने उत्तर दिया।

"रथ तैयार करो!"

"इस समय...!"

"हाँ इसी समय! मैं महाभिनिष्क्रमण करूँगा।"

द्वार रक्षक ने "जो आज्ञा राजकुमार की", कहकर बोधिसत्त्व को झुककर प्रणाम किया और वह रथ तैयार करने चला गया।

बोधिसत्त्व कुमार गौतम अपनी पत्नी यशोधरा के शयनागार की ओर बढ़े। कक्ष-द्वार पर पहुँचे। द्वार अधखुला था और वहाँ उन्होंने देखा :

"यशोधरा का कक्ष सुगन्धित दीपकों से जगमगा रहा है। अपने चारों ओर बिखरें सुन्दर पुष्पों से घिरी यशोधरा सुखनिद्रा में है। राजकुमारी का एक हाथ नन्हें राहुल के सुकोमल चेहरे पर है; उसका दूसरा हाथ अपने वक्षस्थल पर है। दृश्य अत्यन्त ही आनन्ददायक और सांसारिक सुख वृद्धिकर्ता है।"

बोधिसत्त्व कुछ पल वहाँ ठहर गए। वे सांसारिक सुखों का त्याग करने जा रहे थे; वे परिवार, प्रासाद आदि को छोड़ने जा रहे थे, लेकिन वहाँ ठहरे हुए कुमार को विचार हुआ :

"क्यों न एक बार प्यार से राहुल को गोद में उठा लूँ?"

उन्होंने एक कदम आगे रखा तथा वे फिर वही रुक गए। भीतर से स्वर उभरा :

"नहीं-नहीं। राहुल की माता यशोधरा जाग सकती है। वह जागी तो न जाने की प्रार्थना करेगी। आज्ञाकारिणी, पति समर्पित और सुशील राजकुमारी की प्रार्थना हृदय को हिला सकती है। संकल्प में बाधा उत्पन्न हो सकती है...।"

कुमार कुछेक पल शान्त खड़े रहे, फिर अधखुले द्वार को बहुत ही धीरे से उन्होंने बन्द कर दिया और चुपचाप यशोधरा के कक्ष से वापस होकर प्रासाद

द्वार की ओर चल दिए। उसी क्षण उन्होंने अपने राजसी अधिकारों, सुखद सांसारिक सुविधाओं, जी-जान से प्रेमकर्ता पिता शुद्धोदन, मौसी माँ गौतमी-जिन्होंने सिद्धार्थ को अपना दूध पिलाकर बड़ा किया और स्वयं अपनी कोख से जन्मे पुत्र नन्द के पालन-पोषण का कार्य धाय पर छोड़ा था, सौन्दर्यमूर्ति पत्नी राजकुमारी गोपा-यशोधरा और उसके आँचल में सोए पुत्र राहुल का त्याग कर दिया।

बोधिसत्त्व कुमार गौतम प्रासाद द्वार पर आए। द्वार रक्षक छन्दक राजकुमार की आज्ञा के अनुसार रथ के साथ तैयार खड़ा था। उनमें प्रव्रज्या की प्रबल इच्छा जागृत हो रही थी; वैराग्य की प्रबल कामना उत्पन्न थी। उन्होंने रथ के स्थान पर अपना प्रिय श्वेत वर्ण वाला राजसी अश्व कन्थक लिया। वे उस पर सवार हुए और अश्व बिना कोई शोर किए राजप्रासाद की सीमा से बाहर हो गया। छन्दक कुमार के साथ चल रहा था। गहरी नींद में रक्षक दल भी उनके गमन का साक्षी नहीं बन सका। हाँ, छन्दक के अतिरिक्त चाँदनी रात के नक्षत्र अवश्य ही बोधिसत्त्व के उस महाभिनिष्क्रमण के साक्षी रहे थे।

अश्व तीव्रता से आगे बढ़ा। उसी एक रात्रि में बोधिसत्त्व कुमार गौतम ने शाक्य राज्य के अतिरिक्त कोलिय और रामग्राम नामक दो और राज्यों की सीमाओं को भी पार किया। अब वे घर से बहुत दूर, कपिलवस्तु से लगभग तीस योजन की दूरी पर, अनोमा नदी के तट पर आ पहुँचे थे।

कुमार ने नदी के स्वच्छ जल-प्रवाह की ओर देखा; क्षणभर को विचार किया, शान्ति तथा सन्तोष का अनुभव किया। दूसरे क्षण उन्होंने प्रिय श्वेत अश्व कन्थक की ओर देखा। वह सजा-धजा था। तीव्रगति से चलकर वह बोधिसत्त्व को नदी के तट पर ले आया था। उन्होंने जैसे ही अपनी करुण दृष्टि से कन्थक को संकेत किया, वह नदी के जल को चीरता हुआ उन्हें दूसरे छोर पर ले आया।

बोधिसत्त्व कुमार अश्व की पीठ से उतरकर धरातल पर आए। छन्दक भी आ पहुँचा था। कुमार ने उससे कहा :

"धन्यवाद छन्दक...! अब मुझे अपने मार्ग पर भिन्न तरीके से बढ़ना

है। इसलिए मेरी काया पर जो आभूषण हैं, उनका न तो कोई महत्त्व है तथा न ही कोई आवश्यकता है।"

यह कहकर कुमार एक-एक करके अपने आभूषणों को काया से पृथक करने लगे। छन्दक शान्त और धैर्य की मूर्ति बनकर उन्हें देख रहा था। उससे कुछ कहते नहीं बन पा रहा था। बोधिसत्त्व ने छन्दक की मनःस्थिति को समझा और उससे कहा :

"हाँ छन्दक! मेरे लिए अब इन सब वस्तुओं का कोई मूल्य नहीं है। अब मेरी प्रव्रज्या का समय आ गया है...।"

"लेकिन हे कुमार श्रेष्ठ! यह कन्थक...।"

"अब इसकी भी मुझे कोई आवश्यकता नहीं है प्रिय छन्दक! अब मैं अपने पैरों के बल पर ही चलूँगा।"

बोधिसत्त्व ने छन्दक से यह कहकर कन्थक की पीठ पर हाथ फेरा और तदोपरान्त एक बार पुनः छन्दक की ओर करुण चक्षुओं से निहारा, जो संकेत था उनके आग्रह का कि अब वह भी वापस कपिलवस्तु लौट जाए।

छन्दक बोधिसत्त्व कुमार की भावना को उनकी आँखों के माध्यम से समझ गया और हाथ जोड़कर निवेदन करने लगा :

"लेकिन मैं भी प्रव्रजित होऊँगा!"

"नहीं प्रिय छन्दक!"

"मेरी यही इच्छा है कि मैं आपका अनुगमन करूँ! आप स्वामी हैं। आप करुणामूर्ति हैं। मुझे अपनी सेवा का अवसर दें। मुझे भी प्रव्रजित होने का सौभाग्य मिले, ऐसी आज्ञा दें। मेरा जीवन सार्थक हो...।"

"अभी नहीं छन्दक!"

"लेकिन क्या मैं आपको छोड़कर वापस लौट सकूँगा?"

"मैं जानता हूँ तुम्हारे असीम प्रेम को! परन्तु छन्दक याद रखो! भले ही तुममें किसी के प्रति कितना भी प्रेम हो और उस प्रेम के वशीभूत छोड़ने का साहस तुम न जुटा पाओ, लेकिन एक दिन ऐसा आएगा ही, जब मृत्यु हम सभी को एक दूसरे से अलग कर देगी...।"

छन्दक एकटक बोधिसत्त्व की ओर देखने लगा तो उन्होंने कहा :

"छन्दक! जाओ लौट जाओ। कपिलवस्तु पहुँचो। वहाँ के नागरिकों से, बन्धुओं से तथा मित्रों से कहना कि सिद्धार्थ गौतम रुग्णता, वृद्धावस्था और मृत्यु का संहार करके पुनः लौटेगा। यदि वह ऐसा नहीं कर पाया, तो वह मृत्यु को प्राप्त होगा। जाओ! प्रिय छन्दक अब जाओ...।"

बोधिसत्त्व कुमार ने अपनी तलवार से केश काट लिए। उन्होंने काया से वस्त्र उतारकर चीवर धारण किया और देखते-ही-देखते वे एक भिक्षुक के रूप में परिवर्तित हो गए। उन्होंने देखा कि छन्दक और कन्थक अभी वहीं ही हैं। बोधिसत्त्व ने छन्दक से पुनः कहा :

"जाओ छन्दक! कन्थक के साथ लौट जाओ। पिताश्री और दूसरों को कुशल-क्षेम देना। जाओ अब...।"

छन्दक लगाम पकड़ने के लिए कन्थक की ओर बढ़ता, उससे पूर्व बोधिसत्त्व कुमार गौतम ने अश्व को प्यार भरे नेत्रों से देखा, उसकी पीठ पर हाथ फेरना प्रारम्भ किया। वे ऐसा कर रहे थे और कन्थक की आँखों से अश्रु की धारा बह रही थी। कुमार ने जैसे ही उसकी ओर से मुँह मोड़ा, अश्व भूमि पर गिर पड़ा। उसके गिरने की आवाज सुनकर बोधिसत्त्व ने पुनः मुड़कर अपनी करुण आँखों से उसकी ओर देखा। कन्थक की आँखें भी उन्हीं की ओर थीं। दोनों की आँखें मिली और कन्थक की उसी पल मृत्यु हो गयी। बोधिसत्त्व कुछ क्षण मौन होकर कन्थक के पास खड़े रहे और फिर अपने मार्ग में प्रस्थान कर गए।

बोधिसत्त्व के विछोह और कन्थक की मृत्यु से छन्दक को भारी आघात लगा और वह शोक में डूब गया। कुमार ने अपनी राह ली तथा छन्दक शोकाकुल स्थिति में कपिलवस्तु की ओर बढ़ा। मार्ग में उसे बारम्बार बोधिसत्त्व कुमार के शब्दों से "अभी नहीं छन्दक" न्यूनाधिक सांत्वना मिलती रही; उसे रह-रहकर आशा बँधती थी कि वे एक दिन अवश्य दर्शन महालाभ देंगे और आज्ञा देते हुए कहेंगे, "हाँ छन्दक! अब तुम भी...।"

२

बोधिसत्त्व कुमार गौतम जीवन को सार्थक किए जाने हेतु निश्चित मार्ग पर ससंकल्प आगे बढ़ रहे थे। वे दूर-दूर तक प्रसिद्ध, शान्त और सुन्दर अनुपिया के आम्रवन पहुँचें। आम्रवन रमणीय और सघन था। विषयों में संलग्नता और उससे उत्पन्न दुष्परिणामों, भोग-विषयों के त्याग और उससे प्राप्त होने वाले आनन्द, जीवन के कल्याण और उसकी सार्थकता हेतु अन्ततः मुक्ति रूपी ध्येय की प्राप्ति और महाशान्ति की अवस्था जैसे गहन बिन्दुओं पर विचार करते हुए कुमार सात दिनों तक आम्रवन में ही ठहरे।

आठवें दिन प्रातःकाल में उन्होंने प्रसिद्ध मगध राज्य की सीमा की ओर बढ़ना प्रारम्भ किया। मार्ग में बोधिसत्त्व कुमार गौतम को अनेक आश्रम दिखाई दिए। वे जिज्ञासु थे। इसलिए कुछ आश्रमों में वे गए और उनमें रहने वालों की जीवनचर्या से उन्होंने साक्षात्कार किया।

एक आश्रम के वासियों को पक्षियों के समान खेतों से अन्न के दानों को बीनते हुए उन्होंने देखा। उन्हीं अन्न के दानों से वे प्रायः अपना पेटपालन करते थे। आश्रमवासियों से उन्हें ज्ञात हुआ कि इस प्रकार अन्न के दाने भी उन लोगों को नियमित रूप से नहीं मिलते थे।

दूसरे आश्रम में बोधिसत्त्व ने पाया कि उसमें रहने वाले घास फूँस खाते थे; कभी कभार हरी साग-भाजी भी लेते थे। अन्न-फल से दूर वे लोग पशुओं के समान जीवन जीते थे।

एक अन्य आश्रमवासियों के जीवन का, जैसा कि बोधिसत्त्व कुमार ने पाया, साँस ही मुख्य आधार था। वे अन्न, घास-फूँस आदि से भी विरत थे।

बोधिसत्त्व उक्त सभी आश्रमवासियों की जीवन-पद्धति से असहमत हुए। उन्होंने विचारकर एक सन्यासी से प्रश्न किया, "क्या इस प्रकार काया को कष्ट देने से, भूखे-प्यासे रहने से, कोई लाभ होगा?"

"इस लोक में तो नहीं, लेकिन परलोक में अवश्य ही सुख मिलेगा। जो इस लोक में दुख व कष्ट उठाता है, वह बदले में परलोक में सुख तथा आनन्द

पाता है।"

बोधिसत्त्व को सन्यासी के उत्तर से सन्तोष नहीं हुआ। उन्होंने विचार किया :

"क्या इसी लोक में दुखों का अन्त नहीं हो सकता? क्या कष्टों को यहीं समाप्त नहीं किया जा सकता? यदि मनुष्य जन्म में यहीं इनका अन्त नहीं हो सकता, तो क्या परलोक में ऐसा होगा?"

बोधिसत्त्व पर कोई प्रभाव आश्रमवासियों के कठिनाइयों से पूर्ण जीवन का नहीं पड़ा। वे लोग बिना विचारे जिस तरह का जीवन जीते हुए काया को कष्ट दे रहे थे, परलोक सुख की कामना कर रहे थे, उस पर उन्हें आश्चर्य हुआ। उन्होंने बिना विलम्ब किए वहाँ से प्रस्थान किया। उनके हाथ में भिक्षापात्र था; भिक्षाटन करते हुए वे आगे बढ़े।

उन्होंने नदी पार की और वे पहुँच गए मगध राज्य की मनोरम राजधानी राजगृह के निकट। विंध्यपर्वत शृंखला से घिरा राजगृह नगर अपने समय में दूर-दूर तक ख्याति प्राप्त था। सुन्दर व सुदृढ़ नगरद्वार, राजप्रासाद, अट्टालिकाएँ, साफ-सुथरे भवन और नागरिकों के सामान्य निवास स्थान, जो योजनाबद्ध ढंग से निर्मित किए गए थे, बोधिसत्त्व को नगर के ऊँचे द्वार से निहारने पर ही प्रिय लगे।

तपोदा नदी के किनारे बसे राजगृह नगर में पुष्पों से भरपूर तालाब थे, धर्मस्थल थे तथा धर्मशालाएँ थीं। नगर उद्यानों से घिरा था। प्रकृति अपना पूर्ण सौन्दर्य नगर पर बिखेरती हुई किसी भी आगन्तुक को सहज ही अपनी ओर आकर्षित करती थी।

नगर के बाहर पर्वतमाला में अनेक गुफाएँ थीं। अनेक मतों-सम्प्रदायों के योगी-सन्यासी एवं विद्वान उनमें ठहरे हुए थे। वे राजगृह के विश्वविद्यालय में नियमित रूप से एकत्रित होकर आपस में लोक-परलोक सम्बन्धी विषयों पर निरन्तर तर्क-वितर्क करते रहते थे। बोधिसत्व को भी वह स्थान अपने अनुकूल लगा और उन्होंने नगर में प्रवेश किया।

◆◆◆

बिम्बसार का निवेदन

बोधिसत्त्व कुमार गौतम शान्त मुद्रा में नगर मार्ग पर थे। भिक्षापात्र हाथ में था। उन्होंने चीवर धारण किया था। पूर्णतः सौम्य, करुणामय, गम्भीर और तेजस्वी गौतम को देखकर नगरवासी चकित होने लगे। कदाचित् उनके जैसा रूपवान, स्थिर नेत्रधारी, वाणी संयत, संयमी, अनुशासित और मन्दगामी उन्होंने पहले कभी नहीं देखा था। वर्षों से सैंकड़ों योगी-सन्यासी राजगृह आते रहे थे। उनमें एक से बढ़कर एक विद्वान थे, गुणी थे तथा प्रतिभासम्पन्न थे। लेकिन बोधिसत्त्व कुमार गौतम को देखकर राजगृहवासी ठहरने लगे; फिर वे उनके पीछे चलने लगे।

जैसे-जैसे वे आगे बढ़ते, मार्ग में उपस्थित नागरिक करबद्ध हो जाते; बोधिसत्त्व की वन्दना करने लगते। नारियाँ पूजा करने को आतुर हो उठतीं।

राजगृह में जिसने भी बोधिसत्व कुमार को देखा, वह उनसे प्रभावित हुए बिना नहीं रहा। रूपवान उनके रूप से फीके पड़े; सुन्दरजन उनके सौन्दर्य से पीछे रहे। प्रतिभावानों को उनके समक्ष अपनी प्रतिभा घटती दृष्टिगोचर हुई; संयमियों को अपने संयम में कमी जान पड़ी। आकर्षक नेत्रों वाले उनके नेत्रों से नेत्र नहीं मिला पाए; नियंत्रित वाणी वाले अपने को उनके बराबर नहीं रख पाए।

राजगृह नगर वैभवशाली था। उसमें एक से बढ़कर एक धनी था। ज्ञान का डंका बजाने वाले ब्राह्मण थे। बलशाली क्षत्रिय थे। रूपवती युवतियाँ थीं।

बोधिसत्त्व को देखा, तो धनवानों को उनके तेजस्वी रूप के समक्ष अपनी धन-सम्पदा तुच्छ लगी; अपने हीरों-जवाहरातों की चमक फीकी जान पड़ी। बहुमूल्य वस्त्रधारकों तथा अलंकृतों को उनके प्राकृतिक सौन्दर्य को देखकर

अपने से लज्जा हुई। उनके स्थिर और करुणामय नेत्रों व संयतवाणी से ब्राह्मण अपने ज्ञान का मूल्यांकन करने को विवश हुए। बोधिसत्व के अनुशासित व्यवहार तथा संयम को जानकर क्षत्रियों में उनसे सीख लेने की प्रबल इच्छा जागृत हुई। प्रत्येक उनकी गति व आकृति पर मोहित होता जाता था; नारियाँ हों या नर, सभी उनका अनुगमन करना चाहते थे। लोग उनके सम्बन्ध में बातें करते जाते थे। कोई कहता :

"वे पुरुष नहीं हैं, देवता हैं।"

"लगता है, किसी अन्य लोक से आए हैं", दूसरा कहता था।

"वे पुरुष हैं या देवता, मैं यह तो निश्चित रूप से नहीं बता सकता, लेकिन इतना कह सकता हूँ कि वे आलौकिक वैभव प्राप्त अवश्य हैं," तीसरे ने ऐसा कहा।

लोगों की बातों का अन्त ही नहीं होता था और बोधिसत्त्व बिना चिन्ता के निश्िंचत हो चले जा रहे थे।

शासकीय सेवकों ने भी बोधिसत्त्व को देखा। उन्होंने उनके प्रति जनता में उमड़े उत्साह को जाना और वे मगध सम्राट बिम्बसार के प्रासाद में पहुँचे। करबद्ध सेवकों ने सम्राट से कहा :

"नगर में एक ऐसे महापुरुष का आगमन हुआ है, जो दिव्य जान पड़ते हैं। वे शान्त हैं, भिक्षापात्र उनके हाथ में है। वे चीवरधारी हैं। गम्भीर हैं...।"

"अच्छा," बिम्बसार ने तनिक आश्चर्यपूर्ण मुद्रा में कहा।

"राजन्! यह पता नहीं चलता कि वे महापुरुष कोई देवता हैं या मानव; वे कोई नाग हैं अथवा गांधर्व। पूरे नगर में कोई भी उनके सम्बन्ध में निश्चय करने में सफल नहीं हो सका है। नागरिक उनका अनुगमन कर रहे हैं। उनमें उन्हें जानने की जिज्ञासा है।"

"लेकिन इस समय वे महापुरुष हैं कहाँ?" बिम्बसार ने समाचार लाए राजसेवकों से पूछा।

"महापुरुष नगर में भिक्षा माँग रहे हैं महाराज", शासकीय सेवकों में से एक ने उत्तर दिया।

"मैं भी उन्हें देखूँगा", बिम्बसार यह कहकर तेजी से राजप्रासाद की छत पर पहुँचे।

सम्राट ने जैसा सुना था, वैसा ही देखा। उन्होंने देखा एक महान और पवित्र महामानव को; दिव्य जान पड़ते और अपने रूप से सबको घटाते एक सदाचारी भिक्षुक को। महामानव की सचेतता और अनुशासित चाल सम्राट के भीतर कौतूहल उत्पन्न कर रही थी। उन्हें यह देखकर भी रोमांच हो रहा था कि महापुरुष किसी व्यक्ति, वस्तु अथवा भवन की ओर आकर्षित नहीं होते थे; नागरिक स्वयं उनकी ओर आकर्षित होते थे। उनमें इस हेतु प्रतिस्पर्धा हो रही थी।

सम्राट ने स्वयं इस तरह का भिक्षुक पहले कभी नहीं देखा था। बिम्बसार भ्रम में पड़ गए और यह निर्णय करने में अक्षम रहे कि वे महापुरुष कोई मानव हैं या देवलोक से पधारे कोई देवता। इसलिए सम्राट ने अपने साथ खड़े मंत्रियों-दरबारियों से पूछा :

"कौन हो सकते हैं वे?"

"मनुष्य नहीं हो सकते", एक ने कहा।

"यदि मनुष्य नहीं हैं, तो नगर से बाहर निकलते ही वे लोप हो जाएँगे", बिम्बसार ने उससे कहा।

"लेकिन यदि देव लोकवासी हुए तो!" दूसरे ने पूछा।

"यदि ऐसा हुआ तो वे आकाश की ओर चले जाएँगे", सम्राट ने उत्तर दिया।

"और यदि नाग हुए तब!" तीसरे ने जानना चाहा।

"ऐसी स्थिति में वे पृथ्वी में चले जाएँगे", बिम्बसार बोले।

"हो सकता है, वे मनुष्य ही हों", चौथे ने मत व्यक्त किया।

"यदि वे मनुष्य हैं", मगध नरेश ने कहा, "तो वे थोड़ी-सी भिक्षा लेंगे तथा उस भिक्षा को शान्तिपूर्वक ग्रहण करेंगे, और अपार सन्तोष अनुभव करेंगे।"

बिम्बसार की बात सुनकर साथ खड़े मंत्रियों-दरबारियों ने उनसे पूछा :

"इस सम्बन्ध में हमारे लिए क्या कोई आज्ञा है महाराज की?"

"हाँ मंत्रिगण!"

"तो क्या आज्ञा है मगध सम्राट की?"

"जाओ! और अनुगमन करो इन महापुरुष का। देखो! वे आगे क्या करते हैं? वे कहाँ जाते हैं? यह सब सूचना मुझे लाकर दो।"

"जो आज्ञा महाराज की।"

सम्राट बिम्बसार का करबद्ध अभिवादन कर कुछ मंत्रियों व दरबारियों ने बोधिसत्त्व कुमार गौतम का अनुगमन किया। सम्राट प्रासाद की छत से ही खड़े उन्हें देखते रहे। जब बोधिसत्त्व उनकी दृष्टि से ओझल हो गए, तो उन्हें जिज्ञासा ने बुरी तरह घेर लिया शीघ्रातिशीघ्र उनके बारे में जानने को। बिम्बसार को स्वयं भी उनका अनुगमन करने की इच्छा हुई...।

मंत्री-दरबारी बोधिसत्त्व का अनुगमन करने तुरन्त निकल पड़े थे। उन्होंने देखा कि महापुरुष ने कुछ ही द्वारों से भिक्षा माँगी। भिक्षा में बहुत ही साधारण सामग्री थी। जितनी आवश्यकता थी, उतनी ही सामग्री उन्होंने ली। दूसरे समय की उन्हें कोई चिन्ता नहीं थी। भिक्षापात्र में सामग्री लिए बोधिसत्त्व नगर से बाहर निकले; रत्नागिरि पर्वत पर पहुँचे और पूरब दिशा की ओर मुँह करके बैठ गए। शान्त और सचेत बोधिसत्व सिंह के समान बैठे प्रतीत होते थे।

बोधिसत्त्व राजघराने से निकले राजकुमार सिद्धार्थ गौतम थे। उन्होंने सदैव ही श्रेष्ठ भोजन किया था। स्वादिष्ट और पौष्टिक भोजन करने का उनका स्वभाव था। लेकिन अब भिक्षापात्र में क्या था? स्वादरहित और अरुचिकर भोजन। बोधिसत्त्व का मन उखड़ रहा था। जीवन में पहली बार इस प्रकार का भोजन देखकर उनका मन ऊपर को आ रहा था। वे साहस नहीं जुटा पा रहे थे उस भोजन को मुँह में डालने का।

उन्हें सहसा ध्यान आया कपिलवस्तु के राजमार्ग पर विचरण करते और उनकी दृष्टि में पहली बार आए भिक्षुक का। वह भिक्षुक राजकुमार सिद्धार्थ

गौतम का प्रेरणा-स्रोत था। बोधिसत्त्व ने तुरन्त अपने पर नियंत्रण किया; विकारों तथा वृत्तियों को संयत किया; चित्त को वे शान्ति-अवस्था में ले गए। भिक्षापात्र से भोजन सामग्री उठाई; शान्ति व सन्तोष के साथ उसे ग्रहण किया। उन्हें गर्व हो रहा था अपने भिक्षुक होने पर, सादर व सप्रेम दिए गए भोजन को ग्रहण करते हुए, तथा मुक्ति के मार्ग पर आगे कदम बढ़ाते हुए।

शासकीय लोग बोधिसत्त्व के हावभाव देखकर आश्चर्यचकित हुए; उनके आत्म-नियंत्रण, अल्पाहार ग्रहण, सन्तोष और गर्वीले स्वभाव का उन पर गहरा प्रभाव पड़ा। उन लोगों में से कुछ प्रौढ़ अवस्था से भी ऊपर जा रहे थे। बोधिसत्त्व के व्यवहारों और सन्तोषमयी मुद्रा के समक्ष नतमस्तक होते हुए वे भी उनके अनुसरण की अभिलाषा करने लगे थे।

२

मंत्रिगण व दरबारीजन बोधिसत्त्व की क्रियाओं से साक्षात्कार कर सम्राट बिम्बसार की शरण में पहुँचे और उनके सम्मुख बोधिसत्त्व के अनुशासन, त्याग, नियम, संतोष, संयम आदि का वर्णन किया। सम्राट की जिज्ञासा बलवती हुई और उन्होंने अविलम्ब रत्नागिरि की ओर प्रस्थान किया।

बिम्बसार रत्नागिरि पहुँचे। बलशाली क्षत्रिय के समान, रूपवान, सन्तोषी और सरल महामानव को, जो चीवरधारी भिक्षुक थे, उन्होंने निकट से देखा। वे उनके और समीप गए तथा उनसे कुशल-क्षेम जानी; बोधिसत्त्व की अनुमति ली तथा उनके समक्ष एक शिलाखण्ड पर वे भी बैठ गए। तदोपरान्त कुछ क्षण मौन रहकर सम्राट ने उनके प्रति अपनी श्रद्धा व्यक्त की।

सम्राट बिम्बसार की आँखें बोधिसत्त्व की करुण आँखों से मिलीं, तो उनमें से मान-गर्व समाप्त हो गया; मगध नरेश सरल, सौम्य और विनम्र व्यक्ति बन गए। हाथ जोड़कर उन्होंने बोधिसत्त्व कुमार गौतम से निवेदन किया :

"हे भिक्षुकश्रेष्ठ करुण नेत्रधारी महामानव! आप नौजवान हैं; आप रूपवान और बलशाली हैं; आप श्रेष्ठ गुणों से सम्पन्न हैं, तथा आप क्षत्रिय प्रतीत होते हैं। आप कौन हैं? मुझे जिज्ञासा है आपका कुल व गोत्र जानने की।"

"हे मगध सम्राट! मैं सूर्यवंशी हूँ। मेरे पूर्वज इक्ष्वाकु वंशीय हैं। मैं शाक्य कुल से हूँ; मेरा गोत्र गौतम है। मेरे पिता कपिलवस्तु के राजा हैं। मैं अब प्रव्रजित हूं।"

बोधिसत्त्व के कुल व गोत्र के सम्बन्ध में जानकर मगध सम्राट बिम्बसार का चित्त शान्त होने लगा; उनके हृदय में महापुरुष स्वरूप कुमार गौतम के प्रति श्रद्धा का सागर हिलोरे लेने लगा। वे खड़े हो गए। उनके हाथ बँध गए। बोधिसत्त्व के समक्ष निवेदन करते हुए उन्होंने कहा :

"हे महात्मन्! मगध आपका है। इस राज्य का जितना भी वैभव है, जो भी पराक्रम व धन-सम्पदा है, वह सब आपके चरणों में समर्पित है। आप यह सब ग्रहण कर उपकार कीजिए। मुझे अपनी सेवा का अवसर प्रदान कीजिए।"

"नहीं मगध सम्राट! मुझे किसी भी वस्तु, छोटी या बड़ी, की कोई अभिलाषा नहीं है। भोग-कामना मेरे मन में नहीं है; मैं विरत हो गया हूँ। किसी धन-सम्पदा का भी मेरे लिए कोई महत्त्व या आवश्यकता नहीं है।"

सुदृढ़ लेकिन विनम्र वाणी के धनी बोधिसत्त्व के मुख से यह सुनकर पराक्रमी व कान्तिमय कायाधारक मगध नरेश बिम्बसार ने पुनः हाथ जोड़कर उनसे निवेदन किया :

"आप आधा साम्राज्य ले लीजिए। मेरी हार्दिक अभिलाषा है कि आप सुख-आनन्द के साथ यहीं रहें और अपनी कर्मभूमि इसी स्थान को बनाएँ।"

"सम्राट श्रेष्ठ! सारा संसार मेरा निवास स्थान है। किसी एक स्थान से ही मैं अपने को सम्बद्ध नहीं कर सकता।"

"लेकिन आप भिक्षाटन करते हैं। मेरा अनुरोध स्वीकार करें और मेरी व्यवस्था के अनुरूप ही भोजन ग्रहण करें, हे महात्मन्!"

"हे मगध नरेश! मैं भिक्षुक हूँ। प्रव्रजित हूँ। भिक्षाटन मेरा धर्म है। मैं आपका आश्रित हो जाऊँ तो घर छोड़कर आने का क्या प्रयोजन रह जाएगा? इसलिए मैं आश्रित नहीं हो सकता।"

"महात्मन् श्रेष्ठ! हे शाक्य कुलभूषण! मुझे सेवा का कोई अवसर देकर मुझ पर उपकार करें।"

“हे राजन्! स्वयं सेवा तो मेरा धर्म है, मैं परसेवा पर कैसे टिक सकता हूँ? यदि परसेवा लेने की ही बात होती, तो फिर भिक्षापात्र हाथ में क्यों लेता? मैं क्यों प्रव्रज्या मार्ग पर आता?”

“क्या किसी वस्तु को आपकी सेवा में मैं भेज सकता हूँ?”

मगध सम्राट के पूछने पर बोधिसत्त्व ने अपनी आँखें उनकी आँखों में डालकर कहा :

“हे सम्राट श्रेष्ठ! ध्यान रखो, काया ढाँपने योग्य वस्त्र, भूख शान्त करने योग्य भोजन और सोने के लिए आसन के अतिरिक्त जितनी भी इच्छाएँ अथवा कामनाएँ होती हैं, वे केवल और केवल घमण्ड और मद को प्रतिबिम्बित करती हैं। राजा हो या व्यक्ति, इस सम्बन्ध में सभी के लिए यह बात समान रूप से लागू होती है।”

“परन्तु हे शाक्य कुलभूषण...।”

“हे राजन्! मैंने सम्बोधि के लिए घर बार छोड़ा है। मैंने बुद्ध-ज्ञान के लिए प्रव्रज्या ली है; इस हेतु मैं भिक्षुक बना हूँ।”

“क्या आप वह ज्ञान प्राप्त कर सके हैं, महात्मन् श्रेष्ठ!”

“अभी तक नहीं, मगध नरेश!”

“जब आपको वह ज्ञान प्राप्त हो जाएगा, तब आप क्या मानेंगे महात्मन्?”

“तब मैं अपने जन्म को सार्थक हुआ मानूँगा, मगध सम्राट!”

“ऐसा ही होगा, महात्मन्! लेकिन क्या मैं एक निवेदन कर सकता हूँ शाक्य कुलभूषण से?”

“अवश्य ही राजन्!”

“जब आपको बुद्ध-ज्ञान प्राप्त हो जाए तो आप राजगृह अवश्य पधारें और अपने ज्ञान की वर्षा कर हमारे कल्याण का मार्ग प्रशस्त करें।”

“ठीक है राजन्! मैं ऐसा करने का आपको वचन देता हूँ।”

बोधिसत्त्व कुमार गौतम ने बिम्बसार को वचन देने के पश्चात अपना

भिक्षापात्र उठाया और प्रस्थान की तैयारी की, जबकि सम्राट ने उनकी वन्दना कर नगर वापसी प्रारम्भ की। मंत्रियों, दरबारियों व सैनिकों से घिरे सम्राट बिम्बसार जैसे पलक झपकते ही राजप्रासाद पहुँच गए। मस्तिष्क में बोधिसत्त्व के वचन और आँखों में बस गई उनकी दिव्यमूर्ति ने समय ही रोक दिया था। अब बिम्बसार को प्रतीक्षा थी बुद्ध के वापस राजगृह आने की और उनके द्वारा बुद्धत्व-ज्ञान की वर्षा की।

◆◆◆

खोज यात्रा और भिक्षुओं की शंका

राजगृह से प्रस्थान कर बोधिसत्त्व मार्ग में पड़ने वाले आचार्य आलार कालाम के आश्रम पहुँचे। लगभग तीन सौ शिष्यों वाले आश्रम के प्रमुख आलार कालाम सांख्य दर्शन के प्रसिद्ध विद्वान थे। अपने समय के वे महाध्यानी थे। आचार्य ने बोधिसत्त्व का अपने आश्रम में भरपूर स्वागत किया।

बोधिसत्त्व वहाँ ठहर गए और आचार्य आलार कालाम को गुरु मानते हुए उन्होंने सांख्य दर्शन का ज्ञान प्राप्त किया। यद्यपि बोधिसत्त्व ने लगन व चाव से उस दर्शन के सम्बन्ध में जाना; आचार्य आलार कालाम की ध्यान विद्या को सीखा; और उनके बुद्धत्व-ज्ञान में उस विद्या व सांख्य दर्शन में मौजूद सम्यक् ज्ञान ने महत्त्वपूर्ण भूमिका का निर्वाह किया, लेकिन जिस पूर्ण बुद्धत्व-ज्ञान की प्राप्ति के लिए वे मार्ग पर बढ़े थे, उसका अन्त वहाँ से होना उन्हें संभव नहीं दिखाई दिया। इसलिए और अधिक ठहरकर समय नष्ट न करते हुए वे वहाँ से निकल पड़े।

मार्ग में ही वे वैदिक दर्शन की एक अन्य शाखा वैशेषिक के उस समय के सबसे बड़े आश्रम पहुँचे। उस आश्रम में सात सौ सन्यासी थे। मगध राज्य में ही स्थापित वह आश्रम पर्वत शृंखला से घिरा था, वह रमणीय था और अध्यात्म व दर्शन पर वहाँ भरपूर चर्चा होती थी; सन्यासियों में तर्क-वितर्क होते थे। बोधिसत्त्व कुछ समय के लिए वहाँ भी रुके।

उस आश्रम के प्रमुख आचार्य उद्रक थे। वे भी अपने क्षेत्र के प्रसिद्ध विद्वान थे; वे विनम्र थे और दूसरे विद्वानों का यथेष्ट आदर-सत्कार करते थे।

वैशेषिक दर्शन के उस विद्वान ने बोधिसत्त्व कुमार गौतम का भी हृदय से स्वागत किया। बोधिसत्त्व के ज्ञान और व्यवहार से वे बहुत प्रभावित हुए और उन्होंने यह इच्छा व्यक्त कि वे लम्बे समय तक उनके आश्रम में रहें। उद्रक की इच्छा के अनुसार ही कुछ दिनों तक वहाँ ठहरने का उन्होंने निर्णय लिया।

उन कुछ दिनों में बोधिसत्त्व ने उद्रक के हृदय में अपना विशेष स्थान बना लिया। उनकी तर्क-शक्ति के सामने वे नतमस्तक हुए तथा उन्होंने बोधिसत्त्व से पुनः विनती की :

"महात्मन्! आप आश्रम में ठहरकर सन्यासी-शिष्यों को शिक्षा दें।"

"नहीं आचार्य महोदय! मैं यहाँ और अधिक नहीं ठहर सकता", बोधिसत्त्व ने विनयपूर्वक उन्हें उत्तर दिया।

वास्तव में बोधिसत्त्व की अभिसम्बोधि की जिज्ञासा के उत्तर में उनके समक्ष उद्रक ने वैशेषिक दर्शन का पूर्णतः खुलासा करने का प्रयत्न किया था। उद्रक ने उनके समक्ष अपने दर्शन के पूर्णतः क्रमबद्ध व नियमबद्ध होने, और अन्ततः उसे मानव-जीवन का ध्येय प्राप्त करने में सक्षम होने का दावा किया था। लेकिन उद्रक के तर्कों व दावों के बावजूद बोधिसत्त्व ने उनके दर्शन को भी सम्यक् सम्बोधि हेतु अपूर्ण जाना। इसलिए उन्होंने उद्रक का अनुरोध स्वीकार न कर आगे प्रस्थान करने का निश्चय कर लिया।

बोधिसत्त्व अब उरुबेला की ओर बढ़े और चलते-चलते छोटी-छोटी पर्वत चोटियों से घिरे एवं फलगू नदी के तट पर बसे रमणीय स्थान गया पहुँच गए। गया 'गय' ऋषि के नगर के रूप में प्रसिद्ध रहा था। बोधिसत्त्व के साथ कोण्डिन्य, भद्दिय, बप्प, महानाम और अश्वजित नामक पाँच और भिक्षुक भी थे। वे पाँचों कपिलवस्तु राज्य से थे और बोधिसत्त्व कुमार गौतम के ज्ञान, उनकी अनुपम जिज्ञासा तथा प्रखर प्रतिभा से अत्यधिक प्रभावित रहे थे।

यद्यपि वे भिक्षुक वैदिक दर्शन के विश्वासकर्ता थे; वे कुलीन थे, लेकिन उन्हें गौतम के सम्बन्ध में की गई भविष्यवाणियों का स्मरण था; और उन्हें विश्वास होता था कि वे मानव-जीवन की सार्थकता और मुक्ति हेतु कोई अद्वितीय, ग्राह्य तथा अनुकरणीय मार्ग अवश्य ही खोज निकालेंगे। बोधिसत्त्व के

साथ रहते हुए पाँचों भिक्षुक उन्हें आलौकिक पुरुष मानने लगे थे; वे बोधिसत्त्व की हर प्रकार से सेवा करने को तत्पर रहते थे।

उरुबेला में विहार करते हुए बोधिसत्त्व कुमार ने यह प्रतिपादित किया कि प्रज्ञालाभ हेतु, दूसरे शब्दों में पवित्र बुद्धत्व-ज्ञान की प्राप्ति के लिए तप करना चाहिए। इस हेतु उन्होंने दृढ़ निश्चय किया और आसन जमाकर तपस्या प्रारम्भ कर दी। उन्हें ऐसा करते देख साथ विहार कर रहे पाँचों भिक्षुकों ने विचार किया और अन्ततः उन्होंने भी बोधिसत्त्व का अनुसरण किया। वे भी तप करने लगे।

छः वर्ष व्यतीत हो गए। बोधिसत्त्व कुमार गौतम ने कठोर तपस्या की। काया को कई प्रकार की कठिनाइयाँ उन्होंने दीं। वे मात्र एक समय भिक्षा ग्रहण करते थे। प्रायः निराहार भी रहते थे; काया को भूखा रखते थे। परिणामस्वरूप उनका कंचनवर्ण काला हो गया। शरीर के केवल अस्थिपंजर ही शेष बच रहे। वह हड्डियों का ढाँचा मात्र रह गया था। आँखें गड्ढों में धँस गईं। नासिका तथा कानों के रंध्र सूखकर आर-पार दिखाई देने लगे थे।

बोधिसत्त्व कुमार गौतम रेचक, कुम्भक एवं पूरक, तीन प्रकार की प्राण क्रियाओं से श्वाँसरहित ध्यान भी करने लगे थे। उनकी काया इतनी दुर्बल हो चुकी थी कि एक दिन स्थिति ऐसी हो गई कि अत्यन्त क्लेशमयी स्वःपीड़ा से वे मूर्छित होकर गिर पड़े। पाँचों भिक्षुक उस समय वहीं उपस्थित थे। उनमें से एक ने काफी समय तक न उठ पाने के कारण बोधिसत्त्व को हिलाकर देखा। कोई परिणाम सामने नहीं आया। पुनः दूसरे भिक्षुक ने उनके शरीर को हिलाकर देखा और दूसरी बार भी उनकी चेतना लौटी नहीं। जब तीसरे भिक्षुक ने भी उन्हें हिलाया और वे चेतनामय नहीं हुए तो कोण्डिन्य ने अपना मत व्यक्त करते हुए कहा :

"गौतम मृत्यु को प्राप्त हो गए हैं।"

"ऐसा ही लगता है", दूसरे भिक्षुक ने सहमति व्यक्त करते हुए कहा।

"अब क्या करें?" अश्वजित ने साथियों से जानना चाहा।

"अब क्या करेंगे? यह चिन्तन का विषय है।" बप्प ने मत व्यक्त किया।

भिक्षुक असामन्जस्य की स्थिति में थे। दूसरी ओर बोधिसत्त्व गौतम समाधि की समस्त भूमियों का अतिक्रमण करके असंप्रज्ञात निर्जीव समाधि से परे अनिर्वचनीय महाशून्य समाधि में विहार कर रहे थे। वे उस अत्यन्त अगम महासमाधि से क्रमशः संज्ञात समाधि भूमि में आए। उन्हें निश्चयपूर्वक ज्ञान हुआ कि इस प्रकार के कठोर तप से, अनावश्यक काया को कष्ट देकर और शरीर को सुखाकर बुद्धत्व-लाभ नहीं हो सकेगा। उन्हें ज्ञान हुआ कि अत्यधिक काय-क्लेश अथवा सुख, दोनों, का त्याग कर संयमी जीवन जीना ही समीचीन है।

यह ज्ञान प्राप्त होने के उपरान्त बोधिसत्त्व ने साथी-भिक्षुओं को संकेत कर सूक्ष्माहार की इच्छा प्रकट की। साथी तीव्रता से उन्हें जल व मूँग रस देने लगे। कुछ ही दिनों में गौतम के शरीर में बल आ गया; वे आसपास के ग्रामों में जाकर भिक्षा माँगने लगे।

छः वर्ष की कठोर तपस्या, शरीर क्षय; फिर भिक्षाटन और काया में बल, एवं उसी कंचनवर्ण का लौटना, जो पहले था, बोधिसत्त्व कुमार गौतम की ये क्रियाएँ साथी भिक्षुओं की समझ से बाहर थीं। बोधिसत्त्व को अत्यधिक काय-क्लेश अथवा सुख, दोनों, के त्यागोपरान्त संयमी जीवन जीने की जो प्रतीति हुई थी, उसकी चर्चा उन्होंने उनसे नहीं की थी। इसलिए वे गौतम के सम्बन्ध में असामन्जस्य में थे; उन्हें शंका ने घेर रखा था। वे निराश होने लगे थे।

२

बोधिसत्त्व कुमार गौतम बुद्धत्व ज्ञान की खोज में संलग्न थे। वे निश्चित होकर विहार कर रहे थे। उरुबेल प्रदेश के सेनानी ग्राम में ककुनवी परिवार में जन्मी घने केशों वाली और मृग समान नेत्रों वाली कन्या सुजाता युवती हो गई थी। धनी पिता की वह कन्या ईश्वर की अनन्य उपासक थी और देवी-देवताओं की भी निरन्तर पूजा-अर्चना किया करती थी। वह मृदुभाषी थी तथा संकल्पी भी थी। उसने वट-वृक्ष के नीचे खड़ी होकर संकल्प लिया था :

"यदि मेरा विवाह मेरे ही समान सुन्दर और योग्य वर से होगा, और

यदि मुझे प्रथम गर्भ से पुत्ररत्न प्राप्ति होगी, तो मैं प्रतिवर्ष बैसाख पूर्णिमा के दिन वट देवता की पूजा करूँगी।"

सुजाता की मनोकामना पूर्ण हुई। उसे सुयोग्य व सुन्दर वर मिला, तथा पहली सन्तान के रूप में उसे पुत्र प्राप्ति हुई। अब अपनी प्रतिज्ञा के अनुपालन में सुजाता ने बैसाख पूर्णिमा के दिन वट-वृक्ष की पूजा करने की तैयारी प्रारम्भ की।

बैसाख पूर्णिमा का आगमन हुआ। वह अति प्रातःकाल की वेला में शय्या त्याग नित्य कर्म से निपटी। उसने स्वच्छ जल से स्नान किया और स्वच्छ वस्त्र धारण किए। अपनी कपिला गायों को दुहा। दूध को अग्नि पर रखा तथा उसमें तीन वर्ष पुराने चावल डालकर गाढ़ी तथा स्वादिष्ट खीर बनानी प्रारम्भ कर दी। वह तैयार हो रही खीर को चलाती जाती थी और शुद्ध चित्त, मन तथा आत्मा से मनोकामना पूर्तिकर्ता देव को धन्यवाद देती जाती थी। इसी बीच सुजाता की सेविका पूर्णा आ पहुँची। सुजाता ने पूर्णा से कहा :

"पूर्णा! जाओ और वट-वृक्ष के नीचे के सारे स्थान को बहुत अच्छी तरह साफ करो। मैं खीर तैयार करके पूजार्थ उसे वहाँ लेकर पहुँचती हूँ।"

"जो आज्ञा देवी सुजाता!"

पूर्णा शीघ्रता से वट-वृक्ष के नीचे के स्थान को साफ करने पहुँची। उसके एक हाथ में झाड़ू थी। दूसरे हाथ में जलपात्र था। जैसे ही पूर्णा ने जलपात्र को नीचे रख झाड़ू लगाने का क्रम प्रारम्भ किया, उसने वहाँ एक कंचनवर्णीय कायाधारी महापुरुष को देखा, जिसके शरीर से दिव्य आभा विकसित हो रही थी।

वास्तव में उस वट-वृक्ष के नीचे सर्वज्ञता लाभार्थ ध्यानमग्न बोधिसत्त्व गौतम बैठे थे। उनका मुख शान्त था, नेत्र करुणामय थे और मस्तक पर तेज था।

पूर्णा ने यह भी देखा कि बोधिसत्त्व की काया से जो दिव्य आभा विकसित हो रही थी, उससे वट-वृक्ष सम्पूर्णतः समालोकित हो रहा था। पूर्णा ने समझा कि उसकी स्वामिनी सुजाता की पूजा-अर्चना को स्वीकार करने के उद्देश्य से स्वयं वट देवता वृक्ष से उतरकर साक्षात् वहाँ आ बैठे हैं। "वट देवता स्वयं

पूजा कराने की प्रतीक्षा में हैं", ऐसा अनुमान लगाकर वह अत्यन्त हर्षित हुई।

हर्ष और उत्साह से भरी पूर्णा उलटे पैरों दौड़ती हुई सुजाता के पास पहुँची। उसने जो चमत्कार देखा, उसका वृतान्त सुजाता को सुनाया। सुजाता के भीतर तरंगें उठने लगीं और उसे रोमांच हुआ। उसने पूर्णा से पूछा :

"क्या वास्तव में ही जो कुछ वर्णन तुमने किया है, वह तुमने अपनी आँखों से भी ....।"

"हाँ देवी! यह सब कुछ मैंने अपनी आँखों से देखा है।"

"तो तुम मुझे विश्वास दिलाती हो!"

"हाँ देवी! मैं विश्वास दिलाती हूँ।"

"देवता मेरी पूजा ग्रहण करने की प्रतीक्षा कर रहे हैं", सुजाता इससे विस्मित थी, लेकिन इस सूचना से वह हर्षित भी थी। विस्मित वह इसलिए थी, क्योंकि जीवन में उसने पहली बार सुना था कि वट देवता वृक्ष से उतरकर बैठे हैं। हर्षित वह इसलिए थी कि उसके जीवन में चमत्कार हुआ था।

सुजाता ने पूर्णा को पारितोषिक दिया, उसे गले लगाया, उसका मस्तक चूमा और उससे कहा :

"तुम आज से मेरी ज्येष्ठ कन्या के समान हो! तुम अब यहीं मेरे साथ रहोगी।"

सुजाता ने प्रेम एवं विशुद्ध श्रद्धा से तैयार की गई गाढ़ी खीर को एक स्वर्णपात्र में डाला। उसे सुन्दर और नए वस्त्र से ढका। उसने पुनः स्नान किया, नए और आकर्षक वस्त्र धारण किए, भरपूर शृंगार किया, मूल्यवान गहने पहनें और शुद्ध हृदय व शान्त चित्त से स्वर्णपात्र को सिर पर रखा; उसने दाएँ हाथ में एक स्वर्ण-कलश लिया, जो स्वच्छ जल से भरपूर था, तथा एक राजकुमारी के समान अपनी सहायिका पूर्णा को साथ लेकर वृक्ष की ओर प्रस्थान किया।

सुजाता वृक्ष के निकट पहुँची और उसने वही सब कुछ देखा, जो पूर्णा ने बताया था। सुजाता को विश्वास नहीं हो पा रहा था, लेकिन बोधिसत्त्व गौतम दिव्य आभा बिखेरते हुए वहाँ विराजमान थे। उसकी खुशी का ठिकाना न रहा।

सुजाता ने भी पूर्णा की ही भाँति यही समझा कि स्वयं वट देवता उसकी पूजा स्वीकार करने को स्वयं वहाँ बैठे हैं।

मन्द गति से कुछ ही पग आगे बढ़ाने पर सुजाता वट-वृक्ष के नीचे पहुँच गई। उसने पहले खीर से भरा स्वर्णपात्र अपने सिर से नीचे उतारा और शीश नवाकर उनका अभिवादन किया। उपरान्त हाथ में लिए कलश का मुँह खोला, जो सुगन्धित पुष्पों से सुवासित था; जिसमें स्वच्छ जल था। खुले जल-कलश को लेकर वह महात्मन् के समीप गई। बोधिसत्त्व ने सुजाता की शुद्ध हृदयता को जाना; उनके मन में सौन्दर्य से भरपूर नारी को देखकर कोई विकार नहीं था। उन्होंने साध्वी तुल्य मानकर सुजाता की ओर निर्मल व करुण नेत्रों से देखा।

सुजाता बोधिसत्त्व के दिव्य स्वरूप को देखकर अत्यधिक प्रभावित हुई; उसके दोनों हाथ उनके समक्ष बँध गए; भीतर रोमांच हुआ तथा श्रद्धा का सागर हिलोरे लेने लगा। सुजाता ने अपने को सँभाला और कलश से जल महात्मन् के दाएँ हाथ पर डाला। तदोपरान्त जल-कलश को मस्तक से लगाया तथा उसे एक ओर रख महात्मन् को पुनः प्रणाम किया और उनसे भेंट स्वीकारने की भावना प्रकट की।

बोधिसत्त्व ने सुजाता की मनोभावना को समझ लिया था। वे अन्तर्यामी महान पुरुष की भाँति मन्द-मन्द मुस्कान बिखेर रहे थे। करबद्ध सुजाता ने उन्हें वट देवता मानकर उनसे निवेदन किया :

"हे देव! आपके आशीर्वाद और कृपा से मेरी मनोकामना पूर्ण हुई है। अपनी प्रतिज्ञा के पालनार्थ मैं यह खीर आपको अर्पण करने के लिए लाई हूँ। आप इसे ग्रहण करें।"

बोधिसत्त्व ने अत्यन्त सहज भाव से सुजाता की ओर देखा और उससे कहा :

"परन्तु देवी! मैं वट देवता नहीं हूँ। मैं भी एक मानव ही हूँ।"

सुजाता को विश्वास नहीं हुआ। उसके भीतर से आवाज़ आई कि "वे देवता हैं।"

बोधिसत्त्व के चक्षुओं में ठहराव था; वे विश्वास से भरे हुए थे। यही बातें सुजाता के विश्वास को दृढ़ करती थीं। बोधिसत्त्व का तेज तथा मधुर वाणी उसके विश्वास को डिगने न देती थी। सुजाता ने अपने विश्वास की भावना उनके समक्ष प्रकट की, तो बोधिसत्त्व ने कहा :

"देवी! मैं सत्य की खोज कर रहा हूँ, बस....।"

अपने विश्वास से न डिगते हुए सुजाता ने बोधिसत्त्व से खीर ग्रहण करने का आग्रह किया। बोधिसत्त्व ने श्रद्धापूर्वक आग्रह को स्वीकार करते हुए खीर ग्रहण करने के उद्देश्य से पहले तो अपना भिक्षापात्र आगे किया, लेकिन तुरन्त ही उसे पीछे खींचकर, खीर से भरा पूरा स्वर्णपात्र और जल-कलश ग्रहण करने के उद्देश्य से दोनों हाथ फैला दिए। सुजाता ने दोनों को उनके करकमलों में अर्पित कर अपने को धन्य माना। दूसरी ओर बोधिसत्त्व ने खीर व जल-कलश ग्रहण कर अपनी अमृतमयी दृष्टि से सुजाता की ओर देखा; उन्होंने श्रद्धा की उस मूर्ति के कल्याण की कामना की।

सुजाता और बोधिसत्त्व से जुड़े इस सारे घटनाक्रम को उन पाँचों भिक्षुओं ने भी, जो गौतम की क्रियाओं से असामंजस्य में पड़ गए थे और उनके प्रति शंकालु हो गए थे, देखा। उन्होंने अनुमान लगाया कि गौतम स्त्रीजाल में फँसकर पथभ्रष्ट हो गए हैं, इसलिए वे पाँचों उन्हें छोड़कर चले गए।

◆◆◆

बुद्धत्व-ज्ञान और प्रथम धर्मोपदेश

बोधिसत्त्व को ही वट देवता मानकर खीर-पात्र और जल-कलश भेंट करने वाली देवी सुजाता पूर्णा के साथ घर लौट रही थी। वह श्रद्धावान थी; उसमें आशा का पूरा संचार था। इसलिए मार्ग में आगे बढ़ते हुए उसे अपने जीवन की सार्थकता का आभास होने लगा था। यद्यपि वह युवती थी, लेकिन समझदार भी थी; सांसारिक कठिनाइयों, वास्तविकताओं और सत्यताओं का, न्यूनाधिक, उसे ज्ञान था। इसलिए वह यह मानकर चल रही थी कि उसी दिव्यस्वरूप देवता की कृपा से एक दिन संसाररूपी अशाश्वत भवसागर से पार उतरने में उसे सफलता अवश्य मिलेगी।

सुजाता की खीर व जल ग्रहण कर बोधिसत्त्व नदी के तट पर पहुँचे। उन्होंने नदी में स्नान किया और फिर गौतम नदी के तट से सटे, भरपूर पुष्पाच्छादित, घने और विशाल क्षेत्रफल वाले शालवन में प्रवेश कर गए। वे सारा दिन वन में ही रहे।

सन्ध्यागमन हुआ। बोधिसत्त्व खाली हाथ थे। उनके पास न कोई आसन था, न ही भिक्षापात्र था। वे उस अंजीर अथवा अश्वत्थ वृक्ष, जो बाद में बोधि वृक्ष के नाम से यशस्वी हुआ, के नीचे गए। उन्होंने वृक्ष की प्रदक्षिणा की; वे पहले पूर्व दिशा की ओर कुछ कदम चले, फिर पश्चिमी दिशा की ओर मुँह करके खड़े हो गए। तदोपरान्त बोधिसत्त्व ने घास बिखेरकर आसन बनाया; पीठ को वृक्ष से लगाया और पूरब दिशा की ओर मुँह करके एक वीर की भाँति यह दृढ़-निश्चय करके बैठे :

"जब तक बुद्धत्व की प्राप्ति नहीं होती, मैं इस आसन को नहीं छोड़ूँगा। यह वृक्ष मेरा सहारा है। मेरी काया का एक-एक भाग सूख जाए, मेरी मांसपेशियाँ समाप्त हो जाएँ, या मेरी त्वचा गल जाए, लेकिन बुद्धत्व-ज्ञान के बिना मैं यहाँ से नहीं उठूँगा।"

बोधिसत्त्व गौतम शान्त मुद्रा में थे। आज वे अन्तिम रूप से विजेता होने को तत्पर थे।

पहला आक्रमण हुआ 'मार' की ओर से। दुष्प्रवृत्तियों ने 'मार' के रूप में बोधिसत्त्व के चित्त को डोलाना प्रारम्भ किया। लोभ उभरा, काम-वासना उभरी; वैभव और रूप-सौन्दर्य सामने आ खड़े हुए। फिर भय ने दस्तक दी। बोधिसत्त्व का निश्चय दृढ़ बना रहा; दुष्प्रवृत्तियाँ उनके चित्त को घायल करने में सफल नहीं हुईं। वे शान्त रहे।

प्रकृति की ओर से आक्रमण हुआ। हिला देने वाली आँधी आई; तूफान चला। सूखे पत्ते, टहनियाँ पेड़ से गिरीं; झाड़-झंखाड़ टकराए और कुछ समय के लिए चारों ओर अन्धकार छा गया। बोधिसत्त्व स्थिर थे; वे निश्चिंत होकर बैठे थे। तूफान चला गया था।

वर्षा ने तूफान का स्थान लिया। जोरों से जल गिरा; जल-थल एक हो गया। लगने लगा कि प्रलय आ रही है। लेकिन ऐसी भयानक स्थिति में भी बोधिसत्त्व का निश्चय नहीं डिगा। वे यथास्थिति थे; वे दृढ़ थे।

पत्थरों की बौछार होने लगी। बड़े-बड़े शिलाखण्ड फिसल-फिसलकर वृक्ष के निकट पहुँचने लगे, लेकिन बोधिसत्त्व चिन्ताहीन थे। अस्त्रों-शस्त्रों की झनकार, युद्ध में होने वाले भयावह कौतूहल और हृदय विदारक स्वरों ने वातावरण को अत्यधिक डरावना बना दिया। बोधिसत्त्व फिर भी दृढ़ रहे; वे स्थिर बने रहे।

बोधिसत्त्व गौतम ने सौन्दर्य की मिसाल बालाओं की पैंजनियों के मनमोहक संगीत को नकारा; युवतियों के उफान लेते यौवन से वे विरत रहे। वे डटे रहे; वन में सिंह के समान शान्ति की मूर्ति बनकर स्थिर रहे।

न मार की दुष्प्रवृत्तियाँ उन्हें पराजित कर सकीं, न प्राकृतिक प्रकोप उनके निश्चय को डिगा सका। न रूप-सौन्दर्य उन्हें ललचा सका, न मृत्यु का भय उन्हें विचलित कर सका। सबको पराजित कर बोधिसत्त्व बुद्ध बन गए; उन्हें अपने पूर्वजन्म का ज्ञान हुआ, उनके दिव्य चक्षु प्रस्फुटित हुए और उन्हें वह ज्ञान हो गया, जो आपेक्षित था एवं जिसे बुद्धत्व प्राप्ति कहते हैं।

बुद्ध होने के समय गौतम पूरे ३६ वर्ष के थे। यह सौभाग्यमय संयोग था कि ३६ वर्ष पूर्व उनका जन्म शुभ नक्षत्र में बैसाख पूर्णिमा के दिन हुआ था; और अब उन्हें बुद्धत्व-ज्ञान भी बैसाख पूर्णिमा को ही हुआ।

बुद्ध हो जाने के पश्चात् उन्होंने अपने चारों ओर देखा; अपने दाएँ हाथ से भूमि को स्पर्श किया। अंजीर अथवा अश्वत्थ का वह वृक्ष बोधि वृक्ष हो गया, उसके लाल अंकुरों की वर्षा होने लगी।

महामाया के गर्भ से जन्में सिद्धार्थ ने बुद्धत्व प्राप्त कर उन्हें जन्म-जन्मान्तरों के लिए अमर कर दिया। मौसी महाप्रजापति गौतमी और पिता शुद्धोदन यशस्वी हुए। शाक्यकुल धन्य हुआ। काल देवल ने भविष्यवाणी की थी। वह सत्य सिद्ध हुई। वे स्वर्ग सिधार चुके थे। लेकिन बाल्यकाल में राजकुमार सिद्धार्थ को दी गई शिक्षा और फिर बुद्ध के रूप में उनके द्वारा मानव-कल्याण के मार्ग को प्रशस्त करने की कामना के कारण मृत्यु के बाद भी वे धन्य हुए।

करुणा, त्याग, दृढ़ता और लगन सहित अनेक अन्य गुणों और व्यवहारों से राजकुमार सिद्धार्थ, तदोपरान्त बोधिसत्त्व गौतम अनेकानेक के जीवन की सार्थकता की आशा बने थे। शाक्य सुन्दरी कृशा, कपिलवस्तु से बोधिसत्त्व के साथ अनोमा नदी के पार तक आने वाले छन्दक, मगध सम्राट बिम्बसार और ककुनवी कन्या सुजाता सहित न जाने कितनों के स्वप्नों के घर उनमें थे? वे बुद्धत्व को प्राप्त हुए और अब सभी के स्वप्नों के साकार होने का समय आ पहुँचा।

२

सत्य का ज्ञान होने पर गौतम बुद्ध ने विचार किया :

"कौन सर्वप्रथम इस ज्ञान का अधिकारी हो?" और,

"वह कौन भाग्यवान है, जो मुझे प्राप्त सत्यज्ञान को समझने की क्षमता रखता है?"

उनका ध्यान महातपस्वी आचार्य आलार कालाम की ओर गया। आचार्य योगविद्या में पारंगत रहे थे। बोधिसत्त्व के रूप में कुमार गौतम ने उनसे बहुत कुछ सीखा था। आचार्य को उन्होंने गुरुतुल्य माना था। सांख्य दर्शन की व्याख्या द्वारा अपने विचारों को स्थापित करने हेतु, दूसरे शब्दों में सत्यज्ञान की पूर्णता के लिए आचार्य आलार कालाम के योगदान को बुद्ध भली-भाँति स्वीकारते थे। इसलिए उन्होंने प्राप्त सत्यज्ञान को सर्वप्रथम उन्हीं के समक्ष प्रस्तुत करने का सोचा। लेकिन उन्हें तुरन्त ही उनके देहावसान का भान हुआ।

फिर उन्हें उद्रक याद आए। उद्रक भी बड़े ज्ञानी थे तथा उनकी तर्क शक्ति में बल था। लेकिन बुद्ध को ज्ञात हुआ कि अब वे भी इस संसार में नहीं हैं।

इन दोनों आचार्यों के बाद उन्हें याद आए वे पाँच भिक्षुक, जो छः वर्ष तक बोधिसत्व के साथ रहे थे, लेकिन उनकी क्रियाओं से असन्तुष्ट और निराश होकर असामन्जस्य में पड़ गए थे; तथा बाद में सुजाता के जाल में फँसने का अनुमान लगाकर इस विचार से कि "ऐसे गौतम का वे अनुसरण क्यों करें?" उन्हें छोड़कर चले गए थे।

बुद्ध ने निश्चय किया कि अब वे सबसे पहले उन्हीं पाँच भिक्षुओं को सत्यज्ञान प्रदान करेंगे। वे ही इसके अधिकारी हैं तथा उन्हें अमृत समान सत्यज्ञान प्रदान करने के उपरान्त ही अन्यों को उसका सेवन कराएँगे। वे निकल पड़े उरुबेला से वाराणसी की ओर।

उन्होंने थोड़ा-सा ही फाँसला तय किया था कि मार्ग में एक आजीवक से उनका सामना हुआ। उपक नामक वह आजीवक आयु में गौतम बुद्ध से बड़ा

था और उस समय के सुधारवादी गोशाला का शिष्य था। गौतम बुद्ध के भिक्षुक रूप और शान्त, तृप्त, तेजस्वी और करुणामय चेहरे को देखकर आजीवक ने उनसे प्रश्न किया :

"हे भिक्षुक! तू तेजस्वी है। तेरा चित्त शान्त है। तेरे चक्षु सचेत हैं। हे आयुष्मान! तेरा गुरु कौन है?"

"मैं अर्हत हूँ। मैं तृष्णा से मुक्त सम्यक् सम्बुद्ध हूँ। मेरा चित्त शान्त है और मैं निर्वाण प्राप्त कर चुका हूँ। मैं सर्वज्ञ हूँ; मैंने इन्द्रियों को जीत लिया है। मेरा कोई गुरु नहीं है।"

गौतम बुद्ध के कन्धे पर चीवर था, जबकि आजीवक पूर्णतः नग्नावस्था में था। नग्न आजीवक ने बुद्ध की बात सुनकर कहा :

"तब तो तू जिन हो सकता है...!"

"हाँ! मेरे विकार नष्ट हो चुके हैं। मैं, इसलिए, जिन हूँ।"

"हो भी सकता है", कहकर आजीवक ने गौतम बुद्ध को गहरी दृष्टि से ऊपर से नीचे तक निहारा और फिर वह अपने मार्ग पर बढ़ा। मार्ग में आजीवक के चक्षुओं के समक्ष कई बार गौतम बुद्ध का चित्र उपस्थित हुआ, लेकिन बारम्बार उदासीन होते हुए वह आगे बढ़ता रहा...।

गौतम बुद्ध उन भिक्षुओं को ढूँढते हुए ऋषिपत्तन मृगदाव पहुँचे। वह स्थान सारनाथ के निकट था। पाँचों वहीं निवास कर रहे थे। उनके स्थान को खोजते हुए बुद्ध वाराणसी की ओर मुँह किए बढ़ रहे थे, तभी एक वृक्ष के नीचे बैठे उन भिक्षुओं पर उनकी दृष्टि पड़ी। वे उनकी ओर चलने लगे।

वे भिक्षुक तपस्या करते थे; सांसारिक आनन्द, सुख, माया-मोह में वे लिप्त नहीं थे, लेकिन वर्षों ध्यान करने के बाद भी उन्हें कोई निश्चित दिशा नहीं मिल पायी थी। उन्हें अभी भी ज्ञान प्राप्त नहीं हुआ था। उन्होंने देखा : हाथ में भिक्षापात्र लिए एक भिक्षुक धीमी गति से उनकी ओर बढ़ रहा था। चूँकि गौतम बुद्ध अभी उनसे दूरी पर थे, इसलिए भिक्षुक उन्हें पहचान नहीं पाए थे। उनमें, तो भी, आने वाले के प्रति जिज्ञासा बढ़ रही थी। गौतम बुद्ध उनके और समीप आए तो उन्होंने उन्हें पहचान लिया।

गौतम, जिन्हें अनुकरण के अयोग्य और पथभ्रष्ट मानकर वे छोड़ आए थे, इस प्रकार पुनः उनके समक्ष आएँगे, ऐसी उन्हें आशा नहीं थी। वे आश्चर्य-चकित तो थे ही; वे इससे विस्मित भी हो गए। इसलिए उनमें से एक भिक्षुक ने टिप्पणी की :

"देखो! यह गौतम है। वस्तुओं के अधिक लाभ हेतु मोटी इन्द्रियों वाला गौतम...।"

"हाँ ठीक कहते हैं आप! इसकी काया देखो! वह भरपूर है और कंचनवर्ण वाली भी है।" दूसरे भिक्षुक ने कहा।

"यह गौतम पथभ्रष्ट होकर आ रहा है। इसके पास क्या है, जिसका अनुसरण किया जाए?" तीसरा भिक्षुक बोला।

"देखो भिक्षुओं! हम गौतम का अभिवादन-प्रत्युत्थान नहीं करेंगे। सम्मान स्वरूप इसका चीवर तथा भिक्षापात्र नहीं लेंगे।" चौथे ने परामर्श दिया।

"लेकिन एक ही महाकुल का होने से गौतम आसन का अधिकारी तो है न!", पाँचवें ने पूछा। इस पर कोण्डिन्य ने उत्तर दिया :

"हाँ यह तो है।"

"तब!"

"हम एक आसन बिछा देंगे। यदि वह चाहेगा तो बैठ जाएगा।"

"लेकिन जिस तरह वह पथभ्रष्ट होकर आ रहा है, उसके चलते क्या इसे तिरस्कृत नहीं करना चाहिए?" भद्दिय ने जानना चाहा।

भद्दिय को उत्तर मिलता उससे पहले ही गौतम बुद्ध उनके बहुत निकट पहुँच गए। एक भिक्षुक ने उनसे ठहरने को तो कह दिया, लेकिन जैसे ही उसने उनके तेज से भरपूर चेहरे की ओर देखा, उसके भीतर भय व्याप्त हो गया। वह अपनी आँखें गौतम बुद्ध की आँखों से नहीं मिला सका। दूसरे भिक्षुओं का निश्चय भी डिगता गया। उन्होंने आनन-फानन बुद्ध का अभिवादन-प्रत्युत्थान तो किया, लेकिन उनके ज्ञान से अनभिज्ञ होने के कारण वे उनका योग्य आदर नहीं कर सके।

भिक्षुओं ने आसन बिछा दिया था। बुद्ध आसन पर बैठे। उन्होंने भिक्षुओं की कुशलता पूछी। फिर जल से हाथ, पैर व मुँह को धोया। भिक्षुक आश्चर्यचकित थे। उनकी स्थिति परिवर्तित हो रही थी। गौतम बुद्ध के प्रति असम्मान भावना निरन्तर क्षीण हो रही थी। बुद्ध जिस तरह से करुणामय होकर उनसे वार्ता कर रहे थे और कल्याणकारी दृष्टि से उन्हें देख रहे थे, उससे भिक्षुओं का संशय मिटता जा रहा था; बुद्ध के प्रति उत्तरोत्तर सम्मान बढ़ता जा रहा था।

इसके बावजूद वे बुद्ध को उनके नाम से सम्बोधित कर रहे थे। बुद्ध ने उनसे कहा :

"भिक्षुओं! मुझे नाम से न पुकारो। मैं अब उस नाम विशेष वाला नहीं हूँ। हे भिक्षुओं! मैं तथागत अर्हत हूँ; मैं सम्यक् सम्बुद्ध हूँ।"

भिक्षुक बोधिसत्व गौतम को कठोर तप के प्रयोजन से काय-क्लेशार्थ अनशन त्यागकर आहार ग्रहण करते देख और असामन्जस्य की स्थिति में शंकाग्रस्त हो, इस विचार के साथ कि "गौतम उनके अनुकरणीय नहीं हो सकते", उनका साथ छोड़कर आए थे। इसलिए सर्वप्रथम उसी शंका का समाधान करते हुए बुद्ध ने उनसे कहा :

"भिक्षुओं! न तो काम-सुख में लिप्त होकर अति बरतो, तथा न ही शारीरिक पीड़ा में अति करो। ये दोनों अतियाँ ही कल्याणकारी नहीं हैं। इसलिए, हे भिक्षुओं! मैंने बीच का मार्ग खोजा है। यह बीच का मार्ग कल्याणकारी है; इससे दृष्टि सही दिशा में जाती है, ठीक ज्ञान होता है तथा अन्ततः शान्ति मिलती है।"

भिक्षुक तुरन्त ही गौतम बुद्ध के कथन से सहमत नहीं हुए। बुद्ध ने पुनः अपनी बात को दोहराया। उन्होंने तीसरी बार भी वही कहा। भिक्षुओं में रुचि बढ़ी; उनमें जानने की जिज्ञासा हुई।

गौतम बुद्ध ने अपनी बात को बढ़ाते हुए तथा उसे और विस्तार प्रदान करते हुए कहा :

"मैंने आठ अंगों वाले श्रेष्ठ व बीच के मार्ग की खोज की है। और हे भिक्षुओं! मैं कहता हूँ, यदि कल्याण चाहते हो, जीवन को सार्थक बनाना चाहते

हो, तो दृष्टि, संकल्प, वचन, कर्म, आजीविका, प्रयत्न, स्मृति और साधना (समाधि) में मध्य मार्ग का ही अनुसरण करो। यही ठीक मार्ग है; सम्यक् दर्शन है। इसी के अनुसरण से दुख और दुखमय संसार से छूटा जा सकता है।"

गौतम बुद्ध के इस प्रकार दृढ़ निश्चयपूर्वक भाषण करने से भिक्षुकों के संशय में भारी कमी आ गई; उनके सन्देह मिटने लगे और अविश्वास का अंधकार दूर होने लगा। बुद्ध के प्रति उनमें श्रद्धा बढ़ने लगी; उनके विश्वास को बल मिलने लगा। प्रथम भिक्षुक कोण्डिन्य ने बुद्ध से पूछा :

"दुख क्या है भन्ते?"

"दुख परम (आर्य) सत्य है। यही श्रेष्ठ सच्चाई है। जन्म दुख है। रोग दुख है। बुढ़ापा दुख है। मृत्यु दुख है। मन की खिन्नता दुख है। आश्चर्य दुख है। शोक दुख है। अप्रिय से मिलन दुख है। प्रिय से विछोह दुख है। इच्छापूर्ति न होना दुख है। पाँचों उपादान (हेतु या कारण) स्कन्ध (शाखाएँ) ही दुख हैं।"

"ये पाँचों उपादान (हेतु या कारण) स्कन्ध (शाखाएँ) क्या हैं?" दूसरे भिक्षुक ने उत्सुकतापूर्वक गौतम बुद्ध से जानना चाहा।

"पाँच (स्कन्धों) शाखाओं में सम्मिलित हैं : रूप, (अर्थात चारों महाभूत, अर्थात पृथ्वी, पानी, हवा और आग); वेदना (वस्तुओं अथवा उनके सम्पर्क में आने के फलस्वरूप अनुभव किया जाने वाला सुख या दुख); संज्ञा (वेदना के फलस्वरूप मस्तिष्क पर पहले से ही अंकित हुए की पहचान, जैसे, "यह वही अमुक व्यक्ति है"); संस्कार (मस्तिष्क पर पड़ने वाले प्रभाव की पहचान के लिए सहायताकर्ता); एवं विज्ञान (अर्थात चेतना अथवा मन)।"

गौतम बुद्ध का सन्देश बहुत ही गहन ज्ञान-खोज पर आधारित था। भिक्षुओं ने इस तरह का तत्त्व-ज्ञान पहले कभी भी नहीं सुना था। फिर बुद्ध ने ज्ञान-सन्देश को अति साधारण, सरल व ग्राह्य शब्दों में भिक्षुओं के समक्ष रखा था। भिक्षुओं में और अधिक अभिरुचि बढ़ी। गौतम बुद्ध की तथ्यात्मक और प्रमाणिक ज्ञान-गंगा में भिक्षुक स्नानार्थ उतरने को तैयार होने लगे। महाकारुणिक बुद्ध ने इसलिए, उनकी मनोभावना को समझते हुए कहा :

"हे भिक्षुओं! जान लो जब ये पाँचों शाखाएँ इच्छा (तृष्णा) के रूप में व्यक्ति के पास आती हैं, ये दुख के कारण की शाखाएँ बन जाती हैं।"

बुद्ध ने अभी अपनी बात पूरी नहीं की थी कि जिज्ञासु पाँचों भिक्षुओं ने एक स्वर में गौतम बुद्ध से निवेदन किया :

"दुख का जो कारण है, क्या उसके विस्तार में जाकर आप हमारा मार्गदर्शन करेंगे?"

"हे भिक्षुओं! इच्छा (तृष्णा) दुख का कारण है। काम (भोग) की इच्छा, जीने की इच्छा, उसके साथ शक्ति (प्राप्ति) की इच्छा और धन-सम्पत्ति की इच्छा दुख का कारण है। इन्द्रियों के जितने भी प्रिय विषय हैं, या जो उनके काम हैं, उनके साथ जुड़ना अथवा सम्पर्क और उनका स्मरण इच्छा (तृष्णा) को उत्पन्न करता है। भिक्षुओं! काम (भोग) के लिए राजा, राजाओं से लड़ाई करते हैं; क्षत्रिय,क्षत्रियों से संघर्ष करते हैं। इसके लिए ब्राह्मण, ब्राह्मणों से तथा वैश्य, वैश्यों से भिड़ते हैं। इस हेतु ही माता पुत्र से, पुत्र माता से, पिता पुत्र से एवं पुत्र पिता से; भाई, भाई से और बहन, भाई से; भाई, बहन से तथा मित्र मित्र से लड़ते हैं। हे भिक्षुओं! इसी के लिए उनमें कलह होती है, विवाद होते हैं और संघर्ष होते हैं। वे इस (कलह, विवाद और संघर्ष की) स्थिति में एक-दूसरे पर हाथ उठाते हैं; वे लाठी-डण्डों से और शस्त्रों से एक-दूसरे पर आक्रमण करते हैं। ऐसा करते हुए वे मृत्यु के समान दुख को प्राप्त होते हैं; वे इस तरह की कार्यवाहियों में मर भी जाते हैं।"

अपनी ज्ञान-गंगा का विस्तार करते हुए गौतम बुद्ध ने कहा :

"हे भिक्षुओं! मुझे जो ज्ञान-प्रकाश प्राप्त हुआ है, उसके आधार पर मैं तुम्हें तुम्हारे सर्वोच्च कल्याण के लिए कहता हूँ कि उसी इच्छा (तृष्णा) को पूर्ण रूप से त्याग दो, उसका विनाश कर दो और उसका निरोध कर दो; ऐसा करना वास्तव में दुख का निरोध है। स्मरण रखो, हे भिक्षुओं! जब प्रिय विषयों से इच्छा छूट जाती है, जब अपने विचारों के अनुकूल इच्छापूर्ति की चाह नहीं रहती और जब इच्छापूर्ति के लिए विकल्पों की खोज नहीं की जाती है, तभी उस (इच्छा या तृष्णा) का निरोध होता है।"

"और", बुद्ध ने कहा, "भिक्षुओं! इच्छा (तृष्णा) के विनाश हो जाने पर पदार्थों (विषयों) का संग्रह किया जाना रुक जाता है; और इस संग्रह निरोध से जन्म (प्रक्रिया) का निरोध होता है। जन्म-प्रक्रिया निरोध से फिर पुनर्जन्म नहीं होता। पुनर्जन्म रुक जाने से रोग, बुढ़ापा, मृत्यु, शोक, खिन्नता, वियोग और हैरानगी जैसे दुख नष्ट हो जाते हैं; इस प्रकार दुखों का अन्त हो जाता है।"

गौतम बुद्ध की विस्तृत और बहती ज्ञान-गंगा में स्नान करने को सर्वाधिक आतुर भिक्षुक कोण्डिन्य ने दुख के सम्पूर्ण विनाश के सम्बन्ध में जब उनसे स्पष्टीकरण का अनुरोध किया तो करुणानिधान सम्यक् सम्बुद्ध गौतम ने कहा :

"हे भिक्षुक श्रेष्ठ! जिस आठ अंगों (या भागों) वाले मध्य मार्ग (ठीक या सम्यक् दृष्टि, ठीक संकल्प, ठीक वचन, ठीक कर्म, ठीक आजीविका, ठीक प्रयत्न, ठीक स्मृति और ठीक साधना अथवा समाधि) के अनुसरण का सन्देश मैंने दिया है, वही दुख के विनाश का, एवं वही दुख के निरोध का सत्यमय मार्ग है। ज्ञान, शील और साधना का श्रेष्ठ मार्ग यही है। इस मार्ग पर चलो, दुख से छूटो; हे भिक्षुक श्रेष्ठ! तुम्हारा कल्याण हो।"

कोण्डिन्य और अन्य चारों भिक्षुक सन्तुष्ट नज़र आए। तथागत गौतम बुद्ध ने उनकी स्थिति को जान लिया और पुनः उनके कल्याण की कामना करते हुए कहा :

"भिक्षुओं। यह भी जान लो कि मैंने जो ज्ञान पाया है, उससे मेरा निर्वाण सुनिश्चित है। भिक्षुओं! यह भी जान लो कि यही मेरा अन्तिम जन्म है; इसके उपरान्त मेरा जन्मचक्र समाप्त हो जाएगा।"

भिक्षुओं ने आकंठ ज्ञान-गंगा में डुबकी लगा ली थी। उन्होंने सम्यक् सम्बुद्ध का अभिवादन किया, लेकिन ज्ञान-गंगा में शीर्ष को भी डुबा देने से पूर्व कोण्डिन्य ने तथागत गौतम से पूछा :

"हे महात्मा श्रेष्ठ! हे तथागत! हे शाक्यमुनि! हे सम्यक् सम्बुद्ध गौतम! बारम्बार जन्म का निरोध ही अन्ततः कल्याणकारी है न; यही निर्वाण है न?"

"हे भिक्षुकश्रेष्ठ कोण्डिन्य! निश्चित ही तुमने सत्य-ज्ञान को प्राप्त किया। तुम्हारा कल्याण हो।"

तथागत के वचन सुनकर कोण्डिन्य ने उनका महाउपकार माना। कोण्डिन्य करबद्ध उनके समक्ष झुक गया। वह गौतम बुद्ध से कुछ अनोखा निवेदन करने को उत्सुक हो रहा था कि करुणानिधान ने कहा :

"हे कोण्डिन्य! अब से तुम्हारा नाम आज्ञा कोण्डिन्य होगा। तुम्हें इसी नाम से जाना जाएगा।"

कोण्डिन्य रोमांचित हुआ। उसके अंग-अंग से तथागत को धन्यवाद के स्वर फूटने लगे। फिर उसने कहा :

"मैं आपके बताए कल्याणकारी मार्ग का अनुसरण करता हूँ। हे तथागत! मुझ पर आपका उपकार हो। मुझे प्रव्रज्या मिले।"

गौतम बुद्ध ने अपने करुण चक्षुओं से और अमृत वर्षा करती वाणी से सहमति दी; उन्होंने कहा :

"अब धर्म श्रेष्ठतः घोषित है; वह सर्वथा ज्ञात है। जाओ! दुख-विनाश और दुख-निरोध के लिए ब्रह्मचर्य का पालन करो।"

इस प्रकार कपिलवस्तु के निकटवर्ती ग्राम द्रोण का निवासी, ब्राह्मण परिवार में उत्पन्न कोण्डिन्य धन्य हुआ। कोण्डिन्य गौतम के बाद पहला बोधिसत्त्व भी था। उसके एकान्तवास, ध्यान और पर-भावना को समझने की कुशलता से सम्यक् सम्बुद्ध को अतिरिक्त सन्तोष मिलता था। वे बुद्ध के उत्तराधिकारी थे; शाक्यमुनि की पाद-वन्दना करते थे और उनकी भरपूर सेवा कर महाआनन्द अनुभव करते थे।

गौतम बुद्ध से अब भद्दिय और बप्प नामक दो अन्य भिक्षुओं ने निवेदन कर पूछा :

"हे महात्मा श्रेष्ठ! हे तथागत! हे शाक्यमुनि! हे सम्यक् सम्बुद्ध गौतम! हे करुणासागर! बारम्बार जन्म का निरोध ही अन्ततः कल्याणकारी है, यही निर्वाण है; हेतु (कारण), प्रकृति (स्वभाव) ही नाश (समाप्ति) प्रकृति (स्वभाव) है। हमने दृढ़तापूर्वक और निश्चय करके यह भली-भाँति जान लिया है। हम आपके

द्वारा प्रतिपादित जीवन को सार्थककर्ता मार्ग का अनुसरण करते हैं। हे शाक्यमुनि! हम पर आपकी कृपा हो। हमें प्रव्रज्या मिले।"

"धर्म स्वः घोषि ़ ।भिक्षुओं! वह भली प्रकार से ज्ञात है। दुख से पूर्ण छुटकारे के लिए ब्रह्मचर्य का पालन करो।"

दोनों प्रव्रजित हो गए। शेष दो, महानाम और अश्वजित, ने भी अपने भिक्षुक साथियों का अनुसरण किया। वे भी प्रव्रजित हुए। इस प्रकार पाँच भिक्षुओं को बुद्धत्व-ज्ञान की गंगा में स्नान करा गौतम बुद्ध ने अनुकरणीय, कल्याणकारी, ग्राह्य और जीवन सार्थककर्ता धर्म का प्रवर्तन किया।

◆◆◆

अष्टांगिक मार्ग और उसका जनानुसरण

ठीक (सम्यक्) धर्म-प्रवर्तन करने के साथ ही गौतम बुद्ध ने उसे लोगों के समक्ष ले जाने का कार्य प्रारम्भ किया। आमजन और खासजन, सभी, सम्यक् ज्ञान-मार्ग द्वारा जीवन को सार्थक कर सकें, इसलिए तथागत ने अपनी दिनचर्या को पाँचों भिक्षुओं के सहकार से नियमित किया। कोण्डिन्य भिक्षुओं में प्रथम थे; और जैसा कि सर्वज्ञात है, स्वयं तथागत गौतम द्वारा बाद में नामांकित पचहत्तर मुख्य श्रावकों, श्राविकाओं, उपासकों एवं उपासिकाओं में उन्हीं को प्रथम स्थान प्राप्त था।

तय की गई व्यवस्था के अनुसार, बारी-बारी से, नियमित रूप से भिक्षुक भिक्षाटन के लिए जाते थे। वे भिक्षा लाते थे और गौतम बुद्ध उनके साथ बैठकर भिक्षा ग्रहण करते थे। तथागत ने धर्मोपदेश भी प्रारम्भ किया और भिक्षुओं, विशेष रूप से कोण्डिन्य ने, गौतम बुद्ध से आठ अंगों वाले ठीक (श्रेष्ठ) व मध्यम मार्ग को और स्पष्टता से जानकर उसको अधिकाधिक जन तक पहुँचाने का बीड़ा उठाया।

गौतम बुद्ध ने कोण्डिन्य सहित अन्य भिक्षुओं को श्रेष्ठ अष्टांगिक मार्ग की अधिक स्पष्टता कई बैठकों में की। तथागत ने एक-एक अंग को सूक्ष्मता के साथ पुनः स्पष्ट किया। उन्होंने स्पष्टता के लिए अनेकानेक उद्धरण दिए और भिक्षुओं द्वारा स्पष्टता के हेतु पूछे गए प्रश्नों के निरन्तर उत्तर दिए।

जब ठीक (सम्यक्) दृष्टि के सम्बन्ध में शाक्यमुनि से अधिक स्पष्टता का अनुरोध किया गया, तो उन्होंने बताया :

"श्रावकों! काया से, मन से और वचन से होने वाले जो अच्छे और बुरे कर्म हैं, उनका ठीक प्रकार से ज्ञान ही ठीक (सम्यक्) दृष्टि है।"

"काया से होने वाले कर्मों में जो अच्छे कर्म हैं, क्या तथागत उनको उदाहरण के रूप में बताकर हमारा मार्गदर्शन करेंगे?" भिक्षुक श्रेष्ठ कोण्डिन्य ने प्रार्थना की।

"अहिंसा-पालन, चोरी न करना और व्यभिचार न करना अच्छे कायिक कर्म हैं", तथागत ने उत्तर दिया।

"और बुरे कर्म!"

"हिंसा करना, चोरी करना तथा व्यभिचार करना बुरे कायिक कर्म हैं।"

"मन से किए जाने वाले अच्छे कर्म कौन से हैं शाक्यमुनि?"

"लोभ न करना, हिंसा का उत्तर हिंसा से न देना और झूठी धारणा न बनाना अच्छे मानसिक कर्म हैं श्रावकों!"

"तब बुरे मानसिक कर्म कौन से हैं सम्यक् सम्बुद्ध?"

"लोभ, हिंसा का उत्तर हिंसा से देना एवं झूठी धारणा बनाना बुरे मानसिक कर्म हैं।"

"अच्छे वाचिक कर्म कौन से हैं भगवन्?"

"असत्य न बोलना, कटु न बोलना, अधिक न बोलना और चुगली न करना अच्छे वाचिक कर्म हैं।"

"तब बुरे वाचिक कर्म!"

"असत्य भाषण, कटु भाषण, अधिक बोलना और चुगली करना बुरे वाचिक कर्म हैं।"

आज्ञा कोण्डिन्य और चारों अन्य अब ज्ञान-सागर में प्रवेश कर चुके थे। वे उसमें आगे बढ़ रहे थे। उसकी थाह लेने का प्रयास कर रहे थे। उन्होंने ठीक संकल्प के खुलासे का तथागत से अनुरोध किया तो सम्यक् सम्बुद्ध ने स्पष्ट किया :

"हे श्रावकों! राग (मनोभाव-आवेश, तीव्रेच्छा, कामेच्छा, वासना, क्रोध, क्षोभ आदि) से विरत होना, हिंसा और प्रतिहिंसा आदि से रहित होने का संकल्प

ही ठीक (सम्यक्) संकल्प है।"

"ठीक वचन कौन से हैं?"

"असत्य, कटु व अधिक भाषण से रहित व चुगली से मुक्त, मृदु व सन्तुलित वार्ता करना ही ठीक (सम्यक्) वचन हैं।"

"ठीक कर्मों के बारे में ....!"

"श्रावकों! जो कर्म हिंसा से रहित हैं, जो व्यभिचार से रहित हैं और जिनमें चोरी नहीं है, वे ही ठीक कर्म हैं।"

"ठीक आजीविका के सम्बन्ध में क्या कहना है महात्मा शिरोमणि का?"

"असत्यमयी जीविका पर आधारित न रहकर तथा उसका त्याग कर सत्यमयी जीविका के बल पर ही काया को चलाना ठीक आजीविका है।"

"कोई विशेष उदाहरण भगवन्!"

"किसी भी प्राणी का क्रय-विक्रय, मांस का व्यापार, अस्त्र-शस्त्र का व्यापार, मदिरा और नशे की समस्त वस्तुओं का व्यापार और विष आदि का व्यापार असत्यमयी जीविका है श्रावकों!"

बुद्ध-वाणी से निरन्तर सन्तुष्ट होते श्रावक ज्ञान-सागर की गहराई में उतरते जा रहे थे। उन्होंने तथागत गौतम से ठीक प्रयत्नों के बारे में इस प्रकार पूछा :

"हे महाकारुणिक! ठीक प्रयत्न (व्यायाम) आपके अनुसार कौन-से हैं?"

"इन्द्रियों पर नियंत्रण, बुरी भावनाओं से विरति और अच्छी भावनाओं की उत्पत्ति का प्रयत्न; साथ ही जो अच्छी भावनाएँ उत्पन्न हुई हों, उन्हें बनाए रखने का प्रयत्न, ठीक (सम्यक्) प्रयत्नों में सम्मिलित है।"

"ठीक स्मृति क्या है?"

"सदा यह स्मरण रखना कि शरीर की स्थिति ठीक रहे; काया नियंत्रित तथा अनुशासित रहे, और वेदना, चित्त एवं मन भी ठीक स्थिति में रहें; इसी के साथ वे सभी मलिन न हों, विचलित तथा अस्थिर न हों; वे क्षय का कारण न बनें।"

“हम आपके अनुयायी हैं भगवन्! आपने हमारे कल्याण का जो मार्ग हमें बताया है, वह अनुकरणीय है। हम श्रावक भी हैं। इसलिए ठीक साधना (समाधि) के बारे में भी दिशा-निर्देशन का हमारा आपसे विनम्र निवेदन है।”

“चित्त की एकाग्रता (सही) साधना (समाधि) है। श्रावकों! जान लो कि मन को विकारों (विक्षेपों) से हटाने पर ही समाधि लग सकती है; कोई साधक ठीक तरह विक्षेपों से विरत होने पर ही समाधिस्थ हो सकता है।”

“क्या इस सम्बन्ध में कुछ और...?”

“समस्त बुराइयों का त्याग कर समस्त अच्छाइयों को एकत्रित करो; भिक्षुओं! चित्त को संयमी बनाओ।”

“आपकी जय हो महात्माशिरोमणि! हम आपकी शरण में हैं; हम आपके शासन की शरण में हैं; आपके द्वारा निरूपित मार्ग का हम अनुसरण करेंगे। हम अपने निर्वाण की राह पर बढ़ेंगे; और हम आपकी आज्ञा से, आपके निर्देशन में, दुखमय संसार की मुक्ति हेतु आपके शासन का ज्ञान प्रदान करने के लिए शेष जीवन अर्पित करेंगे।”

२

कोण्डिन्य ज्ञानमय हो गए। उन्हें स्पष्ट हो गई संसार की विचित्र और मोहक स्थिति; वे जान गए राग और तृष्णा के खेल को। उन्हें स्पष्ट हो गया प्रज्ञा द्वारा मनोविकारों के अन्त का रहस्य; और वे संशय मुक्त हो गए पंच महाभूतों की उस वास्तविकता से एवं संस्कारों की स्थिति से, जो अनित्य है, जो दुख का कारण है।

कोण्डिन्य निकले जनसाधारण को बुद्ध के शासन से लाभान्वित करने; वे चले कभी अपनी तरह असामन्जस्य की स्थिति में रहने वाले सन्यासियों को वास्तविक ज्ञान से परिचित कराने।

तथागत ने कोण्डिन्य को स्पष्ट और सरल शब्दों में गूढ़ रहस्य प्रदान किया था। कोण्डिन्य बुद्धिमान थे। वे जनता के समक्ष साधारण भाषा में बुद्ध का सन्देश रखते थे, जबकि किसी भिक्षुक और विद्वान के सामने होने पर सूक्ष्मता

से भी तर्क-वितर्क कर बुद्ध-शासन को स्पष्ट करते थे।

गौतम बुद्ध ने ऋषिपत्तन (सारनाथ) में सर्वप्रथम पाँच भिक्षुओं के समक्ष धर्मोपदेश कर उन्हें प्रव्रजित किया। भिक्षुक उनके साथ रहते थे; वे बुद्ध-शासन को आसपास रहने वाली जनता में ले जाते थे।

३

पूरी वर्षा ऋतु बुद्ध ने ऋषिपत्तन (सारनाथ) में ही व्यतीत की। वहीं उन्होंने धर्मोपदेश, दूसरे शब्दों में सम्यक् (ठीक) ज्ञान की वर्षा भी की। ऋषिपत्तन प्रवास की अवधि के दौरान उनके साठ शिष्य बन गए थे। कोण्डिन्य जैसे योग्य और ज्ञानी श्रावक भी उन्हीं में से एक थे, तथा उन्हीं में थे वाराणसी के प्रमुख नगरश्रेष्ठी के पुत्र यश, जो तथागत से इतने प्रभावित हुए कि न केवल स्वयं प्रव्रजित हुए अपितु चौवन अन्यों की प्रव्रज्या के सूत्रधार भी बने।

यश व अन्यों की प्रव्रज्या से जुड़ा घटनाक्रम बहुत ही रोचक था। यश वाराणसी नगर के प्रमुख श्रेष्ठी का अकेला पुत्र था। सुख-आनन्द की कोई कमी नहीं थी। पिता की ओर से यश को तीनों प्रमुख ऋतुओं में भरपूर भोग-आनन्द के लिए तीन ही भव्य प्रासाद मिले हुए थे। यश स्वयं सुन्दर व बल से भरपूर युवक था। वह भावुक था। उसमें जिज्ञासा थी। उसका हृदय कोमल था।

ऋषिपत्तन मृगदाव, जहाँ गौतम बुद्ध आए हुए थे और वर्षा ऋतु में जहाँ ठहरने का उन्होंने निश्चय किया था, वाराणसी नगर से बहुत दूर नहीं था। गौतम बुद्ध की ऋषिपत्तन में उपस्थिति और धर्मोपदेश की चर्चा वाराणसी में खूब थी। नौजवान श्रेष्ठीपुत्र यश के कानों में भी यह बात पड़ चुकी थी। विशेष रूप से राजसी ठाट-बाट, वंश-परम्परा, अति सुन्दर पत्नी, नवजात और एकमात्र पुत्र आदि के उनके द्वारा त्याग; प्रव्रज्या, बुद्धत्व-ज्ञान की प्राप्ति और फिर भिक्षापात्र हाथ में लेकर नगर के गृह-द्वारों पर पहुँचकर याचना करने की सूचना यश को भी थी। जिज्ञासु यश यह भी जानता था कि गौतम ने अनेक प्रकाण्ड विद्वानों से तर्क-वितर्क किया, सबसे असहमति व्यक्त कर स्वयं ज्ञान अर्जित किया और कई विद्वानों को उस सम्यक् ज्ञान से सम्पुष्ट किया।

"अन्ततः वह सम्यक् ज्ञान रूपी सम्पदा है क्या?" श्रेष्ठीपुत्र यश बारम्बार जानने को आतुर हो उठता था।

वर्षा ऋतु तो थी ही। काली रात थी। चारों ओर अन्धकार था। हल्की-हल्की बौछारें पड़ रही थीं। मन्द और कभी तीव्र गति से ठण्डी हवा के झोंके आते थे। यश अपने वर्षा ऋतु वाले प्रासाद में था। प्रासाद मन्द गन्धदीपों से आलोकित था। गन्ध द्रव्यों से वह सुरभित था। सांसारिक आनन्द, भोग-विलास और सुख की अनुभूति व प्राप्ति के लिए प्रासाद में सब कुछ था।

प्रासाद में वाद्ययंत्रों की झंकार थी; यौवनापूर्ण सुन्दरियाँ ठुमक रही थीं। तरुण बालाएँ मादक नृत्य द्वारा यश का ध्यानाकर्षित करने को प्रयासरत थीं। लेकिन श्रेष्ठीपुत्र आज वर्षा-प्रासाद के कार्यक्रमों में कोई रुचि नहीं ले पा रहा था। रात निरन्तर गहरी होती जा रही थी और यश का ध्यान श्रमण गौतम की ओर बढ़ता जा रहा था। उसे न नारी-सौन्दर्य भा रहा था, न वाद्ययंत्रों की झंकार रुचिप्रद लग रही थी, और न ही गन्धदीप व द्रव्य कोई प्रसन्नता दे रहे थे। वह ऊब गया प्रतीत होता था। उसकी मनोदशा देखकर दासियों ने उनसे कहा :

"श्रेष्ठीपुत्र आप सो जाना चाहते हैं! यह समय आपके सोने का ही है। चलिए शयन के लिए। आपकी ये सेविकाएँ सेवा करेंगी। नृत्य होगा। वहाँ गणिका-नृत्यांगना कादम्बरी भी आपकी प्रतीक्षा कर रही है।"

"ठहरो!" सहसा यश बोल पड़ा।

चूँकि इस तरह का स्वर यश के मुख से पहली बार ही सेविकाओं ने सुना था, इसलिए वे तनिक सहम गईं। फिर उनमें से एक सेविका ने धीमे और मीठे स्वर में यश से पूछा :

"क्षमा करें श्रेष्ठीपुत्र...! आप उदास-से लगते हैं। क्यों? क्या बात है?"

"शुभे! मैं कुछ सोच रहा हूँ। मेरे मस्तिष्क में बारम्बार किसी का विचार आ रहा है। मुझे विचार करने दो। यहाँ तो मैं निरन्तर रहता हूँ, नृत्य देखता हूँ; मैं भोग-विलास में डूब जाता हूँ। मेरे समक्ष एक से बढ़कर एक सुन्दरी होती है; मेरी हर प्रकार से सेवा करने की होड़ लगी रहती है, लेकिन मुझे इस सबसे तृप्ति नहीं होती। मैं ऊब गया हूँ शुभे!"

"परन्तु श्रेष्ठीपुत्र....!"

"मुझे निरन्तर स्मरण होता है श्रमण गौतम का। गौतम कौन है? मैं जानना चाहता हूँ। मैंने सुना है कि गौतम ने सम्यक् सम्पदा प्राप्त की है और उसके लिए सर्वस्व त्याग दिया है। गौतम को सबसे विरति हो गई है। उसे अब कोई चिन्ता नहीं है। उसमें राग नहीं है। उसमें द्वेष नहीं है। वह विकाररहित है। वह स्वयं मन्द-मन्द पैरों से चलकर गृहस्थियों के द्वारों तक जाता है, भिक्षा याचना करता है; भिक्षा ले वह सन्तोष के साथ चला जाता है। वह तृप्त है, शान्त है। उसकी तृप्ति और शान्तता का रहस्य उसी सम्यक् सम्पदा में है, जो उसने प्राप्त की है। मैं उस सम्पदा के सम्बन्ध में भी जानना चाहता हूँ।"

"लेकिन कादम्बरी का नृत्य....।"

"रहने दो कादम्बरी के नृत्य को भी। जाओ और प्रासाद में उपस्थित समस्त जन से कह दो वे सब सो जाएँ; और शुभे! तुम भी अब विश्राम करो। मुझे विचार करने दो। समझने दो। इस समय मैं श्रमण गौतम के विचार में मग्न हूँ। कौन है वह शाक्य कुलभूषण?"

सेविकाएँ-दासियाँ चली गईं। संगीत-यंत्र मौन हो गए। कादम्बरी ने भी प्रासाद छोड़ दिया। शान्ति छा गई। दीप अभी भी जल रहे थे। वे सुगन्धी फैला रहे थे; प्रासाद को आलोकित कर रहे थे।

प्रासाद के बाहर गहन अन्धेरा था। फुहार पड़ रही थी। पवन के झोंकों का, मन्द व कभी तीव्र गति से, चलने का क्रम जारी था। ऐसे में कुछ क्षणों के लिए यश का ध्यान श्रमण गौतम से हटा और वह असामन्जस्य की स्थिति में अपने शयन कक्ष की ओर बढ़ने लगा। मार्ग में चलते हुए उसने इधर-उधर सोती हुई दासियों-सेविकाओं को देखा; उनमें से कोई अस्त-व्यस्त दशा में थी और कोई गहरी नींद में। किसी के मुँह से लार निकल रही थी; किसी के बाल बिखरे हुए थे। किसी का हाथ अपने वक्षस्थल पर था; किसी का हाथ दूसरी दासी-सेविका की जंघा पर था। वाद्ययंत्र बिखरे पड़े थे। मानों वे सांसारिक सुख-समृद्धि, आनन्द-भोग, ऐश्वर्य-सेवा की वास्तविकता और अनित्यता का वर्णन कर रहे हों।

सब कुछ देख यश बहुत निरुत्साहित हुआ। फिर उसने देखा अपने

परिवार के लोगों को। वे सब भी बेसुध थे। बेखबर थे। श्रमण गौतम पुनः उनके स्मृति-पटल पर उभरे। उसे स्मरण हुआ :

"क्या यही वह सांसारिक सुख-समृद्धि, मान-मर्यादा, आनन्द-भोग, ऐश्वर्य-सेवा है, जिसका त्याग गौतम ने किया है? क्या यही मोह-माया से भरपूर अनित्य क्रियाएँ हैं, जिन्हें शाक्य कुलभूषण ने छोड़ा है? गौतम ने ऐसा किया है, ज्ञान-सम्पदा प्राप्त की है, तो वह सम्पदा है क्या?"

यश बेचैन हो उठा था। बेचैनी की दशा में ही उसने देखा अपनी वृद्ध हो गई माता सुजाता को और बूढ़े पिता को भी। दोनों की काया, समस्त सुविधाओं की उपलब्धता के बावजूद, जर्जर हो रही थी। दोनों हर प्रकार से सांसारिक आनन्द, सुख व सेवा के साधनों के होते हुए भी चिन्तामय थे; दुख दोनों के साथ था। यश की मनोदशा देखते ही बनती थी। वे खिन्न थे। असन्तुष्ट थे। उनकी स्थिति वही थी, जो एक समय स्वयं राजकुमार सिद्धार्थ की रही थी। उसने अपने से ही प्रश्न किया :

"क्या यह प्राप्त सांसारिक सुविधाएँ, सुख व आनन्द जीवन को अन्ततः सन्तुष्ट कर सकेंगे? क्या इनसे शान्ति प्राप्त हो सकेगी?"

उसे स्वयं से ही उत्तर मिला :

"नहीं। यदि ऐसा होता, तो वाराणसी नगर के प्रमुख श्रेष्ठी स्वयं उसके पिता और माता चिन्तामुक्त होते; वे दुखरहित रहते।"

फिर उसके भीतर से स्वर निकला :

"मैं पीड़ित हूँ। मैं दुखी हूँ। मैं अशान्त हूँ। मैं असन्तुष्ट हूँ।"

यश ने अब बिना कोई पल गँवाए अलंकृत सुनहरे जूते पहने। वह प्रासाद द्वार से बाहर निकला और मुख्य नगर द्वार की ओर बढ़ा। मुख्य नगर द्वार पर पहुँचा और शीघ्र ही नगर से बाहर हो गया। यश पैदल था। वह उस मार्ग पर था, जो ऋषिपत्तन मृगदाव की ओर जाता था।

वर्षा के कारण मार्ग में कीचड़ था। कीचड़ में चलने का यश को कोई अभ्यांस नहीं था। श्रेष्ठीपुत्र के जूते कीचड़ में धँस गए थे। लेकिन वह बिना

किसी दूसरे विचार के मार्ग पर बढ़ता गया। भोर में वह ऋषिपत्तन मृगदाव पहुँचा।

गौतम बुद्ध जागकर खुले में सैर कर रहे थे। उनकी दृष्टि यश पर पड़ी। वह उन्हीं की ओर आ रहा था। बुद्ध ने सैर छोड़ दी तथा वे आसन पर आकर बैठ गए। यश उनके निकट पहुँचा। शाक्यमुनि ने अपनी करुणा बिखेरती आँखों से उसकी ओर देखा। यश ने बुद्ध से कहा :

"शोकमय हूँ मैं। पीड़ा में हूँ मैं। असामन्जस्य में हूँ मैं।"

"हे यश! यह तथागत शोकरहित है। यह अपीड़ित है। यह सम्यक् सम्बुद्ध है।"

यश ने गौतम बुद्ध की ओर गहरी दृष्टि से देखा। उसकी आँखें याचना कर रही थीं तथागत से उसे भी शोकमुक्त, पीड़ामुक्त करने की; उसके सन्ताप मिटाने की और उसके असामन्जस्य को समाप्त करने की।

गौतम बुद्ध ने यश के चक्षुओं की गुहार को जान लिया तथा उन्होंने उससे कहा :

"हे श्रेष्ठीपुत्र! आ यहाँ बैठ। मैं तुझे शोक-पीड़ा मुक्ति हेतु सम्यक् ज्ञान दूँगा; मैं तेरा सन्ताप मिटाने हेतु तुझे अमृतपान कराऊँगा।"

"क्या आप वास्तव में ही शोक-पीड़ा रहित हैं? क्या आप अपीड़ित हैं?" श्रेष्ठीपुत्र यश ने आशा भरे शब्दों में तथागत से पूछा।

"हाँ यश! मैं शोक-पीड़ा रहित हूँ।"

तदोपरान्त यश ने कीचड़ भरे अपने जूते एक ओर उतार दिए तथा वह गौतम बुद्ध के और निकट पहुँचा। उसने करबद्ध हो शाक्यमुनि का अभिवादन किया और उनके सामने सिर झुकाकर बैठ गया।

तथागत गौतम बुद्ध ने यश को मार्गदर्शन देना प्रारम्भ किया। उन्होंने श्रेष्ठीपुत्र को वासना-तृष्णा-इच्छा के दुष्परिणाम समझाए। ब्रह्मचर्य, निष्कामता और ज्ञान का महत्त्व बताया।

यश असामन्जस्य की स्थिति से उबरने लगा। वह चाहता था कि तथागत और ज्ञानामृत वर्षा उस पर करें। इसलिए वह आसन से नहीं उठा। बुद्ध

ने जन्म-मरण, पुनर्जन्म सम्बन्धी ज्ञान, विभिन्न कथाओं के माध्यम से, उसको प्रदान किया। अन्ततः यश तृप्त होने लगा, वह पीड़ा-शोकरहित बनने लगा; उसके संशय मिटने लगे और उसे इस बात का ज्ञान होने लगा, "जो भी उत्पन्न होने वाला है, वह सर्वथा नाशवान है।"

"क्या यही वास्तविकता है?", यश ने उसकी पुष्टि तथागत से करानी चाही, तो बुद्ध ने कहा :

"हाँ यश! तूने ठीक समझा है। तू ज्ञानी है। तेरा कल्याण होगा।"

इतना बोलकर बुद्ध ने यश को शेष धर्मज्ञान कुछ समय बाद देने का निश्चय किया।

उधर वाराणसी नगरी में प्रातःकाल की किरणों ने दस्तक दी। दास-दासियाँ, सेवक-सेविकाएँ नगरश्रेष्ठी के प्रासाद में काम पर लौटीं। यश की सेवा में नियुक्त लोगों ने देखा कि वह अपने शयनकक्ष में नहीं है। यश की वृद्धा माता सुजाता को सूचना दी गई। माता शोक में डूब गई; वह सन्ताप करने लगी। उसके होश उड़ गए। वह मूर्छित हो गई। होश आया तो वह व्यथा लेकर अपने पति और प्रमुख नगरश्रेष्ठी के पास पहुँची। यश के प्रासाद में न होने के समाचार से उसे भी चिन्ता हुई।

प्रमुख नगरश्रेष्ठी अपने पुत्र यश की खोज में प्रासाद से बाहर निकला। यश के सुनहरे जूतों द्वारा छोड़े गए चिह्नों के पीछे-पीछे वह ऋषिपत्तन मृगदाव पहुँचा। गौतम बुद्ध आसनारूढ़ थे। नगरश्रेष्ठी ने उनसे पूछा :

"महात्मन् क्या आपने मेरे पुत्र यश को देखा है?"

"हाँ नगरश्रेष्ठी! मैंने यश को देखा है।"

"कहाँ है मेरा यश?"

"तुम अभी उसे देखोगे नगरश्रेष्ठी!"

बुद्ध ने संकेत किया। प्रमुख नगरश्रेष्ठी बुद्ध को प्रणाम कर वहीं एक ओर बैठ गया। तदोपरान्त तथागत ने जो उपदेश यश को दिया था, वही उन्होंने पहले प्रमुख नगरश्रेष्ठी को भी दिया। उसके सन्ताप, संशय, शोक-विषाद आदि में भारी गिरावट आई। फिर उन्होंने नगरश्रेष्ठी को दुख, कारण, निदान व उपाय

का वह क्रमबद्ध ज्ञान भी दिया जो अभी यश को नहीं दिया था, अब उस ज्ञान को यश ने भी समग्रतः सुना। यश के पिता प्रमुख नगरश्रेष्ठी को ज्ञान हुआ, उसमें स्थिरता और शान्तता आई। उसने तथागत से कहा :

"हे मुनि श्रेष्ठ! आपने भावपूर्ण और ग्राह्य उपदेश से मेरे ज्ञानचक्षु खोल दिए हैं। मोह, शोक और सन्ताप के भार से औंधे मुँह गिरे, मुझे, आपने मोह, शोक व सन्ताप से निकालकर सीधा खड़ा कर दिया है। हे भन्ते! मैं अज्ञानतावश दुख-विकार में डूबा था; मैं कल्याणकारी मार्ग से विरत था। आपने ज्ञान दिया, अन्धकार से भरे मेरे जीवन में उजाला ला दिया। मैं अपने को प्रकाशित अनुभव करता हूँ। भगवन्! मुझे आँखे, दृढ़ता, स्थिरता और ज्ञान प्रदान करने वाले, बुद्ध की मैं शरण में हूँ। हे मुक्ति-मार्ग प्रशस्तकर्ता! मैं धर्म की शरण में हूँ; मैं संघ की शरण में हूँ। मुझ पर उपकार करें करुणानिधान! मुझे उपासक रूप में स्वीकार करें आप!"

प्रमुख नगरश्रेष्ठी करबद्ध तथागत के समक्ष खड़ा हो गया। बुद्ध ने नगरश्रेष्ठी से मधुर वचनों में कहा :

"तुम्हारा कल्याण हो! जाओ! तुम संसार में इस प्रकार तीन वचन बोलने वाले प्रथम उपासक हुए।"

सन्तोष, आनन्द व स्थिरता अनुभव कर उपासक प्रमुख नगरश्रेष्ठी जैसे ही मुड़ने को हुआ, पुत्र यश उसके सामने आ गया। पिता ने पुत्र का तेजस्वी चेहरा देखा; उसने पुत्र में स्थिरता को पाया और उसे यश के दोषरहित चित्त का भान हुआ, तथा उसमें व्याप्त शान्तता का ज्ञान हुआ।

पिता ज्ञानमय हो गया था, लेकिन फिर भी उसने गुहार मुद्रा में पुत्र यश से कहा :

"कुलदीपक यश! तेरी माता शोकग्रस्त है। तेरी स्मृति में वह वियोग में है। जब से उसे तेरे द्वारा प्रासाद छोड़कर जाने की सूचना मिली है, वह तभी से रो रही है। वह बारम्बार मूर्छित हो जाती है। तेरे बिना उसका क्या होगा? और पुत्र! हमारे कुल का भी क्या होगा?"

पिता की गुहार का पुत्र ने तो कोई उत्तर नहीं दिया, लेकिन तथागत गौतम ने उससे कहा :

"हे नगरश्रेष्ठी! जैसे तुमने ज्ञान प्राप्त किया, उसी प्रकार यश ने भी उसे पाया है। धर्म-शिक्षा और उस पर मनन से जैसे तुम्हारे विकार, सन्ताप नष्ट हुए, उसी प्रकार यश के भी हुए हैं। सम्यक् ज्ञान से जिस प्रकार तुममें स्थिरता और शान्तता आई, उसी प्रकार यश में भी आई है। जैसे तुम शुद्ध और ज्ञानी हुए, उसी तरह वह भी हुआ है। ऐसी स्थिति में, तुम ही बताओ हे नगरश्रेष्ठी! क्या यश सांसारिक सुख-भोग, वैभव-आनन्द में लौट सकेगा? क्या वह गृहस्थी में जा सकेगा?"

"नहीं, शाक्यमुनि! ऐसा तो यश क्या कोई भी नहीं करेगा?"

"तब क्यों तुम यश से गुहार करते हो?"

"मैं पूर्णतः जागृत हुआ भन्ते! यश ने सम्यक् ज्ञान प्राप्त कर अपना कल्याण किया है। अब वह मुक्त है। उसने सर्वोच्च लाभ लिया है। वह अति भाग्यशाली है।"

गौतम बुद्ध शान्त हो गए। लेकिन प्रमुख नगरश्रेष्ठी पुनः करबद्ध हो शाक्यमुनि से बोला :

"एक निवेदन है भन्ते!"

"कहिए नगरश्रेष्ठी।"

"भगवन्! यश आपका अनुसरणकर्ता भिक्षुक हो और आप वाराणसी पधारें, एवं आज ही मेरा भोजन स्वीकार करें।"

गौतम बुद्ध मौन हो गए। उनकी मौन स्वीकृति थी। नगरश्रेष्ठी ने स्वीकृति को समझा, तथागत को प्रणाम किया, उनकी प्रदक्षिणा की और वापस नगरी को प्रस्थान किया। पिता के प्रस्थान के उपरान्त बिना विलम्ब किए ज्ञानी यश भी गौतम बुद्ध के समक्ष करबद्ध खड़ा हो याचना करने लगा :

"भगवन्! मुझे प्रव्रज्या दें। भन्ते! मुझे उपसम्पदा दें।"

"जाओ भिक्षुक यश! धर्म का पालन करो, ब्रह्मचर्य पर अडिग रहो और दुख का नाश करो। तुम्हें उपसम्पदा प्राप्त हुई....।"

४

वाराणसी जैसी वैभवशाली नगरी, जो पण्डितों-विद्वानों से परिपूर्ण और धनिकों, सुन्दरियों तथा दानियों की भूमि थी। नगरी की गलियों में गौतम बुद्ध। उनके हाथ में भिक्षापात्र और कन्धे पर चीवर था; वे सिर झुकाए, अपने तेजस्वी और स्वर्ण समान चमकते चेहरे को पृथ्वी की ओर किए थे, तथा मन्द गति से आगे बढ़ रहे थे। यश गौतम बुद्ध के पगों का अनुसरण कर रहा था। यश की भी वही स्थिति और गति थी। सिर के बाल साफ थे। पैर नंगे थे। उसके कन्धे पर चीवर और हाथ में भिक्षापात्र था। यश की दृष्टि भी पृथ्वी की ओर थी।

वाराणसी में गौतम बुद्ध की चर्चा थी। इसीलिए गली चलते लोगों में से एक ने कटाक्ष करते हुए कहा :

"यही राजकुमार गौतम है! इसने ही राज्य के सुख, अपने पिता, परिवार, पत्नी और पुत्र का त्याग किया है।"

"अच्छा वही है, जिसके बारे में चर्चा है कि उसने इन्द्रियों पर विजय प्राप्त की है! उसने सम्यक् ज्ञान प्राप्त किया है, और वह सम्यक् सम्बुद्ध है," दूसरे राह चलते ने टिप्पणी करते हुए कहा।

एक अन्य राहगीर ने यश की ओर संकेत करते हुए कहा :

"अरे देखो! पीछे-पीछे यश है। वही श्रेष्ठीपुत्र यश, जो कानों में अमूल्यवान चमचमाते हीरों के कुण्डल पहनता था, जो पैरों में सुनहरे व कलात्मक जूते पहनता था; यह वही है जो अपने स्वर्णजड़ित रथ पर बैठकर नगरी की गलियों में आता था और जिसके आगमन पर नगरी घंटियों से गुंजायमान हो जाती थी...।"

"हाँ यह वही यश है! लेकिन आज तो वह नंगे पैर है और भिक्षापात्र व चीवर के साथ श्रमण गौतम का अनुसरण कर रहा है; वह गौतम के साथ भिक्षा याचनार्थ जा रहा है," एक व्यक्ति ने आश्चर्य के साथ ऐसा कहा।

जितने मुँह उतनी ही बातें। एक अन्य ने कहा :

"अरे देखो प्रमुख नगरश्रेष्ठी पुत्र यश को! कैसे इसका सिर मुँडा है? देखो इसके भाग्य को! कहते हैं यश को परमज्ञान प्राप्त हुआ है। इसने श्रमण गौतम से ज्ञानामृतपान किया है।"

तरह-तरह के कटाक्ष करने में नारियाँ भी पुरुषों से पीछे न थीं। नगर सुन्दरियाँ खिड़कियों से झाँक रही थीं और यश के भिक्षुक रूप पर टिप्पणियाँ कर रही थीं। उनमें से कोई कहती :

"देखो सुन्दर गौरवर्णीय यश की दशा को! कितना पौरुषमय है यह? लेकिन आज इसकी गति... कितनी मन्द है?"

"यह कैसे भिक्षुक हो गया है? यह तो प्रेम-आसक्ति में डूबा रहने वाला नगरी का सबसे प्यारा नौजवान था," दूसरी सुन्दरी ने कहा।

नगरवधुएँ भी कई प्रकार की बातें कर रही थीं। उनमें से किसी को दर्द था यश से अब न मिल पाने का और किसी को भय था नगर के दूसरे श्रेष्ठीपुत्रों के बुद्ध की शरण में जाने का; उसी मार्ग को अपनाने का, जिसे यश ने अपना लिया था। अपनी पीड़ा और भय को कम करने के लिए वे बात को यश की नई नवेली वधू के भाग्य से सम्बद्ध करती हुई कहती थीं :

"कैसा है भाग्य प्रमुख नगरश्रेष्ठी के पुत्र की नववधू का? उसने अभी देखा और भोगा ही क्या? हाय रे प्रारब्ध!"

स्वयं यश की नई नवेली वधू की मनःस्थिति का अनुमान लगाया जाना असंभव था। उसने सुना कि यश काषाय वस्त्रों में है, तो दुख-व्यथा में डूबकर वह मूर्छित हुए बिना भी पाषाण-शिला सदृश्य हो गई।

नगरी के नागरिकों में से अनेक गौतम बुद्ध पर दोषारोपण भी कर रहे थे। उनमें से एक कह रहा था :

"वाराणसी में गौतम उदित हुआ है और वैशाली में आम्रपाली। इन दोनों के रहते अब शायद ही कोई घर में टिकेगा।"

दूसरा बोला :

"हाँ भाई! आप ठीक कहते हैं। वाराणसी के श्रेष्ठीपुत्रों, नवयुवकों को

यह श्रमण गौतम भिक्षुक बना देगा और वैशाली के समस्त सम्पन्न घरानों के पुत्रों को वह आम्रपाली अपने रूप के जाल में फँसा लेगी....।"

लेकिन इस सबके साथ ही गौतम बुद्ध और उनका अनुगमन करते भिक्षुओं, विशेषकर यश का सम्मान करने वालों की कमी भी वाराणसी नगरी में नहीं थी।

अनेक को कहते सुना जा सकता था :

"महान हैं श्रमण गौतम, उनका त्याग और अमृतसमान ज्ञान। धन्य है कुलपुत्र यश, जिसने ज्ञानामृतपान किया है; श्रमण गौतम से उपसम्पदा-सम्यक् ज्ञान प्राप्त किया है।"

कोई कटाक्ष करे, टिप्पणी करे या निन्दा, कोई अच्छा कहे अथवा स्तुति करे, स्थिर चित्त सम्यक् सम्बुद्ध मन्द गति से मार्ग पर बढ़ रहे थे। उनके पीछे छः अन्य अर्हत थे। सभी की दृष्टि नीची थी। उनके हाथों में भिक्षापात्र थे। कन्धों पर चीवर थे। आँखों में चमक थी। मुख तृप्त थे। शान्तता, सन्तोष और स्थिरता चेहरों से स्पष्ट झलकती थी।

अनेक नागरिक उनके सम्मान में झुक जाते थे। उनका अभिवादन करते थे। उनकी प्रदक्षिणा करते थे। वे संकेत करते हुए कहते थे :

"देखो! वे नेतृत्वकर्ता ही महात्यागी गौतम हैं।"

"और देखो! उनके ठीक पीछे पदचिह्नों का अनुसरण करने वाले हमारे यश हैं।"

बुद्ध और शेष अर्हत अन्ततः प्रमुख नगरश्रेष्ठी और यश पिता के गृहद्वार पर पहुँचे। गृहपति ने सभी का स्वागत किया; सम्मान किया और आसन देकर पाद-वन्दना आदि भी की।

गौतम बुद्ध निश्चित हो आसनारूढ़ हुए, तो यश की माता और पत्नी ने उनकी पाद-वन्दना की और फिर वे एक ओर बैठ गईं। शाक्यमुनि ने भोजन करने से पूर्व ही दोनों को सरल व साधारण शब्दों में ग्राह्य धर्मोपदेश दिया; उन्हें व्यथारहित, शोकमुक्त और पीड़ाविरत होने के उद्देश्य से दुख, कारण, निरोध

और उपाय का ज्ञान दिया। यश की माता और पत्नी सम्यक् ज्ञान प्राप्त कर आनन्दविभोर हो गईं। व्यथा, शोक और पीड़ा की वास्तविकता को वह जान गईं; राग-द्वेष, मोह-माया के जाल से परिचित हो गईं। दोनों ने सम्यक् सम्बुद्ध के समक्ष हाथ जोड़कर प्रार्थना की :

"भगवन्! आपने हमारा कल्याण किया है; हमें सन्मार्ग ज्ञान दिया है। हम आपकी शरण में हैं; हमें उपासिका जानें।"

करुणामूर्ति गौतम बुद्ध ने दोनों को उपसम्पदा दी। वे दो ही थीं जो संसार में सबसे पहले तीन वचनों वाली (बौद्ध) उपासिकाएँ बनीं। धन्य थी वें; उन्होंने करुणानिधान शाक्यमुनि के समक्ष प्रतिज्ञापूर्वक कहा था :

"बुद्धं शरणं गच्छामि,
"धर्मं शरणं गच्छामि,
"संघं शरणं गच्छामि।"

५

जिस समय गौतम बुद्ध वाराणसी नगरी के प्रमुख नगरश्रेष्ठी के घर भोजनार्थ पधारे, उस समय स्वयं उनके सहित संसार में सात अर्हत थे। स्वयं शाक्यमुनि गौतम, पाँच वे भिक्षुक जिन्हें सम्यक् सम्बुद्ध ने सर्वप्रथम ज्ञान प्रदान किया था, और सातवाँ नगरश्रेष्ठी पुत्र यश। सातों अर्हतों ने नगरश्रेष्ठी द्वारा परोसा गया भोजन किया; वे तृप्त हुए, उन्होंने मुँह धोया, हाथ धोए और अपने-अपने आसनों पर विराजमान हो गए। यश के पिता, माता और पत्नी, तीनों, एक बार फिर गौतम बुद्ध के सम्मुख थे। तथागत ने उन्हें पुनः धर्मोपदेश दिए। उन्होंने बताया कि मनुष्य दृष्टि होते हुए भी दृष्टिहीन बना रहता है; वह राग-द्वेष, मोह-माया, काम-तृष्णा आदि के वशीभूत सत्यता नहीं देख पाता और दुखों से बाहर न निकलकर जीवन को व्यर्थ बना डालता है। उन्होंने यह भी बताया कि अज्ञानता के अंधेरे से मुक्त न होकर मनुष्य व्यथा, पीड़ा व दुख में ही ग्रसित रहता है और जन्मचक्र में बारम्बार फँसता है।

धर्मोपदेश के बाद गौतम बुद्ध आसन से उठे, वे प्रमुख नगरश्रेष्ठी के घर से बाहर हुए और वापस ऋषिपत्तन मृगदाव मार्ग पर बढ़ने लगे। अब शाक्यमुनि गौतम सबसे आगे थे। उनके पीछे थे पाँच भिक्षुक और सातवें स्थान पर था परिव्राजक यश।

जैसे ही वे मार्ग पर और आगे बढ़े, प्रमुख नगरश्रेष्ठी पुत्र यश के चार मित्रों ने उनके पदचिह्नों का अनुसरण करना प्रारम्भ किया। वे आपस में चर्चा कर रहे थे। उनमें से एक कह रहा था :

"आश्चर्य है! यश दुविधा की स्थिति में श्रमण गौतम के पास गया, और वह एक ही बार में प्रभावित हो गया। उसने सिर के बाल साफ करा दिए। अपनी दाढ़ी मुँडवा ली। काषाय वस्त्र धारण कर वह भिक्षुक हो गया...।"

"हाँ मित्र ऐसा ही हुआ है", दूसरे सहमार्गी ने सहमति जताई।

"यदि ऐसा हुआ है, तो जो ज्ञान यश ने प्राप्त किया, वह साधारण नहीं होगा", तीसरे ने कहा।

"और वह प्रव्रज्या भी साधारण नहीं होगी", चौथे का कहना था।

चारों मित्र अर्हतों का पदानुसरण करते जा रहे थे। ऋषिपत्तन मृगदाव पहुँचने से पूर्व ही चारों ने तय कर लिया कि वे भी यश की भाँति ज्ञान प्राप्त करेंगे; वे प्रव्रज्या लेंगे।

चारों मित्र अर्हतों के पीछे मृगदाव पहुँचे। उनमें काफी निश्चिंतता थी। जब गौतम बुद्ध और अन्य छः अर्हत अपने-अपने आसनारूढ़ हो गए, तो चारों मित्रों ने कुछ दूरी से ही यश का सादर अभिवादन किया; तदोपरान्त वे भिक्षुक यश के पास आकर खड़े हो गए। कुछ क्षण मौन मुद्रा में रहने के बाद उनमें से एक ने यश से निवेदन किया :

"हे भिक्षुक यश! हमें भी धर्मलाभ होने दो। हे भन्ते! जो ज्ञानामृतपान तुमने किया है, उसे हमें भी प्राप्त होने दो।"

अर्हत यश मित्रों की मनोदशा समझ रहा था। वह उन्हें शाक्यमुनि गौतम के पास ले गया। सम्यक् सम्बुद्ध स्थिर व शान्त मुद्रा में बैठे थे। उनके चक्षुओं से करुणा बह रही थी। यश ने भगवन् से प्रार्थना की :

"हे महात्माश्रेष्ठ! ये चारों मेरे घनिष्ठ मित्र हैं। ये सभी वाराणसी नगरी के श्रेष्ठियों के पुत्र हैं। इन कुलपुत्रों के नाम विमल, सुबाहु, पूर्णजित और गवाम्पति हैं। अन्धकार को दूर कर प्रकाश की इच्छा से ये आए हैं। भगवन्! इनको सन्मार्ग की शिक्षा दें। इनका कल्याण करें।"

तथागत ने यश के विनय को स्वीकार कर उन चारों को भी उसी प्रकार धर्मोपदेश दिया, जिस प्रकार यश को दिया था। उन्होंने चारों आर्यसत्यों- दुख, दुख-कारण, दुख-निरोध एवं दुख-निरोध उपाय - का ज्ञान देकर उन्हें प्रव्रजित किया और कहा :

"जाओ! तुम्हें उपसम्पदा प्राप्त हुई; तुम ब्रह्मचर्य पालन कर धर्माचरण करो; तुम्हारा कल्याण हो; अन्यों के कल्याण के लिए विचरण करो।"

इन चार के अर्हत हो जाने पर अर्हतों की संख्या ग्यारह हो गई। फिर क्या था? सूखे वन में अग्नि की भाँति पूरी वाराणसी नगरी व आसपास के क्षेत्र में यह समाचार व्याप्त हो गया।

"यश ने प्रव्रज्या ली है; उसका दूसरे श्रेष्ठीपुत्रों ने अनुसरण किया है", और "प्रव्रज्या देने वाले सूर्यवंशी कपिलवस्तु के महात्मा श्रमण गौतम हैं", इस सूचना के बाद अपने को न रोक सकने वाले पचास अन्यों ने गौतम बुद्ध से प्रव्रज्या ली; वे भिक्षुक हो गए।

६

वर्षा ऋतु समाप्ति की ओर पहुँची! गौतम बुद्ध धर्म प्रसारार्थ सारनाथ से प्रस्थान की तैयारी कर रहे थे। शिष्यों ने करुणामूर्ति से पूछा :

"हमारे लिए क्या आदेश है मुनिश्रेष्ठ का?"

गौतम बुद्ध शिष्यों की भावना को समझ गए। शिष्य तथागत से अलग नहीं होना चाहते थे। बुद्ध ने उन्हें सम्बोधित करते हुए कहा :

"हे भिक्षुओ! सुनो! बहुतों के कल्याण के लिए, बहुतों के सुख के लिए, बहुतों के हित के लिए, लोक पर दया करने के लिए और देव-मनुष्यों

के प्रयोजन-हित सुख के लिए ही तुम विचरण करो। हे श्रावकों! तुममें से दो एक साथ न जाओ। सब अकेले-अकेले जाओ। अधिकाधिक लोगों के जीवन की सार्थकता हेतु जुट जाओ; तुम ठहरो मत, तुम आगे बढ़ते जाओ। हे भिक्षुओं! मैं स्वयं भी धर्मोपदेश के लिए जा रहा हूँ; असामन्जस्य की स्थिति में पड़े और दुख उठाते लोगों को प्राप्त ज्ञान बाँटने के उद्देश्य से मैं निकल रहा हूँ।”

◆◆◆

प्रथम भिक्षुक संघ

ऋषिपत्तन मृगदाव में प्रथम धर्मोपदेश और प्रथम वर्षा ऋतु की अवधि के दौरान बने साठ शिष्यों के गौतम बुद्ध मार्गदर्शक व आचार्य थे। आचार्य और शिष्य मिलकर कुल इकसठ हो गए और इस प्रकार उन इकसठ का प्रथम भिक्षुक संघ बना।

गौतम बुद्ध ने संघ के समस्त भिक्षुओं को ऋषिपत्तन से प्रस्थान के पूर्व धर्मोपदेश का अधिकार दिया; उन्हें इस हेतु विचरण का अधिकार दिया और उनसे यह भी कहा :

"तुम सब ने ठीक (सम्यक्) ज्ञान प्राप्त किया है; तुम्हारा जीवन धन्य हुआ। अब तुम कल्याणकारी शासन (धर्म) का उपदेश दो और इस हेतु चारों दिशाओं में फैल जाओ।"

बुद्ध ने यह भी कहा :

"ब्रह्मचर्य-पालन जीवन को सार्थक करने का अतिश्रेष्ठ और सबसे महत्त्वपूर्ण साधन है। इसलिए हे परिव्राजकों! ब्रह्मचर्य का महत्त्व लोगों के समक्ष रखो; ब्रह्मचर्य का निर्भीक होकर उपदेश दो।"

"और", तथागत ने कहा, "संसार अल्प दोषयुक्त प्राणियों से भरा पड़ा है। उनके समक्ष बुद्ध-शासन प्रस्तुत करो; उन्हें धर्मोपदेश दो। ठीक धर्मज्ञान के अभाव में वे जो निरन्तर हानि उठाते हैं, उससे वे जन्म-जन्मान्तरों तक दुखमय रहते हैं। इसलिए अब ज्ञात ठीक (सम्यक्) धर्म को व्यापकता दो; तुम लोगों को उनके दोषों से मुक्त करो, उन्हें दुखों से बाहर निकलकर जीवन सार्थककर्ता मार्ग पर आगे बढ़ाओ।"

प्राप्त सम्यक् ज्ञान अधिकाधिकजन तक पहुँचे, इसलिए गौतम बुद्ध ने प्रव्राजकों से यह भी कहा :

"(सम्यक् ज्ञान) धर्म-प्रचार आपका कर्तव्य है। लोगों के समक्ष धर्म प्रचार के समय अपनी बात तर्कपूर्णता से रखो। लोगों की समस्त शंकाओं का समाधान करो। और जब कोई व्यक्ति सम्यक् ज्ञान को पूर्ण आत्मसात कर भिक्षुक होना चाहे, अथवा दूसरे शब्दों में, (अब) वह संघ की शरण में जाना चाहे, तो सुनिश्चित करो कि वह नवागन्तुक संघ के वृद्ध भिक्षुक व पूर्व प्रव्रजितों की पाद वन्दना करे।"

"क्या कुछ और भी तथागत?"

"हाँ प्रव्राजकों! प्रव्रज्या लेने वाले को अपना सिर मुँडवा लेना चाहिए। उसे अपनी दाढ़ी भी साफ करा लेनी चाहिए। वह प्रव्रज्या ले ले, तो उसी क्षण उसे स्वच्छ काषाय वस्त्र धारण करने को दिए जाने चाहिए। उन वस्त्रों में किसी एक कन्धे पर रखे जाने के लिए चीवर भी होना चाहिए।"

भिक्षुक संघ को बुद्ध और शासन (धर्म) के समान ही महत्त्वपूर्ण घोषित करते हुए, और संघ को विशेष रूप से धर्म का आधार स्वीकार करते हुए, गौतम बुद्ध ने भिक्षुक प्रव्राजकों को सन्देश दिया :

"हे प्रव्राजकों! प्रव्रजित व्यक्ति काषाय वस्त्र धारण कर आसन पर बैठे; वृद्ध भिक्षुक-भिक्षुओं के समक्ष तीन बार उच्चारण करे :

"बुद्धं शरणं गच्छामि,
"धर्मं शरणं गच्छामि,
"संघं शरणं गच्छामि।"

गौतम बुद्ध के सन्देश व आदेश को साठ श्रावकों ने शिरोधार्य किया। वे हर्षित थे। वे सन्तुष्ट थे। वे गौरवान्वित थे। उन्हें उस प्रथम भिक्षुक संघ का भाग होने का परम सौभाग्य प्राप्त हुआ था, जिसे निरन्तर विकसित होना था। क्षेत्र और देश की सीमाओं से बाहर भी सम्यक् ज्ञान के प्रसार का आधार बनना था।

धन्य थे वे परिव्राजक और महान थे उनके आचार्य गौतम बुद्ध। अपने सन्देश को समाप्त करने के साथ ही धर्म प्रसारार्थ बुद्ध ने प्रस्थान किया; और साथ ही प्रस्थान किया संघ में सम्मिलित हुए प्रत्येक भिक्षुक ने भी उसी उद्देश्य के लिए।

◆◆◆

काश्यप का अहंकार और प्रव्रज्या

भिक्षुओं को धर्म-प्रसारार्थ भली-भाँति निर्देशित कर और उन्हें विदाई दे स्वयं तथागत उरुबेला लौटे। उरुबेला वर्तमान में बौद्ध गया के नाम से जाना जाता है। बौद्ध गया में हिन्दू धर्म-सम्प्रदाय के अनुयायी अत्यन्त आदर के साथ पितरों को पिण्डदान करते हैं, जबकि बोधि वृक्ष और महाकारुणिक शाक्यमुनि की भव्यमूर्ति स्थापित होने से वह स्थान बौद्धों के लिए तीर्थ है।

बुद्धकालीन उरुबेला काश्यपों के लिए विशेष रूप से प्रसिद्ध था। उनमें उरुबेल-काश्यप प्रमुख थे; वे जटिल-उरुबेल भी कहलाते थे, और पाँच सौ जटाधारी सन्यासियों के प्रमुख थे। जटाधारी साधुओं के प्रमुख होने के कारण ही उन्होंने जटिल नाम से प्रसिद्धि पाई थी। जटिल-काश्यप के आश्रम का प्रत्येक सन्यासी ऋषितुल्य माना जाता था। इससे उनके स्थान के प्रति जनादर और उनकी विद्वत्ता का सहज ही अनुमान लगाया जा सकता था। लेकिन उरुबेल-काश्यप अभिमानी थे; अपने ज्ञान पर गर्व करते थे और महान तपस्वी होने का स्वयं ही बखान भी करते थे।

गौतम बुद्ध के कानों में भी वर्षों पूर्व काश्यपों, विशेषकर उरुबेल-काश्यप और उनके आश्रम की प्रसिद्धि पड़ चुकी थी। इसलिए, उरुबेला पहुँचकर वे उरुबेल अथवा जटिल-काश्यप के आश्रम ही पधारे। बुद्ध ने काश्यप से एक रात अपने आश्रम की अग्निशाला में विश्राम करने की आज्ञा चाही। काश्यप ने उनसे कहा :

"आप आश्रम में ठहरें! इससे मुझे कोई असुविधा नहीं होगी, लेकिन

मेरी अग्निशाला में एक विषैला नाग रहता है, और वह आपको हानि पहुँचा सकता है।"

"कोई बात नहीं, यदि वहाँ विषैला नाग है; आप मुझे अग्निशाला में ठहरने की अनुमति प्रदान करें उरुबेल-काश्यप!"

"लेकिन वहाँ अति विषैला नाग है महाश्रमण...!"

"वह कितना भी विषैला है, आप चिन्ता न करें काश्यप! आप बस मुझे वहाँ ठहरने की अनुमति दें।"

"तो ठीक है, आप प्रसन्नतापूर्वक वहाँ ठहरें!"

उरुबेल-काश्यप से आज्ञा पाकर तथागत अग्निशाला पहुँचे; उन्होंने वहाँ आसन बनाया, काया सीधी की, पद्मासन पर बैठे और समाधिस्थ हो गए। विषैला नाग तुरन्त सामने आ गया। पहली बार इस प्रकार कोई मनुष्य इस विषैले नाग के निवास वाली अग्निशाला में ठहरने आया था। जटाधारी सन्यासियों को उसका इतना भय था कि वे अग्निशाला के पास फटकने तक से डरते थे। दूर से ही लकड़ी-सामग्री आदि डालकर वे चले जाते थे। तथागत को देखकर नाग उग्र हो उठा, उसने फन उठाया और अपने मुख से विनाशकारी धुआँ उगलना प्रारम्भ कर दिया।

तथागत गौतम तेजस्वी थे। वे महायोगी थे। उनके तेज एवं योग में पूर्ण शक्ति थी। लेकिन वे प्राणीमात्र पर करुणा करने वाले थे। सर्वकल्याण उनका ध्येय था। अपने किसी भी व्यवहार से हानि पहुँचाना उनका मार्ग नहीं था। इसलिए उन्होंने अपने तेज तथा योग द्वारा नाग को शान्त और सरल बनाने का मार्ग अपनाया। नाग जो धुआँ फेंक रहा था, उसे योगबल से शाक्यमुनि ने एकत्रित किया। विषैला सर्प एकत्रित धुएँ को देख और अधिक क्रोधित हुआ; वह प्रज्वलित हो उठा। लेकिन बुद्ध अपने तेज महाभूत में समाधिस्थ हुए; वे आलौकिक प्रकाश में प्रज्वलित हुए। इस प्रकार उस नाग की प्रज्वलित ज्योति और शाक्यमुनि गौतम के तेज की ज्योति से सम्पूर्ण अग्निशाला प्रकाशमान हो गई। मानों स्वयं भास्करदेव ही असमय अग्निशाला में आ पधारे हों।

रात्रि का प्रथम प्रहर था, जिसमें इस प्रकार प्रकाशमान हुई अग्निशाला को देखकर जटिल सन्यासियों का दल दंग रह गया। अनेक सन्यासी अग्निशाला के चारों ओर खड़े हो गए; वे रात्रि के द्वितीय प्रहर तक वहीं रहे और भयभीत मुद्रा में आपस में बातें करते रहे। कोई सन्यासी कहता :

"कितने सुन्दर हैं महाश्रमण गौतम? लेकिन विषैले नाग ने तो अब तक उन्हें...।"

"हैं नहीं, थे कहो सन्यासी! नाग ने उन्हें अब तक छोड़ा ही नहीं होगा", दूसरे ने कहा।

तीसरा बोला, "क्या अग्निशाला में जाकर देखना चाहिए?"

"हाँ अवश्य ही, लेकिन यदि जीने की चाह समाप्त हो गई हो तो!" भयभीत हो रहे एक अन्य सन्यासी ने उत्तर दिया।

सन्यासियों को भली-भाँति ज्ञात ही था कि गौतम बुद्ध अकेले अग्निशाला में हैं और उनका सामना है नाग से, जो गौतम के जीवन को ले सकता है। लेकिन नाग से आतंकित-भयभीत सन्यासियों में से किसी को भी साहस नहीं हुआ कि वह भीतर जाए और गौतम बुद्ध को बचाए। रात्रि का तृतीय प्रहर प्रारम्भ हुआ। गौतम बुद्ध का जीवन नाग ने ले लिया होगा, ऐसा मानकर सन्यासी अपनी-अपनी कुटिया में चले गए।

गौतम बुद्ध ने अपने तेज के बल पर विषैले नाग को तेजहीन कर दिया। उसकी शक्ति जाती रही। वह सूक्ष्म शरीर वाला हो गया। इस प्रकार सूक्ष्म शरीर वाले तथा तेजहीन नाग को गौतम बुद्ध ने उठाकर एक पात्र में रख दिया।

प्रातःकाल हुआ और जाग चुके समस्त सन्यासी यह देखकर आश्चर्यचकित हुए कि गौतम बुद्ध एक पात्र हाथ में लिए अग्निशाला से बाहर आ रहे हैं। उन सबको तो विश्वास हो गया था कि महाश्रमण मृत्यु को प्राप्त हो गए होंगे, लेकिन यह क्या? वे तो सुरक्षित हैं। सन्यासी मार्ग से हटने लगे, बुद्ध उरुबेल-काश्यप की कुटिया की ओर बढ़ चले। तथागत शान्त थे, स्थिरभाव में थे और मौन थे।

कुटिया के द्वार पर पहुँचते ही बुद्ध ने काश्यप से कहा :

"काश्यप! इस पात्र में आपकी अग्निशाला का विषैला नाग है।"

"विषैला नाग!"

"हाँ जटिल! वही नाग, जो आपके सन्यासियों के भय का कारण था; वही विषैला नाग, जिससे मेरे जीवन की समाप्ति की आपको आशा थी।

गौतम बुद्ध ने पात्र उरुबेल-काश्यप के सामने रखा; काश्यप ने देखा उस शक्तिहीन और तेजरहित नाग को। काश्यप ध्यानी पुरुष थे; उन्होंने विचार किया गौतम बुद्ध के सम्बन्ध में और वे इस निष्कर्ष पर पहुँचे कि वे असाधारण पुरुष हैं; तेजस्वी हैं और योगी हैं। उनमें दिव्य शक्ति है और वे महाप्रतापी हैं। अतः काश्यप में बुद्ध के प्रति श्रद्धा जागृत हुई और उन्होंने तथागत से अनुरोध किया:

"महाश्रमण गौतम! आप यहीं विहार कीजिए; हमें सेवा का अवसर प्रदान कीजिए।"

बुद्ध ने उरुबेल-काश्यप का अनुरोध स्वीकार किया और निकटवर्ती वन में विहार किया। स्वयं जटिल-काश्यप तथागत को प्रतिदिन भोजन के समय आमंत्रित करने जाते थे; और इस प्रकार उनकी बुद्ध के प्रति श्रद्धा बढ़ती जाती थी।

२

उरुबेल-काश्यप को गौतम बुद्ध का निवास स्थान आए दिन प्रकाशमान दृष्टिगोचर होता था। कभी मुख्य देवताओं के आगमन के कारण और कभी अन्य दिव्य आत्माओं के आने पर। काश्यप और अन्य जटिल साधु नित-निरन्तर आश्चर्यचकित होते। विशेषकर जटिल-काश्यप तथागत से देवों एवं दिव्य आत्माओं के आगमन का कारण पूछते तो बुद्ध का उत्तर होता :

"हाँ, वे आए थे! उनके आगमन का कारण धर्म-जिज्ञासा रहा....।"

उरुबेल-काश्यप ने गौतम बुद्ध के कई चमत्कार देखे भी। एक बार उन्होंने पाया तथागत के समीप एक पुष्करिणी को, जिसे स्वयं देवराज इन्द्र ने उनकी सुविधा के लिए खोदकर तैयार किया था। एक अन्य दिन उन्होंने गौतमबुद्ध के हाथ में दुर्लभ जम्बूफल को देखा। उरुबेल इससे बहुत प्रभावित

हुए; गौतम बुद्ध के प्रति उनके सम्मान व श्रद्धा में और बढ़ोत्तरी हुई। लेकिन फिर भी काश्यप कहीं-न-कहीं उनसे ईर्ष्या रखते थे। लोगों में बुद्ध के सम्मान में वृद्धि हो और स्वयं अपना सम्मान घटे, उरुबेल ऐसा नहीं चाहते थे।

प्रतिवर्ष की भाँति उरुबेल-काश्यप के आश्रम में महायज्ञ की तैयारी हो रही थी। जटिल सन्यासी जुटे हुए थे। बड़ी संख्या में मागध आने वाले थे। परम्परानुसार मागध अपने साथ भरपूर खाद्यसामग्री लाते थे; काश्यप का सम्मान करते समय वह सामग्री वे उन्हें भेंट करते थे। काश्यप ने विचार किया :

"गौतम बुद्ध यहाँ हैं। वे चमत्कारी हैं। तेजस्वी हैं। ज्ञानवान हैं। मागध उन्हें देखेंगे, सुनेंगे, तो उनकी ओर आकर्षित होंगे। वे उनमें श्रद्धा व्यक्त करेंगे। इससे मेरा सम्मान कम हो जाएगा।.... आगे से, कदाचित्, मागध इस तरह खाद्यसामग्री भेंट नहीं करेंगे....। अच्छा हो यदि श्रमण गौतम कल से तब तक यहाँ न आएँ जब तक मागध आश्रम में ठहरें और जब तक महायज्ञ सम्पन्न हो।"

गौतम बुद्ध ने उरुबेल-काश्यप की मनोदशा को भाँप लिया। अगले दिन वे जटिलों के आश्रम नहीं पहुँचे। यही नहीं, बुद्ध आश्रम के निकटवर्ती वन से दूर उत्तर कुरु चले गए तथा वहीं विहार कर रात्रि में ठहर भी गए। लेकिन ईर्ष्याग्रस्त उरुबेल-काश्यप अपने को रोक नहीं पाए। वे तथागत के पास पहुँचे और बोले :

"श्रमण गौतम! आप कल आश्रम नहीं आए?"

"हाँ काश्यप! नहीं आया।"

"क्यों?"

"आप ऐसा ही चाहते थे। आपके मन की बात मैं जान गया था।"

उरुबेल-काश्यप आश्चर्यचकित हुए; वे तथागत की शक्ति व दूरदृष्टि से भयभीत हुए। उन्होंने शाक्यमुनि से निवेदन किया :

"आप आश्रम चलें! भोजन ग्रहण करें।"

गौतम बुद्ध मौन हो गए। ईर्ष्यालु व अहंकारी के प्रति भी करुणाभाव रखते हुए, वे जटिल आश्रम पहुँचे; उन्होंने भोजन ग्रहण किया। पुनः अपने स्थान

पर आ गए; वे प्रतिदिन जटिल-आश्रम जाने लगे। इन्हीं दिनों कुछ और चमत्कार बुद्ध ने प्रकट किए।

एक दिन प्रातःकाल में उरुबेल-काश्यप बुद्ध को भोजन के लिए आमंत्रित करने पहुँचे और निवेदन करने लगे :

"पधारिएगा! भोजन तैयार है।"

"जटिल आप आश्रम चलें! मैं आता हूँ।"

काश्यप आश्रम पहुँचे; उन्होंने वहाँ देखा कि गौतम बुद्ध पहले ही आश्रम की अग्निशाला में विराजमान हैं। उनसे कुछ भी कहते न बना। एक अन्य दिन जटिल सन्यासी अग्नि प्रज्वलित करने के प्रयास में निरन्तर विफल हो रहे थे। इसी कारण आश्रम के सारे काम रुके पड़े थे। अब क्या करें? सन्यासी काश्यप के पास पहुँचे और अग्नि के प्रज्वलित न होने की बात उनसे कही। वे भी एक पल विचार करने लगे, लेकिन दूसरे ही पल उन्हें गौतम बुद्ध का स्मरण हुआ। काश्यप उनके पास पहुँचे और कहने लगे :

"श्रमण गौतम! सन्यासी बारम्बार प्रयास करते हैं। लेकिन अग्नि प्रज्वलित नहीं हो रही है।"

गौतम बुद्ध मुसकाए। काश्यप पुनः बोले :

"हाँ, अग्नि प्रज्वलित नहीं हो रही है! सारी दिनचर्या रुक गई है।"

"अच्छा।"

"हाँ श्रमणशिरोमणि!"

"अग्नि प्रज्वलित होगी उरुबेल!"

इतना कहने पर ही अग्नि प्रज्वलित हो उठी। कार्य प्रारम्भ हो गया। लेकिन उसी दिन जब कार्य समाप्त होने पर सन्यासी अग्नि बुझाने लगे तो वह बुझी नहीं। काश्यप से कहा गया। वे बुद्ध के पास पहुँचे तथा कहने लगेः

"निरन्तर प्रयास करने के बाद भी सन्यासी अग्नि बुझा पाने में सफल नहीं हुए हैं, श्रमण गौतम!"

गौतम बुद्ध पुनः मुसकाए। उरुबेल ने बलपूर्वक निवेदन किया :

"हाँ श्रमणशिरोमणि! अग्नि नहीं बुझती है। सन्यासी बँध गए हैं।"

"अच्छा।"

"हाँ गौतम!"

"अग्नि बुझ जाएगी काश्यप!"

अग्नि बुझ गई। सन्यासी अन्य कार्यों में जुट गए। उस दिन संध्या में जटिल सन्यासी और उनके प्रमुख उरुबेल-काश्यप पास में बह रही निरंजना नदी में स्नानार्थ उतरे। प्रायः वे ऐसा किया करते थे। उस दिन देर रात तक वे स्नान करते रहे; जल में ही उन्होंने कई अनुष्ठान किए। जब रात्रि का द्वितीय प्रहर प्रारम्भ हुआ, वे सन्यासी नदी से बाहर निकले; लेकिन अचानक उन्हें ठंड लगने लगी। वे ठंड से काँपने लगे। ऐसे में तथागत ने वहीं नदी के किनारे अग्नि प्रकट कर जटिलों को राहत दी।

फिर एक दिन घनघोर वर्षा हुई। जल-थल एक हो गए। जटिलों के आश्रम और आसपास के समस्त क्षेत्र जलमग्न हो गए। वह स्थान जहाँ महाश्रमण का निवास था अपेक्षाकृत नीचा था। शंकालु जटिलों को ऐसा लगा कि वहाँ भारी मात्रा में जल भरा होगा। इतना ही नहीं, एक जटिल ने तो यह कह दिया :

"कदाचित् गौतम जल में डूब गए होंगे।"

उन्हें जिज्ञासा हुई गौतम बुद्ध का हाल जानने की; और जैसे ही वे अपने प्रमुख उरुबेल-काश्यप के साथ नाव में सवार होकर उस स्थान पर पहुँचे, उन्होंने पाया कि वहाँ चारों ओर पानी है। लेकिन स्वयं बुद्ध का स्थान बिल्कुल शुष्क है। यह देखकर जटिल दंग रह गए। उरुबेल-काश्यप ने तनिक ऊँचे स्वर में बोला :

"श्रमण गौतम!"

तथागत शान्त थे; वे करुण मुद्रा में थे और अपने स्थान पर ही विचरण कर रहे थे। उरुबेल की आवाज़ के बाद भी वे चुप रहे, तो काश्यप ने पुनः व्यंग्यात्मक ढंग से बोला :

"श्रमण गौतम! आप हैं?"

"मैं यहाँ हूँ, उरुबेल-काश्यप!"

इतना बोलकर तथागत गौतम नाव में आ गए। उनके तेजस्वी रूप और बलशाली काया को देखकर जटिल और उनके प्रमुख काश्यप प्रभावित हुए। लेकिन काश्यप चित्त से अभी भी ईर्ष्यालु थे। वे तथागत के तेज, बल और शक्ति से परिचित थे। वे उन्हें श्रमणशिरोमणि मानते थे। उनके चमत्कार देख चुके थे। उनकी महिमा का उन्हें भान था; तो भी अर्हत के रूप में काश्यप अपने को महान समझते थे। बुद्ध ने काश्यप की स्थिति को जाना था। इसलिए नाव में खड़े होकर उन्होंने उरुबेल से कहा :

"हे उरुबेल-काश्यप! वास्तव में आप अर्हत हैं ही नहीं। आप सन्यासी नहीं हैं। अर्हत जीवन का जो मार्ग होता है, आप उसके अनुगामी नहीं हैं...।"

उरुबेल-काश्यप चुप हो गए। बुद्ध ने आगे कहा :

"आपमें वह बुद्धि ही नहीं है, जो किसी अर्हत में होनी चाहिए। मानव अर्हत बनता है, किसलिए? हे काश्यप! आप यह नहीं जानते हैं। मनुष्य सन्यास मार्ग पर क्यों चलता है? आपको ज्ञात नहीं है। आपकी बुद्धि.... मुझे खेद है. ...।"

उरुबेल-काश्यप का अहंकार जाता रहा। उनकी ईर्ष्या मिट गई। उन्होंने बुद्ध से अर्हत होने का कारण नहीं जाना; उनमें अर्हत-मार्ग के तथागत द्वारा खुलासे के अनुरोध का साहस नहीं रहा। वे बुद्ध के चरणों में गिर गए; उन्होंने करबद्ध प्रव्रज्या की याचना की।

गौतम बुद्ध चुप रहे। काश्यप ने उसे तथागत की मौन स्वीकृति समझ धर्म-जिज्ञासा की। बुद्ध ने कहा :

"उरुबेल! आपको प्रव्रज्या देने में कोई आपत्ति नहीं। परन्तु....।"

"परन्तु क्या? हे महाश्रमण गौतम!"

"आप पाँच सौ जटिलों के प्रमुख हैं। आप प्रव्रज्या ले लेंगे तो उनका क्या होगा?"

"हे महाकारुणिक गौतम! वे भी मेरा अनुसरण करेंगे।"

"क्या आपने उनका मत जाना है?"

"मैं अभी जान लेता हूँ भगवन्!"

उरुबेल-काश्यप ने आश्रम पहुँच समस्त जटिल अनुयायियों को एकत्रित किया और उन्हें सम्बोधित करते हुए कहा :

"जटिलो! मैंने महाश्रमण गौतम से प्रव्रज्या लेने का निश्चय किया है। मैं उनके शासनानुसार बरतूँगा। आप लोग क्या चाहते हैं? अपना मत प्रकट करें....।"

जटिलों ने एक स्वर में उत्तर दिया :

"हे काश्यप! महाश्रमण गौतम अनुसरणीय हैं। वे प्रसन्नता प्रदत्तकर्ता हैं। यदि आप उनसे प्रव्रज्या लेते हैं, तो हम भी ऐसा ही करेंगे।"

"मेरा निश्चय दृढ़ है", काश्यप ने कहा।

"तो हमारा भी यही निश्चय है", सन्यासियों ने दोहराया।

महाश्रमण की जय-जयकार होने लगी। काश्यप सहित सन्यासियों ने केश, दाढ़ी आदि मुँडवा दीं; अपने आश्रम में कर्मकाण्ड सम्बन्धी वस्तुएँ निरंजना में प्रवाहित कर दीं और तथागत गौतम बुद्ध के समक्ष पहुँचकर प्रव्रज्या की याचना की। शाक्यमुनि ने सबको प्रव्रज्या दी और कहा :

"जाओ! ब्रह्मचर्य का पालन करो; धर्म पर चलो, जो सर्वज्ञात है; अपना कल्याण करो, मानव-कल्याणार्थ विचरण करो।"

३

तीन सौ सन्यासियों के आश्रम के प्रमुख और उरुबेल के भाई नदी-काश्यप को सूचना मिली कि उरुबेल-काश्यप के आश्रम में प्रयुक्त होने वाली सामग्री और वस्तुएँ निरंजना नदी में तैर रही हैं। नदी-काश्यप सरिता-तट पर आए। उन्होंने स्वयं वस्तुओं को तैरते हुए देखा। उनके मस्तिष्क में कई तरह के विचार आए। उन्होंने सोचा :

"क्या उरुबेल को कुछ हो गया है?"

फिर उन्हें विचार हुआ :

"वे कहीं....मृत्यु....!"

वस्तुएँ नदी में तैरने के कारण निरन्तर शंका उन्हें घेर रही थी। उन्होंने अपने समस्त अनुयायियों को बुलाया और कहा :

"सन्यासियों! अपने भाई की मुझे चिन्ता है। काश! वे किसी अनिष्ट के शिकार न हुए हों।"

स्वयं नदी-काश्यप के सन्यासी शिष्यों ने तैरती वस्तुओं को देखकर नदी-काश्यप को सूचित किया था। इसलिए शंकाग्रस्त वे भी थे। उन्होंने अपने प्रमुख से पूछा :

"तो क्या आज्ञा है आपकी?"

"हमें अविलम्ब भाई के पास जाकर उनकी कुशलता जाननी चाहिए।"

"ठीक कहते हैं आप!"

नदी-काश्यप अपने दल के साथ उरुबेल के आश्रम पहुँचे। उन्होंने भाई को सकुशल पाया तो नदी में बहती सामग्री के सम्बन्ध में उनसे पूछा। उरुबेल ने सारा घटनाक्रम नदी-काश्यप को सुनाया; उन्होंने तथागत गौतम बुद्ध की महिमा, उनके ज्ञान और मार्ग का वर्णन किया। नदी-काश्यप व उनके अनुयायियों पर तुरन्त ही इतना प्रभाव पड़ा कि उन्होंने भी अपनी वस्तुएँ नदी में फेंक दी; अपनी दाढ़ी मुँडवा ली, सिर के बाल साफ करा दिए। फिर वे उरुबेल-काश्यप से विनती करने लगे कि उन्हें भी वे प्रव्रज्या दिलाएँ। उरुबेल उनके साथ गौतम बुद्ध की शरण में उपस्थित हुए और करबद्ध हो प्रार्थना करने लगे :

"हे श्रमणशिरोमणि गौतम! मेरे साथ मेरे भाई नदी-काश्यप और उनके तीन सौ अनुयायी आपके शरणागत हैं।"

गौतम बुद्ध ने करुणा से भरपूर अपनी आँखें नदी-काश्यप व उनके अनुयायियों की ओर कीं और वे मुसकाए। उरुबेल ने पुनः निवेदन किया :

"ये आपकी शरण हैं तथागत!"

"तो!"

"इन्हें भी प्रव्रज्या मिले भगवन्!"

गौतम बुद्ध ने स्वीकृति दी और कहा :

"जाओ भिक्षुओं! ब्रह्मचर्य का पालन करो; धर्म-मार्ग पर बढ़ो, बहुतों के सुख और कल्याणार्थ विचरण करो।"

४

सन्यासियों की कर्मकाण्ड सम्बन्धी सामग्री और उनकी वस्तुएँ नदी में आगे तक बह निकली थीं। इसकी सूचना दो सौ साधुओं के प्रमुख गया-काश्यप के पास भी पहुँची। वे नदी तट पर आए। उन्होंने सामग्री-वस्तुओं को अपनी आँखों से तैरते हुए देखा। उन्हें कौतूहल हुआ। अपने शिष्यों को एकत्रित कर उन्होंने भाइयों के पास जाने का निश्चय किया।

दो सौ साधुओं का नेतृत्व करते हुए गया-काश्यप अन्ततः दोनों भाइयों- उरुबेल-काश्यप व नदी-काश्यप के पास पहुँचे। उन्हें सारी स्थिति का ज्ञान हुआ। गया-काश्यप ने पूछा :

"काश्यपों! क्या जो मार्ग आपने चुना है, वह कल्याणकारी है? क्या वह पूर्णतः सही है?"

"हाँ गया-काश्यप! हमने पूर्णतः सोच-विचारकर ही इस मार्ग को चुना है। यह मार्ग कल्याणकारी है; यही सही है।"

अपने भाइयों की बात सुनकर और स्वयं निश्चिंत होकर, गया-काश्यप ने अग्रजों से शिष्यों सहित प्रव्रज्या लेने की इच्छा प्रकट की। उरुबेल ने कहा :

"गया! आपके लिए यही उचित है।"

"आप प्रव्रजित हों! मैं भी यही चाहता हूँ।" नदी-काश्यप ने सहमति दी।

"तो फिर....।"

"चलो चलें महाकारुणिक तथागत गौतम के पास....।"

उरुबेल-काश्यप तथा नदी-काश्यप ने छोटे भाई गया-काश्यप और उनके दो सौ शिष्यों को आगे कर गौतम बुद्ध से करबद्ध निवेदन किया :

"हे महात्माशिरोमणि गौतम! गया-काश्यप तथा उनके दो सौ शिष्यों को भी उपसम्पदा मिले।"

बुद्ध ने करुण चक्षु खोले; लेकिन वे मौन रहे। उनसे पुनः निवेदन किया गया :

"ये शरणागत हैं! भगवन् इन्हें प्रव्रज्या दें!"

बुद्ध ने कहा :

"धर्म का पालन करो! धर्म मार्ग पर चलो! धर्म सर्वज्ञात है। ब्रह्मचर्य का पालन क़रो! बहुतों के हित के लिए, बहुतों के सुख के लिए एवं बहुतों के कल्याण के लिए तुम विचरण करो!"

६

तीनों काश्यप अपने समय के महाआदर प्राप्त विद्वान थे; हजारों मागध उनके प्रति श्रद्धा रखते थे। गौतम बुद्ध से प्रव्रज्या लेने के उपरान्त उनके श्रद्धालु भी तथागत के अनुयायी हो गए। बौद्ध-विचार को इस प्रकार श्रेष्ठ प्रचार-प्रसार मिला; बुद्ध-ज्ञान, दूसरे शब्दों में कल्याणकारी सम्यक् ज्ञान को एक अभूतपूर्व आयाम प्राप्त हुआ।

उरुबेल से तथागत गौतम ने राजगृह के लिए प्रस्थान करने का विचार किया। उन्होंने मगध सम्राट बिम्बसार को बुद्धत्व-पद प्राप्ति के बाद राजधानी आने का वचन दिया था। गौतम बुद्ध ने प्रस्थान किया। उनके साथ एक हजार नवीन प्रव्रजित भिक्षुओं का दल था। वे दल सहित गयाशीर्ष पर्वत पर पहुँचे। वहाँ विस्तार से उन्होंने भिक्षुओं को चार आर्य सत्यों और अष्टांगिक मार्ग का ज्ञान दिया; प्रव्रजितों के समस्त प्रश्नों के उत्तर दिए तथा उनकी प्रत्येक शंका का समाधान किया।

तथागत ने क्षणिकवाद का पक्ष भिक्षुओं के समक्ष रखा और कहा :

"भिक्षुओं ! कोई भी वस्तु क्षणभर से अधिक ठहरती नहीं है।"

"अर्थात सब वस्तुएँ.... तत्त्व!" एक भिक्षुक ने उनकी सहमति चाही।

"हाँ भिक्षुक! उत्पत्ति-विनाश ही नियम है। एक का विनाश एवं अगले ही पल दूसरे की उत्पत्ति, यही वास्तविकता है।"

"तो सब कुछ अनित्य है तथागत!"

"हाँ भिक्षुक! आपने ठीक समझा है; भली-भाँति जाना है।"

यद्यपि गयाशीर्ष पर्वत पर प्रव्रजित तीनों काश्यपों सहित जो एक हजार भिक्षुक गौतम बुद्ध के साथ थे, उनमें भी कई श्रेष्ठ विद्वान थे; धर्म-जिज्ञासा रखते थे। उनमें तर्क-वितर्क की अच्छी शक्ति थी। इसीलिए "एक के विनाश के बाद दूसरी उत्पत्ति", जिसे गौतम बुद्ध ने "प्रतीत्य-समुत्पाद" नाम दिया था, के सम्बन्ध में भी भिक्षुओं ने तथागत से प्रश्न किए; उसे शाक्यमुनि गौतम के श्रीमुख से स्पष्ट कराया। अन्य दार्शनिकों की मान्यता, "कि उत्पत्ति हुई, तो उसके पीछे कारण है", के विपरीत गौतम बुद्ध ने अपना मत प्रकट करते हुए कहा :

"भिक्षुओं! कारण और उत्पादन से अभिप्राय एक के व्यतीत हो जाने के बाद नवोत्पत्ति है; दूसरे शब्दों में, एक बीत गया, दूसरा उत्पन्न हो गया; अर्थात, एक का पूर्णतः नाश और दूसरे का उदय....।"

"क्या इसे किसी वस्तु अथवा घटना के उत्पन्न होने से पूर्व सदा लुप्त होने में देखा जा सकता है?"

"हाँ भिक्षुक! ऐसा ही है। आपने सही समझा है। प्रतीत्य-समुत्पाद में कार्य-कारण का नियम अनिरन्तर (विच्छिन्न) प्रवाह के रूप में जानना चाहिए....।"

"भन्ते! क्या प्रतीत्य-समुत्पाद में कार्य-कारण नियम निरन्तरता (अविच्छिन्नता) प्राप्त नहीं है?"

"निश्चित रूप से ही नहीं, हे भिक्षुक!"

"क्या प्रतीत्य-समुत्पाद के सम्बन्ध में कुछ और विशेष रूप से कहेंगे तथागत?"

"भिक्षुओं! आप सब जो यहाँ हैं, अनित्यता के बारे में सन्देहरहित हो जाएँ।"

"हाँ तथागत! हम ऐसा ही करेंगे।"

"हे भिक्षुओं! वस्तु-अनित्यता को स्वीकार करके आसक्तिरहित हो

जाओ; शुद्धता के साथ ही रमण करो। 'धन, सम्पत्ति, वस्तु मेरी है', तुम ऐसा न मानना; न ही ऐसा मानकर कोई मोह रखना।"

"हम ऐसा ही करेंगे शाक्यमुनि!"

"मेरा धर्म-उपदेश पकड़कर रखने के लिए नहीं है भिक्षुओ! इस उपदेश के अनुसार व्यवहार करना और इसे उस बेड़े के समान समझना, जो पार कराता है।"

"हम निश्चयपूर्वक इसी धर्म-उपदेश के अनुसार संशयरहित होकर, मोह त्यागकर और शुद्धता के साथ व्यवहार करेंगे भगवन्!"

"भिक्षुओ! जो कहे गए के अनुसार प्रतीत्य-समुत्पाद को देखता है, वही धर्म-लाभ करता है। वही बुद्ध-दर्शन को मानता है। वही शास्ता के शासन का अनुगामी है।"

इस प्रकार करुणानिधान शाक्यमुनि गौतम से क्षणिकवाद और प्रतीत्य-समुत्पाद को जानकर, दूसरे शब्दों में धर्म-लाभ लेकर भिक्षुक सन्तुष्ट हुए। उनके संशय मिट गए। उन्हें सन्तोष हुआ। जीवन की सार्थकता हेतु निश्चित मार्ग मिल जाने की उन्हें सुखद अनुभूति हुई।

◆◆◆

उपासक सम्राट और प्रथम संघ-सम्पत्ति

मगध साम्राज्य की राजधानी राजगृह में प्रसन्नता भरा कौतूहल था। गौतम बुद्ध राजगृह नगर से सटे चैत्यवन में भिक्षुओं सहित आ पहुँचे थे। उनके साथ उरुबेल-काश्यप भी थे। सैंकड़ों-हजारों मागध उरुबेल-काश्यप के प्रति श्रद्धा रखते थे। वर्षों से उन्हें ऋषितुल्य मानते हुए उनकी सेवा-शुश्रूषा करते आए थे। उन्हें भरपूर खाद्यसामग्री, वस्तुएँ, भेंटें देते आए थे। अब उरुबेल-काश्यप गौतम बुद्ध के अनुयायी थे। उन्होंने पाँच सौ अनुयायियों सहित शाक्यमुनि से प्रव्रज्या ली थी; उनके दोनों भाइयों-नदी-काश्यप एवं गया-काश्यप- ने भी अपने-अपने आश्रमवासियों के साथ उनका अनुसरण किया था। वे बुद्ध व धर्म की शरण में थे; वे संघ के शरणागत हुए थे।

मागधों को ज्ञात हुआ उरुबेल-काश्यप का बुद्ध से प्रव्रज्या लेना और उनके अनुयायी के रूप में राजगृह पधारना, तो उन्हें आश्चर्य हुआ। अनेक को सन्देह भी हुआ। ऐसा होना स्वभाविक था। एक समय था जब गौतम बुद्ध उरुबेल के आश्रम में रहते थे; अब वही उरुबेल शाक्यमुनि के अनुयायी थे, वे तथागत के द्वारा निरुपित मार्ग के अनुसार बरतते थे। गौतम बुद्ध ने मागधों की संशययुक्त मनोदशा को जान लिया। इसलिए चैत्यवन में इकट्ठा हुए सैंकड़ों मागधों एवं साथ आए भिक्षुओं की उपस्थिति में उन्होंने उरुबेल-काश्यप से प्रश्न किया :

"उरुबेल! अपने कर्मकाण्ड त्यागकर आप क्यों तथागत-निरूपित मार्ग पर आए?"

"राग आदि समस्त वृत्तियाँ बेकार हैं, वे त्याज्य हैं, मुझे भली-भाँति यह ज्ञान हो गया है भगवन्! कामना करके किया गया यज्ञ, जैसा कि मैं करता आया था, सुखकर नहीं हो सकता; वह दुखकर होता है, मैं यह जान गया हूँ। इसीलिए, हे महाश्रमण! मैंने उसका त्यागकर तथागत निरूपित मार्ग का अनुसरण किया है।"

"उरुबेल! क्या अब रूप, रस, शब्द आदि में आपकी रुचि नहीं? आपका मन अब कहाँ रमता है?"

"तथागत! मेरा मन अब निर्वाण पद में रमता है। रागरहित, मोहमुक्त, तृष्णाहीन व कामेच्छाविहीन मैं शान्त हूँ; निर्वाण ही मेरा ध्येय है।"

यह कहकर उरुबेल-काश्यप उठे; उन्होंने गौतम बुद्ध के चरणों पर माथा रखा। फिर करबद्ध हो व अनुरोध करते हुए उन्होंने तथागत से कहा :

"हे महात्माश्रेष्ठ! हे महाश्रमण! हे शास्ता! मैं आपका अनुयायी हूँ।"

उरुबेल-काश्यप के मुख से यह सब कुछ सुनकर मागध संशयरहित हो गए; उन्होंने जान लिया कि वे गौतम बुद्ध के शिष्य हैं और तथागत गौतम सम्यक् सम्बुद्ध हैं, कल्याणकारी मार्ग के प्रणेता हैं।

२

मगध सम्राट बिम्बसार को सूचना दे दी गई थी कि तथागत गौतम बुद्ध का चैत्यवन में आगमन हो चुका है। सम्राट गौतम बुद्ध के प्रति अगाध श्रद्धा रखते थे। उनकी कीर्ति, ज्ञान और सम्मान को बिम्बसार बहुत मानते थे। सम्राट को स्मरण था अपना वह निवेदन, जो उन्होंने बोधिसत्त्व गौतम से किया था; जिसमें उन्होंने बुद्धत्व ज्ञान प्राप्ति के बाद उनसे राजगृह पधारकर उसका लाभ उन्हें तथा राज्य के दूसरे नागरिकों को प्रदान करने का अनुरोध किया था।

अविलम्ब सम्राट बिम्बसार चैत्यवन पहुँचे और तथागत के शरणागत हुए। बुद्ध अपने समक्ष श्रद्धाभाव से विराजमान मागधों, जिनमें क्षत्रिय थे, ब्राह्मण थे, वैश्य थे और राज परिवार के लोग थे, के समक्ष धर्मोपदेश करने जा रहे

थे। बिम्बसार भी धर्म-लाभार्थ श्रोताओं में बैठ गए। "जो उत्पन्न है, वह नाशवान है; सम्यक अष्टांगिक मार्ग कल्याण-मार्ग है; तृष्णा दुख का मूल है, इसलिए वह त्याज्य है", इस प्रकार के बुद्ध वचनों से मागधों को सुखानुभव हुआ; सम्राट बिम्बसार को सच्चा ज्ञान प्राप्त हुआ। उन्होंने भगवन् से सादर व करबद्ध प्रार्थना की :

"हे महाकारुणिक! मुझे उपासक के रूप में स्वीकार करें।"

बुद्ध ने उनका अनुरोध स्वीकार किया। इस प्रकार बिम्बसार प्रथम सम्राट थे, जो बुद्ध के उपासक बने। उपासक होने के बाद मगध सम्राट ने तथागत से कहा :

"हे महात्माशिरोमणि! जीवन में मेरी पाँच अभिलाषाएँ थीं। आज वे पाँचों पूर्ण हो गई हैं। मैं कितना सौभाग्यशाली हूँ?"

"आपकी क्या अभिलाषाएँ थीं मगध सम्राट बिम्बसार?"

"मेरा राज्याभिषेक हो, यह मेरी प्रथम अभिलाषा थी तथागत! और यह कभी की पूर्ण हो चुकी है।"

"दूसरी अभिलाषा क्या थी सम्राट?"

"मेरे राज्य में बुद्ध का आगमन हो, यह मेरी दूसरी अभिलाषा थी भगवन्! आज यह भी पूर्ण हुई।"

"आपकी तीसरी अभिलाषा बिम्बसार!"

"मैं सम्यक् सम्बुद्ध का उपासक बनूँ, यह मेरी तीसरी अभिलाषा थी शाक्यमुनि! आज मैं आपका उपासक हूँ। मेरी तीसरी अभिलाषा भी पूर्ण हुई है।"

"आपकी चौथी अभिलाषा!"

"महाश्रमण से मुझे धर्मज्ञान मिले, यह मेरी चौथी अभिलाषा थी, हे करुणानिधान! आपसे धर्मज्ञान मिला है, मेरी चौथी अभिलाषा भी पूरी हुई है।

"और आपकी पाँचवी अभिलाषा!"

"मैं तथागत से परिचित होता; सम्यक् सम्बुद्ध को मैं जानता, हे महाकारुणिक! आज मेरा परिचय हुआ; इस प्रकार पाँचवी अभिलाषा भी पूर्ण हुई। मैं कितना सौभाग्यशाली हूँ?"

गौतम बुद्ध मौन थे। वे शान्त थे। स्थिर थे। सम्राट बिम्बसार खड़े हुए, फिर करबद्ध हो झुके और बोले :

"मैं बुद्ध की शरण में हूँ; मैं धर्म की शरण में हूँ; मैं संघ की शरण में हूँ।"

तदोपरान्त बिम्बसार ने बुद्ध की प्रदक्षिणा की और नगर-प्रस्थान से पूर्व तथागत से विनती की कि वे भिक्षुओं सहित आने वाले दिन में उनके यहाँ भोजनार्थ पधारें। गौतम बुद्ध ने मौन रहकर स्वीकृति दी। बिम्बसार अपने को धन्य मानते हुए, भगवन् का अभिवादन कर प्रसन्न मुद्रा में राजप्रासाद को रवाना हुए।

अगले दिन तथागत गौतम बुद्ध ने पूर्वाह्नकाल में भिक्षापात्र उठाया, चीवर लिया और भिक्षुओं सहित राजगृह स्थित बिम्बसार के निवास-स्थान पर आ पहुँचे। द्वार पर स्वयं सम्राट ने तथागत व भिक्षुओं का स्वागत-सत्कार किया। जब सब आसनारूढ़ हो गए, तो स्वयं मगध सम्राट ने ही उत्तम व्यंजन परोसे। सब सन्तुष्ट हुए। भोजन समाप्त हुआ। तथागत गौतम एक ओर बैठ गए। बिम्बसार ने उनसे प्रार्थना की :

"हे तथागत! मागध अधिकाधिक धर्म-लाभ आपसे लें और कल्याण को प्राप्त हों, इसलिए मैं अपने राज्य में उपयुक्त स्थान पर आपके विहार की व्यवस्था चाहता हूँ...।"

"तो फिर राजन्!"

"मैं चाहता हूँ, मागध दूर न जाकर आपके दर्शन करें, धर्मज्ञान पाएँ, लेकिन आपका विहार-स्थान शान्त वातावरण में हो, कोलाहल से दूर हो तथा वह एकान्तवास के योग्य भी हो।"

गौतम बुद्ध मुसकरा रहे थे, परन्तु मौन थे। बिम्बसार ने कहा :

"करुणानिधान! मैं वेणुवन भिक्षुक संघ को देता हूँ; आप उसे स्वीकार करें।"

शाक्यमुनि ने मगध सम्राट की भेंट को भिक्षुक संघ के लिए स्वीकार

किया; वेणुवन को प्रस्थान करने से पूर्व सम्राट के निवास स्थान पर धर्मोपदेश दिया और भिक्षुओं से कहा :

"मैं वेणुवन को संघ के लिए ग्रहण करने की आज्ञा देता हूँ, हे भिक्षुओं!"

इस प्रकार मगध सम्राट बिम्बसार द्वारा प्रदत्त वेणुवन वह प्रथम सम्पत्ति थी, जिसे स्वयं शास्ता की आज्ञा से संघ ने स्वीकार किया था।

◆◆◆

कपिलवस्तु आगमन

गौतम बुद्ध ने आने वाले वर्ष के वर्षाकाल में राजगृह के वेणुवन में ही विहार करने का तय किया था। अनेकानेक मागध बुद्ध के अनुयायी हो रहे थे। न केवल पुरुष ही, स्त्रियाँ भी बुद्धत्व-ज्ञान के सागर में डुबकियाँ लगा रही थीं; श्रावकों के अतिरिक्त बड़ी संख्या में उपासकों व उपासिकाओं के नाम जुड़ रहे थे।

बोधिसत्त्व गौतम को वट देवता समझ कर खीर अर्पित करने वाली सुजाता, श्रावस्ती के श्रेष्ठी सुमन के पुत्र सुदत्त, जो अनाथपिण्डिक के नाम से भी जाने जाते थे, कीटागिरि निवासी अश्वजित, माणवक, मगध सम्राट बिम्बसार की रूपवती और अहंकारी पत्नी क्षेमा, पुल्ल नन्दा, भद्रा कपिलानी, उपतिष्य का सारिपुत्र, कोलित का मोद्गल्यायन, बेलत्थिपुत्र संजय आदि वे नाम थे, जो इस कड़ी में जुड़े और बाद में सुप्रसिद्ध भी हुए।

यही नहीं, दूर-दूर तक तथागत की कीर्ति फैलने का क्रम प्रारम्भ हो चुका था। उत्कल, वर्तमान उड़ीसा के तपस्सु और मल्लिक नामक दो सगे भाई तथागत के उपासक हो चुके थे; उज्जैन के राजा चण्डप्रद्योत ने बुद्ध-महिमा सुनी थी और वे उतावले थे तथागत को अपने राज्य में आमंत्रित करने को। इसी प्रयोजन से उन्होंने प्रसिद्ध विद्वान महाकात्यायन को, जो बुद्ध के प्रवचन सुनकर स्वयं ही प्रव्रजित हो गए थे, तथागत के पास भेजा भी था।

तथागत के दिनोंदिन फैलते यश से कपिलवस्तु अछूती रह जाए, यह कैसे संभव था? कपिलवस्तु में प्रायः कोई-न-कोई चर्चा गौतम बुद्ध के सम्बन्ध में होती ही रहती थी। राजा शुद्धोदन छः वर्ष से अधिक समय व्यतीत हो जाने पर भी निरन्तर पुत्र-स्मरण में डूबे रहते थे। उन्हें सूचना मिली कि वे राजगृह

के वेणुवन में हैं, तो उन्हें उनसे मिलन की तीव्रेच्छा हुई। तदार्थ उन्होंने अपने एक अमात्य को शासकीय पत्र देकर गौतम बुद्ध के पास भेजा, जिसमें उल्लेख था :

"एक बार कपिलवस्तु आ जाओ...!"

अमात्य वेणुवन पहुँचा। तथागत धर्मज्ञान दे रहे थे। अमात्य ने भी उसे सुना। वह वहीं प्रव्रजित हो गया। कपिलवस्तु से लाए पत्र और शुद्धोदन की इच्छा को वह तथागत के समक्ष नहीं रख सका।

राजा शुद्धोदन ने पुनः एक अमात्य भेजा, लेकिन वही परिणाम...। वह भी भिक्षुक हो गया। कुल मिलाकर राजा ने नौ अमात्य वेणुवन भेजे; वे सभी प्रव्रज्या ले संघ में सम्मिलित हो गए। राजा को कोई समाचार नहीं मिला। अन्ततः शुद्धोदन ने कालउदायी को, जो सिद्धार्थ का सखा था और शाक्य कुल से भी, बुलाया और उसे कार्य सम्पन्न करने के लिए जाने, विशेष रूप से तथागत को यह कहने को कहा :

"पिता की इच्छा मृत्यु से पूर्व एक बार पुत्र को देखने की है। इसलिए कपिलवस्तु चले आओ।"

कालउदायी पुत्र के प्रति पिता के प्रेमभाव को भली-भाँति समझता था। उसका हृदय राजा के कथन से पिघल गया। शुद्धोदन ने स्वयं उसके पिघले हृदय को भाँप लिया था। इसलिए उससे पूछा :

"तो प्रिय कालउदायी! क्या मेरे पुत्र को अपने साथ लेकर आओगे?"

"राजन् मैं उन्हें लाऊँगा, आपको वचन देता हूँ, लेकिन...।"

"लेकिन क्या कालउदायी?"

"हो सकता है, मैं प्रव्रज्या ले लूँ। ऐसा हुआ तो आपको कोई आपत्ति तो नहीं होगी राजन्!"

"मैं केवल अपने पुत्र को देखना चाहता हूँ! प्रव्रज्या तुम्हारा अपना विषय है। मुझे उससे कुछ भी लेना-देना नहीं है।"

"तो ठीक है राजन्! मैं जाता हूँ। आपकी आज्ञा का पालन करूँगा।"

कालउदायी ने शीश नवाकर राजा शुद्धोदन को प्रणाम किया और अविलम्ब राजगृह के वेणुवन को प्रस्थान किया। फाल्गुन माह में जिस समय वह वेणुवन पहुँचा उस समय गौतम बुद्ध धर्मोपदेश कर रहे थे। कालउदायी ने उसे सुना और सुखानुभव किया। कुछ दिन तक यही क्रम जारी रहा। वह धर्मोपदेश सुनता रहा।

फाल्गुन माह की पूर्णिमा आई। पुनः धर्मोपदेश सुनने के बाद कालउदायी गौतम बुद्ध के समीप गया; उनको करबद्ध नमस्कार किया और पादवन्दना की। तदोपरान्त उसने तथागत से निवेदन किया :

"हे शाक्यमुनि! ऋतु सुखदायी और सुन्दर है। वसन्तकाल है। मार्ग हरे भरे हैं। वृक्ष पुष्पादित हैं। चहुँ ओर सुगन्धि फैली है। प्रस्थान के लिए यह समय अतिश्रेष्ठ है....।"

बुद्ध कालउदायी का अभिप्राय समझ रहे थे। वे मुसकाए। उसने पुनः कहा :

"हे तथागत! मार्ग साफ है। कष्ट की कोई सम्भावना नहीं है। फसल कट चुकी है। लोगों के घर भरे हुए हैं। भिक्षा अभाव नहीं होगा। दूर यात्रार्थ यह समय अत्यधिक अनुकूल है....।"

शास्ता ने अपनी करुणा बिखेरती बड़ी-बड़ी आँखों से कालउदायी की ओर देखा। वह फिर बोला :

"हे आरण्यकशिरोमणि! पश्चिमी दिशा की ओर मुँह कीजिए; शाक्य और कोलिय आपके दर्शनलाभ के लिए आतुर हैं...।"

महाश्रमण फिर भी मौन रहे। कालउदायी ने निवेदन किया :

"संसार में प्रत्येक को आशा रहती है। आशा न हो तो किसान खेत में हल नहीं चलाएगा; वह बीज नहीं डालेगा। कोई आशा न हो तो व्यवसायी घरबार छोड़कर योजनों दूर न जाएँ; वे भारी खतरा उठाकर समुद्र यात्राएँ न करें। पाँच माह पूर्व मैं भी किसी आशा से ही कपिलवस्तु से चला था...।"

गौतम बुद्ध आकाश में विचरण करते पक्षियों को देखने लगे। कालउदायी प्रार्थना करने लगा :

"आशावान किसान बारम्बार खेत जोतता है; वह बीज डालता है; फसल उगाता है। व्यवसायी जान जोखिम में डालकर बारम्बार यात्राएँ करता है। भिक्षुक बारम्बार भिक्षाटन करता है और दानी बारम्बार दान देता है...।"

महाकारुणिक विचारमग्न हुए। कालउदायी कहने लगा :

"हे करुणानिधान! मार्ग साफ है। धूलरहित है। भरपूर हरी घास है। सुखद वातावरण है। प्रस्थान का बहुत ही अच्छा समय है।"

इस प्रकार निरन्तर आशावान कालउदायी से गौतम बुद्ध ने धीमे स्वर में पूछाः

"क्या कोई विशेष बात भी है?"

"हे तथागत! आपके पिता शुद्धोदन आपको देखने को आतुर हैं। वे आपके पिता हैं। पिता में प्रेम और ममता का होना स्वाभाविक है...।"

शाक्यमुनि मौन हुए। कालउदायी उनकी मौन स्वीकृति को समझ गए, लेकिन आगे बोले :

"और, महात्मन्! अपने कुल-वंशजों, जातिवालों तथा नागरिकों को भी दर्शनलाभ देना ही चाहिए।"

"हाँ कालउदायी! अब समय आ गया है...। जाओ! भिक्षुक संघ से भी प्रस्थान करने को कहो।"

२

कपिलवस्तु में अभूतपूर्व सुखद कोलाहल था। खुशियाँ मनाई जा रही थीं। जनपद की सीमा से ही सजावट प्रारम्भ कर दी गई थी। नगर को विशेष रूप से नई नवेली दुल्हन की भाँति सजाया गया था। नागरिकों ने बालक-बालिकाओं को प्रथागत अलंकारों से सुसज्जित किया था; उन्हें उत्तम श्रेणी के वस्त्र पहनाए थे। नगर-नारियाँ, युवतियाँ, पुरुष व राजपरिवार के लोग, सभी सजे-धजे थे। गौतम बुद्ध का आगमन हो रहा था।

योजनानुसार सर्वप्रथम सुअलंकृत बालक-बालिकाओं को तथागत के स्वागत के लिए नगरद्वार पर भेजा गया। उनके पीछे थे राजपरिवार के युवक

और युवतियाँ। सभी अपने-अपने हाथों में अतिसुन्दरतापूर्वक गुँथी हुई सुगन्धित मालाएँ लिए थे, और सभी के पास तिलक थे। अनेक गणमान्य नागरिकों को भी स्वागतार्थ भेजा गया था, जो राजपरिवार के युवक-युवतियों के पीछे थे और उनके हाथ में सुन्दर, रंग-बिरंगे, सुगन्धित पुष्प थे।

तथागत ने नगरद्वार के भीतर जैसे ही प्रथम चरण रखा, उनके कंठ में मालाएँ पड़ने लगीं, तिलक होने लगे, पुष्पवर्षा होने लगी; सुगन्धित द्रव्य छिड़के जाने लगे और गौतम बुद्ध की जय-जयकार होने लगी। वे भिक्षुओं के साथ आगे बढ़ रहे थे, नगरवासी उनके दर्शनार्थ दौड़ रहे थे।

गौतम बुद्ध भिक्षुओं सहित विहार के लिए चयनित किए गए स्थान न्यग्रोध पहुँचे। उन्होंने आसन ग्रहण किया; दूसरे भिक्षुओं ने भी अपने-अपने आसन लिए।

पूर्वाह्नकाल था। नियमित दिनचर्या के अनुसार तथागत गौतम बुद्ध न्यग्रोध से भिक्षुक संघ के साथ चले और नगर के एक छोर से उन्होंने भिक्षा माँगनी प्रारम्भ की। वे नगरवासियों के अतिप्रिय राजकुमार रहे थे। इसलिए उन्हें भिक्षा माँगते देखकर लोगों में खलबली मच गई :

"अरे देखो! राजकुमार सिद्धार्थ भिक्षा माँग रहे हैं।"

"भिक्षा?"

"हाँ देखो न! उनके हाथ में भिक्षापात्र है; वे दूसरे सन्यासियों के साथ एक से दूसरे द्वार पर जा रहे हैं।"

"लेकिन ऐसा क्यों कर रहे हैं वे?"

"नहीं करना चाहिए ऐसा उन्हें।"

नागरिक तरह-तरह की बातें करने लगे। कई वृद्धों की आँखों में आँसू आ गए। उन्होंने राजकुमार सिद्धार्थ की राजसी लालना-पालना देखी थी; उनके ठाट-बाट देखे थे। कोई असुविधा राजकुमार को हुई हो, ऐसा किसी के संज्ञान में नहीं था। लेकिन आज वही राजकुमार पैदल चलकर घर-घर भिक्षा माँग रहे थे।

क्या युवतियाँ, क्या नारियाँ, क्या नवयुवक, क्या वृद्ध, सभी राजकुमार को भीख माँगते हुए देखने के लिए अपने-अपने घरों, भवनों, अट्टालिकाओं की छतों पर चढ़ गए। लोगों में होड़ थी। इसलिए जो जिस अवस्था में था, उसी में वह छत पर पहुँचा।

नारियों की जिज्ञासा का भी कोई ठिकाना नहीं था। किसी नारी की आधी चोटी गुँथी थी, कोई खुले बालों में थी। किसी यौवना की एक आँख में काजल था, कोई काजल लगा ही नहीं पाई थी। किसी के कंठ में माला नहीं थी, कोई युवती शीघ्रता में कंचुकी तो पहन सकी थी, लेकिन उसे बन्द नहीं कर पाई थी। कोई अपने रस्सकलशों पर मात्र वस्त्र बाँधें थी और कोई पूरी काया पर एक ही वस्त्र लपेटे थीं, कोई भुजबन्द के बिना थी; किसी के एक हाथ में कंगन था, कोई कंगनविहीन थी; लेकिन प्रत्येक काषाय वस्त्रधारी तथागत को देखने की होड़ में सम्मिलित थी।

"पूरा नगर दौड़ रहा है", राजसेवकों ने राजा शुद्धोदन को सूचना दी। सूचना यशोधरा तक भी पहुँची। उसको स्मरण हुआ अपने पति राजकुमार सिद्धार्थ का, जो श्वेत अश्वों वाले स्वर्णरथ पर आरूढ़ होते थे, जो दुर्लभ हीरों, मोतियों, माणिकों, स्वर्ण-मुद्राओं से निर्मित आभूषण और मालाएँ पहनते थे, जो अनोखे, मनमोहक, स्वर्णजड़ित परिधान धारण करते थे। अब वही प्रिय पति हाथ में भिक्षापात्र लिए, कंधे पर चीवर डाले, भिक्षुक के रूप में द्वार-द्वार भिक्षा माँग रहे थे। यशोधरा ने राजप्रासाद की खिड़की से काषाय वस्त्रों में गौतम को देखा। उसकी आँखे भर आईं; उसे दुख पहुँचा। खिड़की को बन्द कर वह कुछ क्षण उससे पीठ लगाकर खड़ी हो गई।

फिर यशोधरा ने आँचल से आँसू पोंछें और वह श्वसुर राजा शुद्धोदन के पास पहुँची, तथा वेदना भरे स्वर में बोली :

"आपका प्रिय पुत्र भिक्षा माँग रहा है राजन्!"

वृद्ध राजा शुद्धोदन अपनी धोती को सँभालते हुए तीव्रतापूर्वक राजप्रासाद से बाहर निकले। उन्हें इस प्रकार जाते देख अनेकानेक नागरिक भी पीछे हो लिए। अन्ततः हाँफते हुए राजा शुद्धोदन पुत्र के सामने जाकर खड़े हो गए।

तथागत ने राजा शुद्धोदन को देखा। राजा की आँखों में प्रेम भरे आँसू थे; तथागत की आँखे करुण, निर्मल, वात्सल्यमयी, शान्त तथा स्थिर थीं। संसार के व्यवहारों को पूर्णत जानते-समझते हुए भी वे पितृप्रेम में विचलित नहीं हुए; निश्चिंत होकर खड़े रहे। लेकिन शुद्धोदन अपने को रोक नहीं पाए। उन्होंने भिक्षापात्र पुत्र के हाथ से छीन लिया और कहने लगे :

"यह राज्य तुम्हारा है पुत्र! अपने ही राज्य में तुम भिक्षुक हो, यह नहीं हो सकता। मैं अपनी आँखों से इस स्थिति को नहीं देख सकता। अन्ततः मैं राजा हूँ और तुम मेरे पुत्र हो.....।"

गौतम बुद्ध पिता की व्यथा को जानते और समझते थे, लेकिन वे अब विकारहीन थे; वे संस्कार मुक्त थे, सम्यक् सम्बुद्ध थे; वे शास्ता थे, निर्वाण प्राप्त थे। वे मौन रहे।

इस पर शुद्धोदन ने कहा :

"यह क्या है? तुम मौन हो! तुम मुझे लज्जित करते हो! कपिलवस्तु में भिक्षा माँगते हो।"

और फिर राजा शुद्धोदन ने आगे बढ़कर पुत्र को गले लगाने का विचार किया, लेकिन दूसरे ही क्षण ऐसा करने का उनमें साहस न रहा। पुत्र से छीना भिक्षापात्र न जाने कब उन्होंने तथागत को लौटा दिया। लेकिन फिर भी अपनी आँखों से वे मनःवेदना प्रकट कर रहे थे; उनकी स्थिति को उनके ललाट से पढ़ा जा सकता था।

गौतम बुद्ध ने करुण और धीमे स्वर में राजा से कहा :

"राजन्! यही मेरे वंश का आचार है।"

"नहीं पुत्र! ऐसा नहीं है। मैं इक्ष्वाकु वंश से हूँ; मैं क्षत्रिय हूँ। कोई भिक्षा माँगने वाला मेरे वंश में नहीं हुआ है; फिर तुम ऐसा क्यों करते हो?"

और बोलते-बोलते उन्होंने पुनः भिक्षापात्र पुत्र से लेकर कहा :

"समस्त भिक्षुओं सहित राजप्रासाद चलो। वहाँ भोजन की समुचित व्यवस्था है।"

तथागत ने मौन रहकर भिक्षुओं की ओर देखा। उन्होंने संकेत समझा।

सभी बुद्ध के पीछे-पीछे राजप्रासाद की ओर अग्रसर हुए। राजा शुद्धोदन के आँसू रुक गए। वे प्रसन्न होने लगे। उन्होंने पिता के प्रेम की पुत्र पर विजय को अनुभव किया। जयनाद के साथ बुद्ध राजप्रासाद पहुँचे। समस्त भिक्षुओं के साथ सानन्द भोजन किया। वे तृप्त हो एक ओर आसन पर बैठ गए और एक-एक करके राजप्रासाद के प्रत्येक जन ने उनकी वन्दना की। केवल यशोधरा नहीं आई।

राजपरिवार की कुछ वृद्धाएँ राजकुमारी यशोधरा के पास पहुँची और बोली :

"आपको भी वन्दनार्थ जाना चाहिए!"

"मैं क्यों जाऊँ?" यशोधरा ने उनसे पूछा।

"आपको जाना ही चाहिए!"

"नहीं। यदि मैं सच्ची आर्या हूँ, तो वे स्वयं मेरे पास आएँगे", नारी-मान से भरपूर यशोधरा ने कहा।

"लेकिन...!"

"लेकिन क्या? मेरे पति बिना कुछ कहे मुझे छोड़कर चले गए। वे प्रव्रजित हुए, मेरा कोई ध्यान उन्होंने नहीं किया। मेरी उपेक्षा हुई। अब वे मेरे पास आएँगे," यशोधरा निश्चिंत होकर बोली।

राजपरिवार की वृद्धाएँ वापस आ गईं। शुद्धोदन ने स्थिति को जाना और तथागत से आग्रह किया :

"देवी यशोधरा के पास जाओ!"

यशोधरा स्मृतियों में खो गई थी। उसे रह-रहकर याद आता था वह प्रथम दिन जब उसने राजकुमार सिद्धार्थ को देखा था और पहली दृष्टि में ही वह उन पर मुग्ध हो गई थी। उसे याद आया वह दिन जब वह विवाहोपरान्त पहली बार कपिलवस्तु आई थी और वहाँ उसका स्मरणीय स्वागत हुआ था। उसे प्रथम रात्रि याद आई थी; राजकुमार के उसके प्रति उमड़े अनुराग का स्मरण हो उठा था, और फिर सुखद दिनों की अनेक घटनाओं में वह खो गई थी।

यशोधरा को क्रमबद्ध रूप से स्मरण हो रहा था दस वर्षों की अवधि

के अपने वैवाहिक जीवन का घटनाक्रम, विशेषकर राजकुमार सिद्धार्थ का असीम प्रेम। राजकुमार यशोधरा पर कभी क्रोधित नहीं हुए थे। उन्होंने सदा ही मधुर और हृदय को छूते शब्द बोले थे। यशोधरा की स्मृतियाँ गहरी होती जा रही थीं।

तथागत सारिपुत्र एवं मोद्गल्यायन के साथ यशोधरा के कक्ष की ओर बढ़े। वहाँ पहुँचे और स्वयं ही एक आसन बिछाकर विराजमान हो गए। दूसरी ओर दोनों-सारिपुत्र तथा मोद्गल्यायन भी-आसनारूढ़ हुए। यशोधरा की स्मृति लौटी और वह तथागत के चरणों पर गिर पड़ी। उसने बहुत देर तक उनकी चरण वन्दना की; अपना मस्तक बुद्ध के चरणों पर रखा।

यशोधरा को अपने पति को देखे सात वर्ष बीत गए थे। उसने दिन-रात उन्हें याद किया था; उनकी प्रतीक्षा की थी। आज पतिदेव आँखों के सामने थे; वे शान्त थे, स्थिर थे। आज दोनों की स्थिति में आकाश-पाताल का अन्तर था। यशोधरा पति के चरणों में थी; जबकि गौतम बुद्ध चरणों में पड़ी नारी को पत्नी के रूप में नहीं देखते थे। तभी राजा शुद्धोदन भी कक्ष में आ पहुँचे। उन्होंने अपने पुत्र को देखा और पुत्रवधू को भी, तथा कहा :

"जब यशोधरा ने सुना कि आपने काषाय वस्त्र धारण किया है, उसी समय उसने भी काषाय वस्त्र पहन लिए। जब उसे ज्ञात हुआ कि आप एक समय ही आहार लेते हैं, तभी से उसने भी एक समय ही आहर लेना प्रारम्भ कर दिया। जब यशोधरा को पता चला कि आप पृथ्वी पर सोते हैं, उसी क्षण से उसने भी ऐसा ही किया। जब-जब उसने सुना आपने अमुक वस्तु का त्याग किया है, अविलम्ब यशोधरा ने भी वैसा ही किया...।"

शुद्धोदन कह रहे थे; तथागत गौतम शान्त होकर सुन रहे थे। राजा ने आगे कहा :

"यशोधरा दृढ़ निश्चय वाली है। यह महागुणी है।"

लेकिन गौतम बुद्ध सहसा आसन से उठे, पात्र हाथ में लिया, चीवर ठीक किया और यशोधरा के कक्ष से बाहर हो गए। यशोधरा व शुद्धोदन आश्चर्यचकित हो एक दूसरे को देखने लगे।

३

कपिलवस्तु के न्यग्रोध में तथागत के विहार का तीसरा दिन था और नगर हर्षोल्लास में डूबा था। हर्ष के तीन कारण थे। तथागत के भाई महाप्रजापति गौतमी के पुत्र नन्द का गृह प्रवेश था; राजा के उत्तराधिकारी के रूप में उसका अभिषेक था और विवाह भी था। राजा शुद्धोदन ने अपने विद्वान-पण्डितों से अति शुभ नक्षत्र में मुहूर्त निकलवाया था। नागरिक बहुत प्रसन्न थे; राजप्रासाद सजाया गया था। प्रसन्नता में घनी वृद्धि इसलिए होती थी कि तीनों कार्य स्वयं नन्द के बड़े भाई और शाक्यमुनि गौतम की उपस्थिति में होने जा रहे थे।

न्यग्रोध से भिक्षापात्र हाथ में ले गौतम बुद्ध कपिलवस्तु के राजप्रासाद पहुँचे। उन्होंने भिक्षा ली; उपस्थित जन को धर्मोपदेश दिया और प्रासाद की सीढ़ियों से नीचे उतरने लगे। छोटा भाई नन्द भी तथागत के सम्मानार्थ साथ में नीचे उतरने लगा तो उन्होंने अपना भिक्षापात्र नन्द के हाथ में थमा दिया। नन्द ने सहर्ष इस आशा से पात्र ले लिया कि सीढ़ियाँ समाप्त हो जाने के बाद तथागत उसे वापस ले लेंगे।

सीढ़ियाँ समाप्त हुईं। पात्र नन्द के हाथ में था। नन्द को साहस नहीं हुआ पात्र उन्हें वापस करने का और वह भी उनके पीछे-पीछे उसे लिए राजप्रासाद से बाहर निकला। शाक्यमुनि ने फिर भी पात्र वापस नहीं लिया। नन्द श्रेष्ठ संस्कारों वाला था। भाई का सम्मान करना वह जानता था। इसलिए दुविधा में होने के बावजूद उसने शाक्यमुनि से भिक्षापात्र वापस लेने के लिए नहीं कहा और वह उसे लिए नगरमार्ग पर था; आगे-आगे तथागत थे और पीछे पीछे वह था। उसे आशा थी कि तथागत मार्ग में कहीं पात्र वापस ले लेंगे। वह वापस राजप्रासाद लौटेगा और अपने अभिषेक, गृह प्रवेश और विवाह-उत्सव की तैयारी में लगेगा।

गौतम बुद्ध और सिर नीचा किए उनका अनुगमन करते राजकुमार नन्द को नगर-नागरिकों ने देखा; बालाओं ने देखा और उसकी होने वाली पत्नी

की सखियों ने देखा। सभी को सन्देह हुआ। कहीं नन्द प्रव्रजित न हो जाए, ऐसा विचार भी उन्हें हुआ। सखियाँ दौड़कर उसके पास पहुँचीं और उस रूप-सुन्दरी गर्विली नवयौवना तथा कपिलवस्तु की होने वाली राजकुमारी से कहने लगीं :

"राजकुमार नन्द के हाथ में भिक्षापात्र है!"

"क्या कहा?" रूप-सुन्दरी ने आश्चर्यचकित हो पूछा।

"हाँ नन्द के हाथ में भिक्षापात्र है और वह तथागत का अनुगमन कर रहा है।"

रूप-सुन्दरी का माथा ठनका। वह विस्मित हुई। सखियों ने कहा :

"तुम नन्दविहीन हो जाओगी; कहीं की न रहोगी।"

रूप-सुन्दरी का राजकुमार नन्द के साथ आज ही विवाह था। रात्रि में वह सुनहरे स्वप्नों में खोई रही थी। कपिलवस्तु की राजकुमारी, तदोपरान्त रानी बनने की उसकी सुखद अभिलाषा बलवती रही थी। भिन्न-भिन्न तरह की कल्पनाएँ कर वह आनन्दित हो रही थी। भविष्य की योजनाएँ निरन्तर जन्म ले रही थीं।

लेकिन यह क्या? वह स्नान कर लौटी ही थी कि नन्द के तथागत के अनुगमन करने की विस्मयकारी सूचना उसे मिली।

उसने खिड़की से वही देखा, जो सखियों नें बताया था। उसने अपने भावी पति नन्द को देखा, जो असामन्जस्य की स्थिति में था। हाथ में भिक्षापात्र लिए, वह भावी भिक्षुक जान पड़ता था। रूप-सुन्दरी से रहा नहीं गया। उसने जोर-जोर से बोलना प्रारम्भ किया :

"हे आर्यपुत्र! कहाँ जा रहे हैं आप?"

नन्द चुप था। रूप-सुन्दरी कह रही थी :

"शीघ्रातिशीघ्र लौट कर आओ! आपको पता है न आज हमारा विवाह है....।"

राजकुमार नन्द ने रूप-सुन्दरी की ओर देखा, लेकिन तथागत से भिक्षापात्र वापस लेने को वह नहीं कह सका। स्वयं शाक्यमुनि ने भी नन्द से पात्र नहीं लिया। अन्ततः तथागत न्यग्रोध पहुँचे और उनके पीछे-पीछे नन्द भी। उपस्थित भिक्षुओं ने गौतमबुद्ध का अभिवादन किया; लेकिन नन्द से तथागत

अभी भी कुछ नहीं बोले। वह भिक्षापात्र लिए एक ओर खड़ा था।

कुछ क्षण बीते। शाक्यमुनि नन्द के सामने आए और अपनी करुणामयी आँखें नन्द की आँखों में डालते हुए धीमे स्वर में बोले :

"नन्द! क्या प्रव्रज्या लोगे?"

पिता समान बड़े भ्राता के प्रति आदर के कारण और पारिवारिक संस्कारों के कारण नन्द तथागत के समक्ष मुँह खोलने का साहस न जुटा सका। वह शान्त और चुप रहा। शाक्यमुनि ने पुनः पूछा :

"नन्द! क्या प्रव्रजित होना चाहोगे?"

"हाँ!" नन्द के मुख से अचानक यह शब्द निकल पड़ा।

गौतम बुद्ध ने भिक्षुओं को संकेत किया। वे तुरन्त उनके पास पहुँचे। तथागत ने उन्हें शान्त स्वर में कहा :

"भिक्षुओं! नन्द को प्रव्रजित करो।"

नन्द के सिर के बाल, दाढ़ी आदि साफ कर दी गई। काषाय वस्त्रधारक राजकुमार नन्द, जिसका आज विवाह था, उत्तराधिकारी के रूप में अभिषेक था, जो नए घर में प्रवेश करने वाला था, भिक्षुक हो गया। शुभ मुर्हूत निकल गया था; राजकुमार के लिए तीन श्रेष्ठ सांसारिक कार्य उस मुर्हूत में सम्पन्न होने थे। लेकिन हुआ वही जो होना था। उस शुभ मुर्हूतकाल में नन्द ने सांसारिक जीवन को विदा कह दिया।

नन्द भिक्षुक हो गया, लेकिन वह दृढ़-निश्चयी नहीं था। सांसारिक आनन्द, भोग, सुखादि को वह तुरन्त नहीं भूल सका। उसे राजप्रासाद, सुख-सुविधाएँ, रूप-सुन्दरी आदि की याद आती रहती थी; वह चिन्ता में डूबा रहता और अस्वस्थ भी रहता था।

गौतम बुद्ध नन्द की मनोदशा जानते थे। उन्होंने कई उपाय कर नन्द के चित्त को शान्त व स्थिर करने का प्रयास किया। बुद्ध के उपदेशों का नन्द पर वांछित प्रभाव हुआ; उसने अपने स्थान पर गौतम बुद्ध को रखकर विचार किया। "कितना सम्मान था राजकुमार सिद्धार्थ का; कितना सांसारिक सुख-आनन्द, सुविधाएँ प्राप्त थीं उन्हें? एक नहीं न जाने कितनी अप्सरा-समान

यौवनाएँ उन पर मोहित थीं? फिर भी उन्होंने सब कुछ छोड़कर प्रव्रज्या ली, दृढ़तापूर्वक मुक्ति का मार्ग पकड़ा और अन्ततः उसके अन्तिम छोर पर पहुँचे, तो वह मार्ग निःसन्देह सभी सांसारिक सुखों, सुविधाओं, आनन्दों से बड़ा होगा", नन्द को आभास हुआ।

वह स्थिर, शान्त और गम्भीर होता गया, उसके विकार, मोह, तृष्णा आदि मिटने लगे तथा शीघ्र ही वह वास्तविक अर्हत हो गया।

४

न्यग्रोध में भिक्षुओं सहित विहार करते हुए तथागत को छः रात्रियाँ व्यतीत हो गई थी। सातवें दिन का पूर्वाह्न था। आज कपिलवस्तु में अपने विहार की अवधि में अन्तिम बार शाक्यमुनि को भिक्षाटन के लिए राजप्रासाद पहुँचना था। यशोधरा भी भली-भाँति यह जानती थी। इसलिए उसने अपने पुत्र राहुल को, जो उस समय मात्र सात वर्ष का था, बुलाया और उसे समझाया कि जब उसके पिता (गौतम बुद्ध) राजप्रासाद पधारें तो वह उनके पास जाए और उनसे पुत्र के रूप में अपना उपहार माँगे। वह पिता की छत्रछाया माँगे। यशोधरा ने यह भी समझाया :

"पिता से छत्रछाया व उपहार की जिद करना बेटा राहुल!"

"हाँ माँ! मैं ऐसा ही करूँगा।"

गौतम बुद्ध भिक्षापात्र हाथ में लिए भिक्षुओं सहित राजप्रासाद पहुँचे। स्वयं राजा शुद्धोदन की देखरेख में अतिउत्तम भोजन परोसा गया; तथागत और दूसरे भिक्षुओं ने उसे ग्रहण किया। तृप्त होने के उपरान्त बुद्ध एक ओर बिछे आसन पर विराजमान हुए; वे धर्मोपदेश देने लगे।

धर्मोपदेश समाप्त हुआ और राहुल यशोधरा के निर्देशानुसार पिता के निकट पहुँचा। तथागत को स्मरण हुआ सात वर्ष पूर्व का वह दिन जब पुत्र का जन्म हुआ था। उन्हें याद आया उसे दिए गए नाम का। पुत्र को राहुल नाम स्वयं पिता (गौतम बुद्ध) ने ही दिया था। वे राहुल का स्मरण कर रहे थे, और तुरन्त राहुल बोल उठा :

"मुझे आपकी छत्रछाया चाहिए!"

गौतम बुद्ध वास्तविकता को समझ गए। वे तुरन्त आसन से उठे और राजप्रासाद से बाहर निकलने लगे। राहुल भी उनका अनुगमन करने लगा। वह पीछे-पीछे चलता गया और कहता गया :

"मुझे छत्रछाया दो! मुझे उपहार दो!"

गौतम बुद्ध मार्ग पर बढ़ रहे थे। राहुल अपनी बात को दोहरा रहा था :

"मुझे छत्रछाया दो! मुझे उपहार दो!"

तथागत सब कुछ जानते हुए भी बालक की बात को अनदेखा कर रहे थे, लेकिन राहुल कहते रुकता नहीं था। अन्ततः विहार-स्थान आ गया; राहुल अभी भी छत्रछाया व उपहार माँग रहा था। बोलते-बोलते वह व्याकुल हो गया। गौतमबुद्ध ने सारिपुत्र को पुकारा :

"आदेश शाक्यमुनि!" सारिपुत्र ने पूछा।

"राहुल को प्रव्रजित करो!"

"जो आज्ञा तथागत की।"

सारिपुत्र राहुल को प्रव्रजित करने लगे। राहुल तथागत की ओर देखने लगा। बुद्ध ने अपने करुण नेत्र राहुल की ओर उठाकर मधुर व शान्त वाणी में उससे कहा :

"राहुल! यही है तेरे लिए उपहार। पिता के रूप में यही छत्रछाया तुझे मैं दे सकता हूँ।"

राहुल प्रव्रजित हो गया। अब उसके सिर पर बाल नहीं थे। उसके तन पर काषाय वस्त्र थे; कन्धे पर चीवर था। सारिपुत्र ने उसके हाथ में एक भिक्षापात्र भी ला थमाया। अल्पायु का राहुल विस्मित हो कभी अपने को देखता था तो कभी अपने सामने बैठे (अपने पिता) तथागत गौतम बुद्ध को....।

इस प्रकार कपिलवस्तु के न्यग्रोध में विहार के सातवें दिन अपने सात वर्षीय पुत्र राहुल को प्रव्रज्या दिलाकर तथागत ने प्रस्थान की तैयारी की।

◆◆◆

उपालि, सुनीत और शाक्य कुमार

अपने एकमात्र भाई और कपिलवस्तु के उत्तराधिकारी नन्द, एवं पुत्र राहुल को प्रव्रजित करने के उपरान्त, गौतम बुद्ध ने वृद्ध व व्यथित पिता शुद्धोदन को जीवन की वास्तविकता का ज्ञान दिया। उन्होंने शुद्धोदन से व्यथामुक्त होकर, रोष और शंका को त्यागकर जीवन की सत्यता स्वीकारने को कहा। अपने मधुर और संयत भाषण से अन्ततः शुद्धोदन की पीड़ा हरने में वे सफल हुए और जैसे ही धर्मलाभ कर शुद्धोदन ने राजप्रासाद का मार्ग पकड़ा, स्वयं तथागत ने भी भिक्षुओं सहित न्यग्रोध छोड़ दिया।

कपिलवस्तु से तथागत अनुपिया पहुँचे। यह वही अनुपिया था, जहाँ आम्रवन में बोधिसत्त्व कुमार गौतम ने एक सप्ताह तक विहार किया था; जहाँ से सम्पूर्ण बुद्धत्व-ज्ञान की प्राप्ति हेतु यात्रा प्रारम्भ की थी। इस बार भी उन्होंने आम्रवन में ही पड़ाव डाला। अनेक कुलीनवर्गीय युवकों, कपिलवस्तु के शाक्य वंशीय राजकुमारों सहित नाई का कर्म करने वाले उपालि अनुपिया के आम्रवन में प्रव्रजित हुए। शाक्य राजकुमारों में प्रव्रजित होने वालों में स्वयं आनन्द, जो जीवन के अन्तिम क्षण तक तथागत की परछाई बना रहा, भी सम्मिलित था।

उपालि, नाई का कर्म करता था, लेकिन बहुत ही सन्तोषी व्यक्ति था। वह अन्यों की अपेक्षा मोहमाया से बहुत दूर था और काफी समझदार भी था। उपालि शाक्य कुमारों के साथ अनुपिया के आम्रवन में तथागत के समक्ष उपस्थित हुआ। गौतम बुद्ध को शाक्य कुमारों ने करबद्ध प्रणाम किया; उपालि ने करबद्ध होने के साथ ही झुककर नमस्कार किया।

शाक्यमुनि ने उपालि की ओर देखा। शाक्य कुमार तथागत को उनका परिचय देते हुए बोले :

"महाश्रमण! यह उपालि है। यह नाई (का कर्म करने वाला) है। आज्ञाकारी है। अनेक वर्षों से शाक्यों की सेवा में है।"

"तो!"

"हम शाक्य हैं। हम घमण्डी हैं। मुक्ति-मार्ग पर प्रस्थानार्थ प्रव्रजित होने हेतु आपकी शरण में हैं।"

"तो!" शाक्य कुमारों के कहने के अभिप्राय को भली-भाँति समझते हुए गौतम बुद्ध ने उपालि की ओर देखते हुए कहा :

"उपालि भी इसी प्रयोजन से शरणागत है।"

"तब!"

"आप हमसे पहले उपालि को प्रव्रज्या दें।"

"इससे क्या होगा?"

"वह हमसे पूर्व प्रव्रजित होगा, तो हम उसे सादर प्रणाम करेंगे; उसकी वन्दना करेंगे।"

"तो!"

"हमारा घमण्ड टूटेगा! ऐसा होगा, तभी हम वास्तव में मुक्ति-मार्ग पर बढ़ सकेंगे; अपना कल्याण कर सकेंगे।"

"तुम ठीक कहते हो शाक्य पुत्रों! मिथ्या-अभिमान तिरोहित किए बिना कोई भी सच्चा सन्यासी नहीं हो सकता। जो दूसरे को अपने से हीन समझता हो, वह भिक्षुक बनने योग्य नहीं हो सकता; संघ में उसके लिए कोई स्थान नहीं हो सकता।"

गौतम बुद्ध ने उपालि को पहले प्रव्रजित किया; उसके बाद शाक्य राजकुमारों को प्रव्रज्या मिली। उन्होंने निर्मलभाव से सादर उपालि की वन्दना की; उसकी प्रदक्षिणा की। इस प्रकार गौतम बुद्ध द्वारा स्थापित धर्म संघ में शाक्यों द्वारा उपालि की ससम्मान वन्दना से कृत्रिम छोटे-बड़े के भेदभाव को नकारा गया।

उपालि, बाद में अत्यधिक सम्माननीय और पूजनीय बौद्ध भिक्षुक बने। वे गौतम बुद्ध के जीवित रहते भी भिक्षुओं को विनय की शिक्षा देते थे; वे विनयधरों में सर्वप्रमुख थे। विनय के सम्बन्ध में उनके निर्णय सर्वमान्य होते थे; उन्हें गौतम बुद्ध के माथे का तिलक माना जाता था। शाक्यमुनि के परिनिर्वाण के कुछ समय उपरान्त राजगृह में जो प्रथम बौद्ध संगीति आयोजित हुई थी, उसके सर्वप्रमुख व्यक्तियों में उपालि भी थे। शासक उनके समक्ष सादर झुक जाते थे; उनके वचनों को पूरा-पूरा महत्त्व देते थे और उन्हें शास्ता के शासन का सुदृढ़ आधार मानते थे।

२

निश्चयानुसार महाश्रमण अपनी द्वितीय वर्षा ऋतु की अवधि बिताने के लिए राजगृह के वेणुवन पहुँच गए। उन्होंने पूरी वर्षा ऋतु वहीं बिताई; यही नहीं, तीसरी एवं चौथी वर्षा ऋतु की अवधि में भी उन्होंने वहीं विहार किया। मगध सम्राट बिम्बसार तथागत के अनुयायी थे; वे उनके बहुत बड़े समर्थक थे। यह भी एक महत्त्वपूर्ण कारण रहा कि प्रारम्भिक दिनों में ही शाक्यमुनि के अनुयायियों की संख्या में अच्छी वृद्धि हुई; अनेक प्रसिद्ध एवं सम्पन्न परिवारों के लोग, श्रेष्ठियों के पुत्र एवं पुरोहितों के उत्तराधिकारी प्रव्रजित हुए।

मगध सम्राट शासकीय स्तर से भी हर संभव वह प्रयास करते थे, जिससे उनके राज्य में विचरण करते हुए गौतम बुद्ध को कोई कठिनाई न हो; भिक्षुओं को उपदेशार्थ लोगों तक पहुँचने में परेशानी न हो। बिम्बसार इस हेतु मार्गों को ठीक कराते थे। उन्होंने मार्गों में जगह-जगह भिक्षुओं के विश्राम के लिए धर्मशालाएँ बना दी थीं। इतना ही नहीं, स्वयं सम्राट तथागत के साथ यदा-कदा यात्रा करते थे। वे चाहते थे कि तथागत अधिकाधिक उनके राज्य में ही विचरण करें; भिक्षुक संघ सहित वहीं विहार करें। लेकिन ऐसा तो बुद्ध के शासन के विपरीत था। इसलिए पाँचवीं वर्षा ऋतु में विहारार्थ गौतम बुद्ध वैशाली के कूटागार पधारे।

वैशाली सिही, जो अब गण्डक नदी के नाम से जानी जाती है, के किनारे बसा विशाल और वैभवशाली नगर था। वह इतना समृद्ध था कि देश के हर भाग से, और विदेशों से निरन्तर व्यवसायी, विद्वान और सैलानी वहाँ आते रहते थे। लिच्छवियों के वज्जी संघ की राजधानी भी वैशाली नगर था। इस संघ में आठ कुल - विदेह, लिच्छवी, क्षात्रिक, वज्जी, भोज, कौरव, उग्र तथा इक्ष्वाकु- सम्मिलित थे। वैशाली पूर्वी भारत का•एक आदर्श गणतंत्र था; शासन का संचालन एक निर्वाचित राजपरिषद द्वारा होता था।

वैशाली जितना समृद्ध और वैभवशाली था, उतना ही भोग-विलास के लिए भी जाना जाता था। बड़े-बड़े धनपति, श्रेष्ठीपुत्र, राजपरिवारों के कामातुर नवयुवक प्रतिस्पर्धा करते हुए धन लुटाते रहते थे; वे घमण्ड में चूर नगरवधू आम्रपाली के नीलपद्म प्रासाद में पड़े रहते थे।

अपने वैशाली विहार के समय गौतम बुद्ध ने भोगमय जीवन तथा कामवासना को नियंत्रित करने के लिए लोगों का आह्वान किया। उन्होंने मिथ्याभिमान त्यागकर नारी-सम्मान का उपदेश दिया। एक दिन उन्होंने कहा :

“लिच्छवियों! तुम जिस नारी रूप के पीछे दौड़ते हो, वह क्षीण होने वाला है; तुम जिस कामवासना के लिए स्पर्धा करते हो, वह दुख का सबसे बड़ा कारण है। तुम जिस कुदृष्टि से नारी को देखते हो, तथा मन से उसकी काया को भोगने का साधन मानते हो, वह काया अपवित्र है; रोग, जरा और मृत्यु को वह प्राप्त होती है। अज्ञानता के वशीभूत तुम उससे सुख-आनन्द की कामना करते हो...। नारी का यथायोग्य सम्मान करो, उसे समान मानों तथा भोग-साधन न समझो...।”

गौतम बुद्ध ने लिच्छवियों को घमण्ड छोड़ने का, विशेषरूप से अपने को उच्च समझने की मानसिकता का त्याग करने का उपदेश दिया और कहा:

“लिच्छवियों! तुम्हारी यह मानसिकता असत्यमयी है; कोई उच्च-निम्न नहीं है। इसलिए मैं तुम्हारे कल्याण के लिए तुमसे कहता हूँ, इस भावना को छोड़ दो।”

उन दिनों वैशाली दासों के लिए भी प्रसिद्ध था। दासों का क्रय-विक्रय

होता था; वे गिरवी रखे जाते थे। गौतम बुद्ध ने इस ओर भी लिच्छवियों का ध्यान खींचा तथा कई दासों को प्रव्रज्या दी। उन्होंने इस सम्बन्ध में स्पष्ट कहा :

"मनुष्य स्वयं अपना स्वामी है; कोई दूसरा उसका स्वामी नहीं हो सकता।"

इतना ही नहीं, भयभीत होते दासों और जातिगत आधार पर निम्न समझे जाने वाले अनेकजन को भय त्यागने और मनुष्य के रूप में दूसरों के समान मानसिकता विकसित करने की निरन्तर शिक्षा भी गौतम बुद्ध ने दीं।

उन दिनों समाज में जातिगत आधार पर एक वर्ग विशेष की स्थिति अति दयनीय थी। कथित उच्चवर्गीय जन उस वर्ग के साथ पशुओं जैसा व्यवहार करते थे; उनका मुँह देखना पसन्द नहीं करते थे। यदि जाने-अनजाने में उस वर्ग के किसी व्यक्ति का कथित उच्चवर्ग के किसी व्यक्ति से स्पर्श हो जाता था, तो स्थिति इतनी गम्भीर भी हो जाती थी कि स्पर्शकर्ता को भारी यातना सहनी पड़ती, अथवा अपनी जान तक भी देनी पड़ती थी। गौतम बुद्ध ने इस कृत्य को अमानवीय घोषित किया; बौद्ध भिक्षुक संघ में सबको समान भाव से सम्मिलित होने की आज्ञा दी। उपासकों में जाति-वर्ण के नाम पर कोई भेदभाव नहीं रखा।

इस सम्बन्ध में तथागत ने कई उदाहरण स्वयं अपने व्यवहारों से प्रस्तुत कर उच्चवर्गीय जन को स्पष्ट संकेत दिया। ऐसा ही एक उदाहरण सुनीत के सम्बन्ध में था। सुनीत एक सफाई कर्मी परिवार में जन्मा था। राजकीय आदेश के अनुसार वह प्रत्येक सुबह मार्ग की सफाई किया करता था। एक दिन जब वह सफाई कर रहा था, तो उसने बहुत दूर से एक श्रमण को मार्ग से अपनी ओर आते देखा। श्रमण और कोई नहीं स्वयं महाकारुणिक गौतम बुद्ध थे।

सुनीत ने अतिशीघ्रता से सफाई का कार्य छोड़ा और वह मैला ढोने वाली अपनी गाड़ी की आड़ में खड़ा हो गया, ताकि आगंतुक उसे देखकर अपवित्र न हो जाएँ। लेकिन जैसे ही गौतम बुद्ध सुनीत की गाड़ी के निकट आए, उन्होंने उसे पुकारा :

"कौन है वहाँ गाड़ी की आड़ में?"

वहाँ से कोई उत्तर नहीं मिला। सुनीत बहुत भयभीत हो गया था। गौतम

बुद्ध ने पुनः उदार स्वर से उसे पुकारते हुए कहा :

"कौन है? वहाँ क्या कर रहा है?"

दूसरी बार भी सुनीत नहीं बोला। उसके भय में, तो भी, तथागत के उदार शब्दों से कुछ कमी अवश्य आ गई थी। शाक्यमुनि ने उसके निकट जाकर तीसरी बार उससे कहा :

"क्या बात है? वहाँ क्यों छिपा है?"

"मैं सुनीत हूँ! आपको मार्ग से आते देखकर मैं भयभीत हो गया था।"

"क्यों?"

"कहीं मुझे देखकर आप अपवित्र न हो जाएँ?"

"नहीं-नहीं सुनीत! ऐसा नहीं होता। सभी एक समान भूतों से उत्पन्न हैं; सभी का जन्म एक प्रक्रिया से होता है। सभी समान क्रिया से जीवित रहते हैं। इस रूप में एक-दूसरे में कोई भेद नहीं, तब किसी मनुष्य को देखकर कोई अपवित्र कैसे हो सकता है?"

गौतम बुद्ध ने सुनीत को गले से लगा लिया। उसे वहीं धर्मोपदेश दिया। सुनीत ने अपने को अति सौभाग्यशाली समझा। वह तथागत के चरणों में गिर गया; बहुत देर तक उनके चरणों में पड़ा रहा और उठने के बाद करबद्ध होकर बोला :

"हे करुणानिधान! मेरे समान सौभाग्यशाली दूसरा कौन होगा? हे मुक्तिदाता! आपकी असीम कृपा से मुक्ति का मार्ग स्वतः ही मेरे समक्ष प्रकट हो गया। मेरा जन्म सफल हुआ। हे मुनिशिरोमणि! मेरा आपको शत-शत नमन है....।"

◆◆◆

श्रावस्ती की महिमा

वैशाली में पाँचवी वर्षा ऋतु की अवधि के बाद तथागत ने विचरण प्रारम्भ किया और फिर छठीं वर्षा ऋतु में विहारार्थ वे मंकुल पर्वत पहुँचे। वर्षा ऋतु की अवधि में नियमित विहार करने के अतिरिक्त वे निरन्तर चलते रहते थे; आम और खास, सभी को धर्मोपदेश देते थे। सातवीं से बीसवीं वर्षा ऋतु की अवधि में उन्होंने क्रमशः त्रयस्त्रिंश, सुंसुमारगिरि, कौशाम्बी, पारिलेयक, नाला, वैरंजा, चालिय, श्रावस्ती, कपिलवस्तु, आलवी, राजगृह, चालिय, पुनः चालिय, और राजगृह में विहार किया। इस अवधि में अनेक अन्य जाने-माने नाम बौद्ध भिक्षुक संघ और गौतम बुद्ध के उपासक-उपासिकाओं की सूची में जुड़े; हजारों सामान्यजन भी भिक्षुक-संघ, बौद्धधर्म और शास्ता से सम्बद्ध हुए।

यदि बौद्ध धर्मग्रन्थों में हुए उल्लेखों के आधार पर ऐसे श्रावकों-श्राविकाओं, उपासकों-उपासिकाओं की सूची बनाई जाए, तो वह बहुत लम्बी होगी; और संभव है कि उसमें भी अनेक नाम छूट जाएँ। फिर भी यदि मुख्य-मुख्य नामों का उल्लेख करना हो, तो पिण्डोल भारद्वाज, कोद्विन, सुप्रवासा, कंकारेवत, सुप्रिया, सुन्दरिक भारद्वाज, चुन्द, सुनक्खत, खुज्ज उत्तरा, कुररधरिका काली, सागत, विशाखा, राष्ट्रपाल, अनुरुद्ध, उत्पलवर्णा, कुमार काश्यप, नन्दक, उदयन, महानाम, दर्भमल्ल पुत्र, विडूडम आदि हो सकते हैं। ये सभी विभिन्न वर्णों का प्रतिनिधित्व करते थे; इनकी भिन्न-भिन्न जातियाँ थी, कुल और वंश थे।

तथागत गौतमबुद्ध के बहुत बड़े समर्थक के रूप में मगध सम्राट बिम्बसार ने हर संभव प्रयास कर बौद्ध शिक्षाओं को शाक्यमुनि की उपस्थिति में ही लोगों तक पहुँचवाने का कार्य किया। बिम्बसार के बाद गौतम बुद्ध के दूसरे सबसे बड़े समर्थक थे कोशल नरेश प्रसेनजित। उन्होंने भी बौद्ध भिक्षुओं के

प्रचार-प्रसार के लिए, भिक्षुक संघ को हर संभव सहायता प्रदान करने के लिए और विहारों का निर्माण करने हेतु कोई कमी शेष नहीं छोड़ी थी। प्रसेनजित को बिम्बसार के समान ही बौद्ध धर्म-सम्प्रदाय का रक्षक, पोषक और प्रचार-सहायक माना जाना चाहिए।

कोशल की राजधानी श्रावस्ती, स्वयं गौतम बुद्ध के जीवनकाल में, बौद्ध गतिविधियों का केन्द्र रही। चौदहवीं वर्षा ऋतु की अवधि शाक्यमुनि ने श्रावस्ती में ही बिताई; और फिर इक्कीसवीं से पैंतालीसवीं, अर्थात पूरी पच्चीस वर्षा ऋतुओं में उन्होंने श्रावस्ती में ही विहार किया। बुद्ध ने जिस मानव-धर्म का ज्ञान प्रत्येक जन तक पहुँचाने का बीड़ा उठाया था, श्रावस्ती उसका साक्षी बना। बौद्ध धर्म-शिक्षाओं, स्थापित सामान्य और विशेष नियमों और आचारों, दिशा-निर्देशों आदि को अधिकाधिक आयाम श्रावस्ती में मिले।

२

तथागत श्रावस्ती पहुँचे; बीस वर्ष बुद्धत्व ज्ञान प्राप्ति को हो गए थे। उनकी आयु बढ़ रही थी; वे पचपन वर्ष पार कर चुके थे। "आयु के प्रभाव से कोई बचता नहीं", इस सत्यता को स्वयं गौतम बुद्ध ने कई बार भिक्षुओं-भिक्षुणिओं, उपासकों-उपासिकाओं के समक्ष दोहराया था। स्पष्ट था कि स्वयं शाक्यमुनि भी आयु-प्रभाव से बच नहीं सकते थे। गत बीस वर्षों में कई उपस्थापक बदले; दूसरे शब्दों में कई भिक्षुओं को उपस्थापक होने का अवसर प्राप्त हुआ। स्थापित नियमों व आचारों के अनुरूप कार्य करने हेतु उपस्थापक को दिशा-निर्देश, सीख और व्यवहार करना सिखाया जाता था। स्वयं गौतम बुद्ध उपस्थापक को इस हेतु शिक्षा-दीक्षा देने में अग्रणी थे।

गौतम बुद्ध, वास्तव में ऐसा करके बिना किसी भेदभाव के एवं सर्वसमानता को सर्वोच्च मानते हुए, सभी को उपस्थापक होने का अवसर देना चाहते थे। लेकिन बारम्बार उपस्थापक बदलने से नियम व आचार के अनुसार कार्य नहीं हो पाता था। उदाहरणार्थ, एक भिक्षुक को एक माह के लिए उपस्थापक बनाया जाता था; इस हेतु उसे सुचारु ढंग से व्यवहारार्थ सीख दी जाती थी। वह

सीख जाता, सुचारु तथा अपेक्षित व्यवहारों के लिए तैयार हो जाता, तभी एक माह की अवधि समाप्त हो जाती थी। नया उपस्थापक आता था, उसे भी सीख देकर तैयार किया जाता, और उसके जाने का भी समय हो जाता था।

गौतम बुद्ध ने उक्त व्यवस्था पर विचार किया और श्रावस्ती में वर्षा विहार के समय एक दिन भिक्षुक संघ से कहा :

"भिक्षुओं! मैं वृद्धावस्था की ओर बढ़ रहा हूँ; काया में पहले जैसी शक्ति नहीं रही है। मैं विचरण करता हूँ; उपस्थापक के रूप में भी भिक्षुक मेरे साथ होते हैं। लेकिन जिस नियम के अनुसार, और जिस आचार-व्यवहार के अनुरूप मैं उपस्थापक से व्यवहार की आशा करता हूँ, वह नहीं होता है। मैं कहता हूँ कि अमुक मार्ग पर चलो, वह दूसरे मार्ग पर चलता है; मैं कहता हूँ, अमुक ढंग से चलो, वह विपरीत ढंग से चलता है। यही नहीं, मेरे भिक्षापात्र तथा चीवर तक की ठीक से सँभाल नहीं होती है। इसलिए, हे भिक्षुओं! क्या किसी ऐसे का नाम आप सुझा सकते हैं, जो स्थायी रूप से मेरा उपस्थापक हो?"

भिक्षुक संघ में उस समय वहाँ मौद्गल्यायन, महाकात्यायन, महाकोड्डिन, महाकापियन, महाचुन्द, अनुरुद्ध, रैवत, उपालि, राहुल, आनन्द व सारिपुत्र भी उपस्थित थे। लेकिन महाश्रमण गौतम द्वारा माँगे गए सुझाव पर सभी मौन रहे; वे एक-दूसरे को देखने लगे। कुछ क्षणोपरान्त सारिपुत्र खड़े हुए और करबद्ध होकर बोले :

"भगवन्! मैं उपस्थापक हो आपकी सेवा करना चाहता हूँ।"

"नहीं तुम नहीं, सारिपुत्र!"

"मुझे अवसर दें महाश्रमण!" मोद्गल्यायन ने खड़े होकर कहा।

"नहीं मोद्गल्यायन! यह कार्य तुम्हारे अनुरूप नहीं होगा।"

एक के बाद दूसरे भिक्षुक ने इसी तरह का निवेदन तथागत से किया, लेकिन गौतम बुद्ध ने उपस्थापक के रूप में किसी की सेवाएँ लेना स्वीकार नहीं किया।

उन भिक्षुओं में एक भिक्षुक, आनन्द, ऐसा था, जो उपस्थापक के रूप में अपनी सेवाएँ अर्पित करने के उद्देश्य से खड़ा नहीं हुआ। वह चुपचाप बैठा

रहा। इसलिए अन्य भिक्षुओं ने आनन्द से पूछा :

"तुमने अपनी सेवाएँ अर्पित क्यों नहीं कीं आनन्द?"

"यदि तथागत की इच्छा होगी, तो वे स्वयं ही मेरी सेवाएँ लेंगे, हे भिक्षुओ! इस सम्बन्ध में मैं स्वयं क्या कह सकता हूँ?" आनन्द ने उत्तर दिया।

तथागत स्वयं बोल उठे :

"नहीं भिक्षुओ! आनन्द से कुछ मत कहो। यदि वह स्वयं चाहे, तो मेरा उपस्थापक हो सकता है।"

"आनन्द! खड़े होकर स्वयं कहो शाक्यमुनि से उपस्थापक के रूप में सेवाएँ अर्पित करने को", भिक्षुओं ने उससे कहा।

आनन्द ने भिक्षुओं की ओर देखा। उसने तथागत गौतम बुद्ध की ओर देखा। सभी आनन्द के निर्णय को जानने को उत्सुक थे। आनन्द खड़ा हुआ। उसने झुककर व हाथ जोड़कर बुद्ध को प्रणाम किया, और फिर निवेदन किया:

"मैं तैयार हूँ, लेकिन ....।"

"लेकिन क्या?" तथागत ने धीमे स्वर में आनन्द से पूछा।

"यदि मैं उपस्थापक हो जाता हूँ, तो उससे मुझे क्या लाभ होगा?"

"लाभ!" तथागत ने आश्चर्यचकित होकर पुनः धीमे स्वर में कहा।

"हाँ, लाभ!"

"परन्तु....।"

"हाँ शाक्यमुनि! लाभ....। और लाभ से भी पहले मेरी चार अतिरिक्त शर्तें हैं....।"

भिक्षुक संघ आनन्द के मुख से लाभ और शर्तों की बात सुनकर चकित था। लेकिन गौतम बुद्ध ने कहा :

"आनन्द! तुम शर्तें बताओ।"

"क्या आप स्वीकार करेंगे?"

"स्पष्ट कहो आनन्द!"

"भन्ते! मेरी पहली शर्त यह है कि आप मुझे अपना चीवर नहीं देंगे।"

"तुम्हारी दूसरी शर्त आनन्द!"

"अपने भोजन में से आप मुझे भोजन नहीं देंगे।"

"तुम्हारी तीसरी शर्त क्या है?"

"मैं अलग गन्ध-कुटिया में नहीं रहूँगा।"

"और चौथी!"

"आमंत्रित स्थान पर आपके साथ भोजन करने मैं नहीं जाऊँगा भगवन!"

तथागत मुसकाए। अपने करुण नेत्रों से उन्होंने आनन्द को देखा, जबकि भिक्षुक संघ आनन्द की चारों शर्तों के रहस्य को जानने को उत्सुक था। इसीलिए एक भिक्षुक ने पूछा :

"आनन्द! आप भगवन् का चीवर क्यों नहीं लेंगे?"

"बात साफ है भिक्षुक! मैं नहीं चाहता कि कोई कहे कि आनन्द वस्त्र-लोभ के कारण तथागत की सेवा करता है।"

"तथागत के भोजन में से भोजन क्यों नहीं लेना चाहते", दूसरे भिक्षुक ने पूछा।

"यह बात भी सरल है। मैं नहीं चाहता कोई कहे कि आनन्द भोजन-लोभ के कारण शाक्यमुनि की सेवा करता है।"

"आनन्द! पृथक कुटिया में क्यों नहीं रहना चाहते हो?" तीसरे ने जानना चाहा।

"हे भिक्षुक! उपस्थापक के रूप में मैं पृथक गन्ध-कुटिया में रहता हूँ, तो इससे अच्छा सन्देश नहीं जाएगा।"

"कैसे?"

"गन्ध-कुटी को उत्तम कुटी मानकर यह कहा जा सकता है कि आनन्द उपस्थापक के रूप में उत्तम स्थान पर बसता है। मैं किसी ऐसे विचार की उत्पत्ति को ठीक नहीं मानता हूँ; किसी गलत सन्देश का कारण नहीं बनना चाहता हूँ।"

"आनन्द! भगवन् के साथ आमंत्रण पर क्यों नहीं जाओगे?" चौथे भिक्षुक ने जानने की जिज्ञासा की।

"इसलिए, ताकि यह न समझा जाए कि आनन्द तथागत के साथ जाकर स्वादिष्ट भोजन ग्रहण करता है; वह स्वादिष्ट भोजन का लोभी है।"

आनन्द ने चारों शर्तों को हृदय को छूने वाले, मृदु और स्पष्ट शब्दों में भिक्षुक संघ की उपस्थिति में गौतम बुद्ध के सामने रखा। वह गत लगभग दो दशाब्दी पूर्व प्रव्रजित हुआ था। तथागत की शरण में आकर उसने भिक्षुक-मर्यादा और व्यवहार को इस अवधि में अन्यों से श्रेष्ठ ढंग से जाना और समझा था; आनन्द द्वारा उपस्थापक पद लेने से पूर्व रखी गई शर्तों से यह स्पष्ट था।

गौतम बुद्ध भली-भाँति आनन्द की मर्यादा-पालन की क्षमता, व्यवहार-योग्यता और धर्मपरायणता को जानते थे। आनन्द की शर्तों को सुनकर वे कुछ क्षण मौन रहते हुए भी मुसकाते रहे; उनके चक्षु संकेत दे रहे थे कि आनन्द की ये शर्तें उन्हें स्वीकार हैं। फिर कुछ क्षणोपरान्त तथागत ने मधुर तथा धीमे शब्दों में कहा :

"आनन्द! तुम लाभ की बात भी कर रहे थे।"

"हाँ महाश्रमण! मैं लाभ की बात भी करना चाहूँगा।"

"तो वह भी....।"

"क्या मुझे तथागत के लिए किसी का निमंत्रण स्वीकार करने का लाभ मिलेगा? क्या मेरे द्वारा स्वीकृत आमंत्रण शाक्यमुनि को भी स्वीकार होगा? और दूसरे, क्या मुझे उन लोगों को, जो दूर-दराज से थके-हारे दर्शनार्थ, एवं धर्म-लाभार्थ आने वाले हों, तथागत के पास लाने का अधिकार-लाभ मिलेगा?"

"ऐसा क्यों आनन्द?" तथागत ने आनन्द से पूछा।

"पहली बात इसलिए कि तथागत के लिए जिनका निमंत्रण मैं स्वीकार करूँगा, और तथागत भी उसे मान लेंगे, तो इससे आमंत्रितकर्ता यह समझेंगे कि गौतम बुद्ध मुझ पर विश्वास करते हैं। दूसरी बात इसलिए कि जिन्हें मैं शाक्यमुनि से मिलाने लाऊँगा, और तथागत उन्हें दर्शन देंगे, वे मानेंगे कि तथागत मेरी बात को स्वीकार करते हैं। तथागत का मुझ पर विश्वास ही मेरा सबसे बड़ा लाभ है।"

"मैं तुम्हारी इन दोनों बातों को स्वीकार करता हूँ, आनन्द!"

“मैं चिन्ताग्रस्त हूँ, मुझे कोई दुविधा या शंका हो, तो ऐसी स्थिति में तत्काल तथागत की शरण में जाने का लाभ मुझे मिलना चाहिए।”

“मैं इसे भी स्वीकार करता हूँ आनन्द!”

“यदि मैं तथागत के पास न हूँ; और मेरी अनुपस्थिति में शाक्यमुनि कोई धर्मोपदेश दें, तो उपस्थित होने पर उसका लाभ मुझे देंगे।”

“ऐसा किसलिए आनन्द?”

“मैं नहीं चाहता यह कहा जाए कि परछाई की भाँति साथ रहने पर भी आनन्द वह सब कुछ नहीं जानता जो तथागत ने कहा; और इसलिए आनन्द का ज्ञान पूर्ण नहीं है।”

“यह भी स्वीकार है मुझे आनन्द!”

गौतम बुद्ध ने जब आनन्द की इन चारों बातों को भी स्वीकार कर लिया, तो भिक्षुक संघ में से अनेक ने चाहा कि इन बातों के पीछे के रहस्य की स्पष्टता हो। इसलिए एक भिक्षुक ने प्रश्न किया :

“आनन्द! तुमने ये चार बातें क्यों कही हैं?”

“इसलिए कि मुझे तथागत की सेवा करने का जो महालाभ मिल रहा है, उसे दूसरे भी जाने और समझें।”

इस प्रकार आनन्द उपस्थापक हो गया; वह पूरे पच्चीस वर्ष तक परछाई की भाँति तथागत के साथ रहा, उनकी क्रियाओं, धर्मोपदेशों और व्यवहारों का साक्षी रहा। आनन्द बौद्ध धर्मोपदेशों का प्रथम सर्वश्रेष्ठ ज्ञाता था; वह भिक्षुओं के लिए आदर्श उदाहरण बना; अपनी आज्ञाकारिता, अनुशासन, आचार, मर्यादा एवं उत्तरदायित्व निर्वहन के लिए आज तक भी वह अनुकरणीय है।

◆◆◆

लोक-व्यवस्था, सदाचार और समानता

एक वर्षा विहार की अवधि के उपरान्त जब ऋतु सुखदायी, सुहावनी और स्वास्थ्यवर्धक हो गई, तो गौतम बुद्ध आनन्द के साथ विचरण करते-करते दूर निकल गए। चलते-चलते वे वज्जी संघ की राजधानी वैशाली के निकट पहुँचे। तथागत ने आनन्द से कहा :

"आनन्द! यह वैशाली है....।"

"हाँ भन्ते!"

"आनन्द क्या तुमने सुना है कि यहाँ के वज्जी निरन्तर जनसभाएँ आयोजित करते हैं?"

"भगवन्! मैंने ऐसा ही सुना है।"

"क्या सभाओं में सभी सम्मिलित होते हैं आनन्द?"

"हाँ तथागत! मैंने ऐसा भी जाना है।"

"आनन्द! वज्जी जब तक पूर्ण एवं निरन्तर जनसभाएँ करते रहेंगे, तब तक उनके पतन की नहीं, समृद्धि की आशा करनी चाहिए।"

"हाँ भन्ते!" आनन्द ने गौतम बुद्ध से सहमति प्रकट की।

"और, आनन्द!" शाक्यमुनि ने आगे कहा, "जब तक वज्जी एक-दूसरे के साथ सामंजस्य रखते हैं, सामंजस्य से कार्य करते हुए उन्नति करते हैं, सहमति को उन्नति का आधार बनाए रखते हैं, तब तक उनके पतन की नहीं, अपितु समृद्धि की आशा करनी चाहिए।"

आनन्द गम्भीरतापूर्वक तथागत के वचनों को सुन रहे थे; गणतंत्रात्मक

व्यवस्था के उनके समर्थन और आशीर्वाद को जान रहे थे। गौतम बुद्ध ने आगे कहा :

"आनन्द! जब तक वे ऐसा कुछ नहीं करते, जो पूर्व स्थापित (अलोकतांत्रिक) नहीं है; उस पूर्व स्थापित (लोकतांत्रिक) में से कुछ भी रद्द नहीं करते हैं, पूर्व स्थापित (गणतंत्रात्मक) वज्जी-विधि के अनुरूप ही कार्य करते हैं, तब तक उनके पतन की नहीं, अपितु समृद्धि की आशा की जानी चाहिए।"

"मेरा भी यही मानना है भगवन्!"

"तथा, हे आनन्द! जब तक वज्जी (आयु में) बड़ों का आदर-सम्मान करते हैं, जब तक वे बड़ों में श्रद्धा रखते हैं, (सेवाभाव से) उनकी सहायता करते हैं और उनके परामर्श व कहे गए शब्दों का आदर करना कर्तव्य मानते हैं, तब तक उनके पतन की नहीं, अपितु समृद्धि की आशा करनी चाहिए।"

"और", शाक्यमुनि कह रहे थे, "हे आनन्द! जब तक वे..... किसी महिला या बालिका को बल प्रयोग से, अथवा उसका अपहरण करके रोककर नहीं रखते, तब तक उनके पतन की नहीं, अपितु समृद्धि की आशा करनी चाहिए।"

"आनन्द! जान लो कि जब तक वज्जी नगर एवं देश के पवित्र स्थानों का आदर-सम्मान करते हैं, उनमें श्रद्धा व्यक्त करते हैं, उन्हें समुचित सहायता देते हैं; जब तक वे पूर्व स्थापित संस्कारों को स्वीकारते हैं, उनमें गतिरोध उत्पन्न नहीं करते, जब तक उनके पतन की नहीं, अपितु समृद्धि की आशा की जानी चाहिए।"

"मैं यह भी कहता हूँ आनन्द! जब तक वज्जी अर्हतों (धर्म कार्यों में संलग्न सन्यासियों) को पूरा-पूरा और समुचित संरक्षण प्रदान करते हैं; वे उन्हें सुरक्षा देते हैं, सेवाभाव से उनकी सहायता करते हैं; अर्हतों के शान्ति के साथ विहार और विचरण को सुनिश्चित करते हैं, तब तक वज्जियों के पतन की नहीं, अपितु उनकी समृद्धि की आशा की जानी चाहिए।"

"सत्यवचन हैं तथागत आपके!" आनन्द ने अन्त में शाक्यमुनि से कहा और फिर वह गौतम बुद्ध के पगों का अनुगमन करते हुए आगे बढ़ा।

गौतम बुद्ध ने अपने वचनों में देशकाल की परिस्थितियों और नितान्त आवश्यकताओं को केन्द्र में रखकर सात बातें स्पष्ट कीं। इनमें प्रथम बात निरन्तर इकट्ठे बैठकर सामूहिक निर्णय लेना; दूसरी बात लिए गए निर्णय को कर्तव्य मानकर सर्वसहयोग से क्रियान्वित करना; और तीसरी बात स्थापित व्यवस्था व विधि का पालन करना, वास्तव में, गणतंत्रात्मक व्यवस्था पर चलने का उनका सन्देश था। गणतंत्रात्मक, दूसरे शब्दों में जनतंत्रात्मक अथवा लोकतंत्रात्मक व्यवस्था महात्मा बुद्ध की दृष्टि में सर्वश्रेष्ठ थी; वही उनके मार्ग, जिसमें बहुतों का हित, बहुतों की सुख-समृद्धि और बहुतों का कल्याण ही लक्ष्य था, को सम्पुष्ट कर सकती थी। आज तक भी गौतम बुद्ध का वह सन्देश अनुकरणीय है; उसे सदा ही आदर्श के रूप में स्वीकार किया जा सकता है।

अपने वचनों से बुद्ध ने जो चौथी बात स्पष्ट की, वह थी, वृद्धों का सम्मान और उनसे दिशानिर्देश लेना। अपने जीवन अनुभवों के आधार पर परिपक्वों द्वारा प्रदत्त परामर्श सदैव ही लाभकारी होता है; जबकि कनिष्ठों द्वारा बड़ों का समुचित आदर-सम्मान सदाचार और नैतिकता को बहुत बल प्रदान करता है। इसलिए तथागत की यह बात भी सदाबहार है; ग्राह्य है।

उन्होंने पाँचवी बात स्त्रियों के सम्बन्ध में की। विशेष रूप से बालाओं-महिलाओं पर कोई जोर-दबाव न देने का सन्देश दिया, जो नारी-पुरुष समानता के प्रति उनकी प्रबल इच्छा की पुष्टि करता है।

शाक्यमुनि ने छठी और सातवीं बात धर्म-पालन और धर्मज्ञानियों-धर्माचार्यों के प्रति श्रद्धा व्यक्त करने के सम्बन्ध में की। ये बातें व्यक्ति और व्यवस्था, दोनों को पुनः नैतिक बल देने के लिए, सदाचरण को सम्पुष्ट करने के लिए, आशा को बलवान बनाने के लिए एवं सार्वजनिक स्वच्छता स्थापित करने के लिए आवश्यक थीं; न्यूनाधिक आज भी है, और भविष्य में भी इनकी महत्ता रहेगी।

◆◆◆

प्रथम भिक्षुणी एवं भिक्षुणी संघ

तथागत गौतम बुद्ध विचरण करते हुए आगे बढ़ते रहे; आनन्द उनका अनुगमन करता रहा। वे कपिलवस्तु पहुँचे और उसी न्यग्रोध में ठहरे जहाँ बुद्धत्व-ज्ञान प्राप्ति के बाद वे पिता शुद्धोदन की इच्छानुसार पधारकर पहली बार ठहरे थे और बाद में जहाँ अपनी पन्द्रहवीं वर्षा ऋतु उन्होंने बिताई थी।

तथागत के न्यग्रोध पहुँचने के अगले ही दिन उनकी मौसी-माता महाप्रजापति गौतमी उनके दर्शनार्थ-धर्मलाभार्थ पहुँची। शाक्यमुनि को गौतमी ने प्रणाम किया, और वह उनसे कुछ कहने की मुद्रा में एक ओर खड़ी हो गई। गौतम बुद्ध तुरन्त समझ गए और उन्होंने अपनी आँखें गौतमी की ओर कीं। गौतमी कहने लगी :

"तथागत! स्त्रियों को भी प्रव्रज्या मिलनी चाहिए। यदि ऐसा हो तो कितना अच्छा रहेगा?"

"नहीं गौतमी!"

"परन्तु क्यों?"

गौतम बुद्ध मौन रहे और महाप्रजापति गौतमी व्यथित हो कपिलवस्तु के राजप्रासाद लौट आई। अगले दिन पूर्वाह्न में भिक्षाटन करने के बाद तथागत ने कपिलवस्तु से वैशाली की ओर प्रस्थान किया। वे वैशाली के कूटागार में पहुँचे ही थे कि एक-दो दिन के अन्तराल पर महाप्रजापति गौतमी भी वहाँ पहुँच गई।

कपिलवस्तु की रानी महाप्रजापति गौतमी अपने घुँघराले, लम्बे और सुन्दर केशों के लिए जानी जाती थी। वह सुगंधित तेल लगाकर केशों का पोषण करती थी; उन्हें सँवारती थी और रत्नों एवं पुष्पों से सुसज्जित रखती थी। इस

सम्बन्ध में पूरे नगर-राज्य में महाप्रजापति गौतमी की बराबरी करने वाली कोई दूसरी नहीं थी। लेकिन जब वह तथागत के पीछे-पीछे पैदल चलकर वैशाली के कूटागार पहुँची, तो उसके केश कटे हुए थे। यही नहीं, वह अनेक अन्य महिलाओं के साथ थी और काषाय वस्त्र धारण किए थी। कपिलवस्तु से वैशाली तक पैदल पहुँचने से उसके पैर सूज गए थे; काया थकान में थी और उस पर भरपूर धूल थी।

जैसे ही महाप्रजापति गौतमी अनेक स्त्रियों के साथ कूटागार-द्वार पर पहुँची, आनन्द ने उन्हें देख लिया। उसने गौतमी से पूछा :

"यह क्या महाप्रजापति? आपके सिर पर केश नहीं हैं, आपके पैर में सूजन है, आप की काया धूल से भरी है, आप थकी हैं! स्त्रियों के साथ इस तरह यहाँ आने का आपका क्या प्रयोजन है?"

"आनन्द! मैं इन स्त्रियों के साथ कपिलवस्तु से पैदल चलकर यहाँ आई हूँ, क्योंकि मैं, और ये स्त्रियाँ व्यथित हैं।"

"क्यों गौतमी?"

"आनन्द! गौतम बुद्ध स्त्रियों को प्रव्रज्या नहीं देते हैं; मैंने कपिलवस्तु में भी इस हेतु उनसे निवेदन किया था। वे मानते नहीं हैं। यही हमारी व्यथा का कारण है; दुख और कष्ट का कारण है।"

"महाप्रजापति! आप बहुत दूर से चलकर आई हैं। आप विश्राम कीजिए।"

गौतमी आनन्द की स्थिति एवं तथागत के उस पर विश्वास को भली-भाँति जानती थी। इसलिए वह आशा भरी आँखों से उसकी ओर देखने लगी। आनन्द समझ गया और गौतमी से बोला :

"महाप्रजापति! आप विश्राम करें। मैं विश्वास दिलाता हूँ कि स्त्रियों की प्रव्रज्या के लिए मैं तथागत से प्रार्थना करूँगा।"

"जो इच्छा आनन्द!" गौतमी साथ आईं स्त्रियों के साथ वहीं विश्राम के लिए चली गई और आनन्द तथागत के निकट पहुँचा।

उन्हें नमन कर आनन्द ने कुछ कहने की जिज्ञासा प्रकट की; तथागत तुरन्त समझ गए और बोले :

"आनन्द! क्या कहने की इच्छा है?"

"भगवन्! अनेक स्त्रियों के साथ कपिलवस्तु से पैदल चलकर, मार्ग में कष्ट उठाते हुए, महाप्रजापति गौतमी आई हैं। उन्होंने सिर के बाल कटा दिए हैं; वे काषाय वस्त्र धारण किए हैं।"

गौतम बुद्ध आनन्द की ओर देखने लगे। वह कह रहा था :

"और, तथागत! उनकी काया धूल से भरी है; वे थकी हुई हैं। उनके पैरों में भी सूजन है....।"

"क्या वे यहीं हैं?"

"हाँ शाक्यमुनि! वे यहीं हैं। वे दुखी हैं, व्यथित हैं।"

"वे क्या चाहती हैं आनन्द?"

"तथागत! उनका निवेदन है कि स्त्रियों को भी प्रव्रज्या मिले।"

"लेकिन आनन्द! तुम्हें अपने मुख से तो यह बात नहीं कहनी चाहिए।"

"तथागत! मैं भी चाहता हूँ कि स्त्रियों को प्रव्रज्या मिले; मैं इसीलिए आपसे निवेदन करने आया हूँ।"

"लेकिन आनन्द! स्त्रियों के लिए प्रव्रज्या का स्थान उचित नहीं है; उनका घर को त्यागना उचित नहीं है।"

"हे महाश्रमण गौतम! स्त्रियाँ भी प्राणी हैं; पुरुषों से कम श्रद्धा उनमें नहीं है; वे भी समानरूप से इस पद की अधिकारी हैं....।"

गौतम बुद्ध सर्वसमानता के पक्षधर थे। स्त्री-पुरुष भेद वे नहीं कर सकते थे। उनका मार्ग बहुजन हितार्थ था, बहुजन कल्याणार्थ था। फिर भी महाप्रजापति गौतमी का आनन्द के माध्यम से किया गया निवेदन, और स्वयं आनन्द की अनुशंसा को यदि उन्होंने तत्काल स्वीकार नहीं किया, तो वह इसलिए कि देशकाल की परिस्थितियों में स्त्रियों की दशा से वे भली-भाँति परिचित थे। गौतम बुद्ध स्त्रियों की सामान्य दुर्बलताओं, सामाजिक कठिनाइयों, प्राकृतिक भिन्नताओं के कारण उनमें मौजूद विवशताओं को जानते थे। फिर भी महिलाएँ

दृढ़-निश्चय कर यदि आगे बढ़ने को तत्पर हों, दुर्बलताओं, कठिनाइयों, विवशताओं आदि की चिन्ता न करके समानरूप से नियमों का पालन करते हुए प्रव्रजित होना चाहें, तो गौतम बुद्ध को क्या आपत्ति हो सकती थी? इसीलिए जब अपने पहले प्रयास में विफल होने के उपरान्त आनन्द ने तथागत से पुनः पूछा, "क्या स्त्रियाँ तथागत अन्वेषित मार्ग का प्रव्रजित होकर अनुसरण नहीं कर सकतीं? क्या वे भिक्षुणी बनकर पुरुषों के समान ही धर्मलाभ नहीं ले सकतीं?" तो इस पर गौतम बुद्ध ने उत्तर दिया, "ले सकती हैं आनन्द! वे अर्हत्व फल का साक्षात्कार कर सकती हैं।"

"अच्छा भगवन्! यदि ऐसा है, तो स्वयं आपको अपना दूध पिलाने वाली आपकी वास्तविक माता, शीलमयी और विदुषी महाप्रजापति गौतमी में कौन-सी अयोग्यता है कि उसे प्रव्रज्या का अधिकार नहीं मिल सकता? वह अर्हत्व फल का साक्षात्कार नहीं कर सकती?"

"आनन्द! क्या रानी महाप्रजापति गौतमी आवश्यक आठ गुरुधर्मों को स्वीकार कर सकेंगी?"

"हे तथागत! वे आठ गुरुधर्म क्या हैं?"

"आनन्द सुनो! प्रथम गुरुधर्म यह है, यदि कोई भिक्षुणी सौ वर्ष की उपसम्पदा प्राप्त हो, तो उसे भी क्षणभर पहले प्रव्रजित हुई भिक्षुणी को करबद्ध हो प्रणाम करना होगा; उसे उसका समुचित आदर करना होगा; उसकी सेवार्थ तैयार रहना होगा।"

"दूसरा गुरुधर्म, भन्ते!

"धर्मज्ञान सुनने के लिए उन्हें (स्वयं) आना होगा।"

"तीसरा गुरुधर्म शाक्यमुनि!"

"भिक्षुणी को प्रत्येक माह की आधी अवधि भिक्षुक संघ में व्यतीत करनी होगी; यह सर्वथा उचित है।"

"चौथा गुरुधर्म!"

"वर्षाकाल के उपरान्त भिक्षुणी दोनों संघों-भिक्षुक संघ तथा भिक्षुणी संघ में देखी, सुनी और जानी जाए....।"

"पाँचवा गुरुधर्म!"

"गुरुधर्म स्वीकार करने वाली भिक्षुणी को दोनों संघों का अंग रहना होगा।"

"और छठा!"

"भिक्षुणी किसी भी भिक्षुक को कोई अपशब्द न कहे; वह शान्त रहे और क्रोध-आक्रोश से विरत रहे।"

"सातवाँ!"

"भिक्षुणियाँ भिक्षुओं से वार्तालाप नहीं करेंगी।"

"लेकिन क्या आपसे भी नहीं तथागत?"

"भिक्षुक भिक्षुणियों से वार्तालाप कर सकते हैं, यही आठवाँ गुरुधर्म भी है। अब यदि महाप्रजापति गौतमी इन आठ गुरुधर्मों को स्वीकार करने को तैयार हों, तो उन्हें प्रव्रज्या मिल सकती है।"

आठ गुरुधर्मों को स्वीकार कर प्रव्रजित होने के प्रस्ताव के साथ आनन्द तुरन्त ही महाप्रजापति गौतमी के पास पहुँचे। आनन्द ने एक-एक गुरुधर्म को, उसके महत्त्व एवं रहस्य को महाप्रजापति गौतमी के समक्ष रखा। महाप्रजापति मुमुक्षार्थ रंग में रंग चुकी थी। उसने आठों गुरुधर्मों को शिरोधार्य किया। उनके साथ कपिलवस्तु से पधारी दूसरी स्त्रियों ने भी उन्हें स्वीकार किया।

आनन्द प्रसन्न था। महाप्रजापति गौतमी और उनके साथ आई स्त्रियों ने जिस बेबाकी से, दृढ़-निश्चयी होकर गुरुधर्मों को स्वीकार किया, उससे आनन्द रोमांचित था। "धन्य हैं आप गौतमी!" ऐसा बोलकर आनन्द तथागत की शरण में पहुँचा; शीश नवाकर उसने शाक्यमुनि को प्रणाम किया और कहा :

"हे करुणानिधान! महाप्रजापति गौतमी ने दृढ़-निश्चय कर गुरुधर्मों को स्वीकार किया; उनके पालन का उन्होंने प्रण लिया है।"

"आनन्द! मैंने जिस सद्-धर्म का प्रणयन किया है, उसमें ब्रह्मचर्य-पालन उच्चतम स्थान पर है। यदि उसमें स्त्रियाँ प्रव्रजित नहीं होती, तो उसमें ब्रह्मचर्य चिरस्थायी रहता और वह एक हजार वर्ष तक भली-भाँति स्थिर रहा होता, लेकिन....।"

"लेकिन क्या शाक्यमुनि?"

"अब उसमें ब्रह्मचर्य चिरस्थायी नहीं रह सकेगा। अब वह पाँच सौ वर्षों तक ही भली-भाँति स्थिर रह सकेगा।"

"पाँच सौ वर्ष!" आनन्द ने आश्चर्य भरे शब्दों में कहा।

"आनन्द समझ लो! जिस धर्म-विनय में स्त्रियाँ प्रव्रजित होती हैं, वहाँ ब्रह्मचर्य चिरस्थायी नहीं हो सकता। इसीलिए मैंने कहा है, अब एक हजार नहीं, अपितु पाँच सौ वर्षों तक ही सद्-धर्म स्थायी रह सकेगा।"

"लेकिन तथागत!"

"आनन्द! धान का लहलहाता खेत होता है, लेकिन उसे जब सेतट्ठिका रोग जकड़ लेता है, तो उस खेत की जो दशा होती है, उसे तो तुम जानते ही हो न। इसी प्रकार की स्थिति सद्-धर्म रूपी विकसित खेत की होती है। यदि उसमें प्रव्रजित स्त्रियाँ आ जाएँ तो उनके आगमन से वहाँ ब्रह्मचर्य चिरस्थायी नहीं रह सकता, और ब्रह्मचर्य चिरस्थायी न हो तो....!"

आनन्द अभी भी तथागत के तर्क से पूर्णतः सहमत न था। इसलिए उसने फिर 'परन्तु' कहा ही था कि गौतम बुद्ध ने पुनः एक उदाहरण देते हुए उससे कहा :

"आनन्द! गन्ने का लहलहाता खेत तो तुमने देखा ही है। तुम यह भी जानते हो कि जब गन्ने के खेत में माँजेष्टिका रोग उत्पन्न हो जाता है, तो गन्ना रोगग्रस्त हो लाल हो जाता है; धीरे-धीरे वह क्षय को प्राप्त होता जाता है, उसका स्वादिष्ट मिठास अस्वादिष्ट होता जाता है। ऐसी ही स्थिति स्त्रियों के प्रव्रजित होकर धर्म-विनय में आ जाने पर होती है।"

"भन्ते! मैं आपकी बात मान लेता हूँ, लेकिन जब आपके द्वारा निर्दिष्ट आठ गुरुधर्मों को दृढ़तापूर्वक स्वीकार करके स्त्रियाँ प्रव्रजित होंगी, क्या तब भी कोई भय रहेगा?"

"आनन्द! जल के प्रवाह की शक्ति से तुम भली-भाँति परिचित ही हो। यद्यपि जल को रोकने के लिए मेढ़ बनाई जाती हैं; विशाल सरोवर के जल को

बाँधने के लिए और बड़ी और सुदृढ़ मेढ़ बनाई जाती हैं, लेकिन फिर भी प्रवाह में मेढ़ टूट जाती हैं; जल बाहर आ जाता है। ब्रह्मचर्य की स्थिति बनी रहे, विनय बना रहे, इसीलिए मैंने आठ गुरुधर्मों को स्थापित किया है। ये गुरुधर्म मेढ़ का कार्य करेंगे, लेकिन ये भी उसी तरह पूर्ण सक्षम नहीं होंगे, जैसे जल के प्रवाह की शक्ति को रोक पाने में मेढ़ सक्षम नहीं होती है। स्त्रियों की प्रव्रज्या के बाद ब्रह्मचर्य, इसीलिए, सद्-धर्म में चिरस्थायी नहीं होगा।"

आनन्द चुप हो गया। गौतम बुद्ध ने, फिर भी, स्त्रियों को प्रव्रज्या अधिकार प्रदान कर जिस प्रकार पुरुषों के समान उन्हें लाकर खड़ा किया, उस हेतु आनन्द भीतर-ही-भीतर तथागत को बारम्बार धन्यवाद दे रहा था।

महाप्रजापति गौतमी प्रव्रजित हुईं और प्रथम भिक्षुणी बनीं; वे ही बौद्ध भिक्षुणी-संघ की अग्रणी बनीं, और लगभग एक सौ बीस वर्ष तक जीवित रहकर अनेकानेक स्त्रियों को बौद्ध धर्मज्ञान और दीक्षा प्रदान कर उनके कल्याणार्थ कार्यरत रहीं।

गौतम बुद्ध ने जिस धार्मिक क्रान्ति और सामाजिक पुनर्जागरणार्थ शंखनाद किया, उसमें महाप्रजापति गौतमी की भूमिका महान थी और उनका योगदान चिरस्मरणीय है।

२

गौतमी के साथ आईं स्त्रियों के अतिरिक्त कई अन्य महिलाओं को भी उपसम्पदा मिली। न केवल उच्च कुलवाली स्त्रियाँ ही भिक्षुणी संघ का भाग बनीं, अपितु समाज द्वारा ठुकराई गयीं, दीन वर्गीय और कथित निम्न कुलवाली भी प्रव्रजित हो धर्मलाभ ले सकीं; वे पुरुषों के समान ही बुद्धत्व-ज्ञान की अधिकारी बनीं तथा सामाजिक-धार्मिक क्रान्ति का भाग हो सकीं। प्रव्रजित होकर जीवन सार्थक करने वाली ऐसी महिलाओं की भी एक लम्बी सूची है, और इसी सूची में एक महत्त्वपूर्ण नाम कीर्ति का भी है, जो बौद्ध साहित्य में पटाचारा के नाम से प्रसिद्ध है।

वह श्रावस्ती के एक श्रेष्ठी की पुत्री थी; वह लम्बे कद की स्वामिनी

थी। उसके घने-लम्बे केश थे, छरहरी काया और श्यामवर्ण था। नगरवासियों द्वारा उसे श्याम सुन्दरी भी कहा जाता था। माता-पिता ने किशोरी होने पर ही उसका विवाह तय कर दिया था। लेकिन वह अपने घर में ही कार्यरत एक सेवक को हृदय दे बैठी और विवाह के लिए निश्चित तिथि से कुछ दिन पूर्व ही उस सेवक के साथ घर से चली गई। उसने सेवक के साथ विवाह कर लिया और नगर से कोसों दूर एक ग्राम में वे दोनों रहने लगे।

एक वर्ष बीता। कीर्ति गर्भवती हो गई। परम्परानुसार प्रसव के लिए उसकी इच्छा माता-पिता के घर श्रावस्ती जाने की हुई, लेकिन उसका पति इसके लिए तैयार नहीं हुआ। कीर्ति के बार-बार अनुरोध करने पर भी वह टालमटोल करता रहा। वह पति की मानसिकता को समझ गई और एक दिन उसकी अनुपस्थिति में पड़ोसियों को बताकर मायके के लिए रवाना हो गई।

पति घर आया। पड़ोसियों ने उसे बताया। चूँकि कीर्ति गर्भवती थी, प्रसव का समय भी निकट था, इसलिए उसके इस प्रकार ऐसी अवस्था में अकेले ही प्रस्थान करने से उसे दुख पहुँचा। उसने अविलम्ब उसके पीछे जाने का निश्चय किया। मार्ग में दोनों मिल गए और फिर साथ-साथ चलने लगे। अभी कुछ ही दूर वे साथ-साथ चले थे कि कीर्ति को प्रसव-पीड़ा प्रारम्भ हो गई। मार्ग में ही उसने बालक को जन्म दिया। वे बालक को लेकर वापस ग्राम लौट आए।

कीर्ति पुनः गर्भवती हुई। प्रसव के लिए उसने पति से अपने माता-पिता के घर श्रावस्ती जाने की इस बार भी इच्छा व्यक्त की, लेकिन वह अब भी टालमटोल करता रहा। परिणामस्वरूप अपने पहले बालक को गोद में उठाकर उसने श्रावस्ती की राह ली।

पति को ज्ञात हुआ, तो वह तुरन्त श्रावस्ती मार्ग पर पहुँचा और शीघ्र ही पत्नी से जा मिला। उसने गोद के बालक को उठाया और कीर्ति के साथ श्रावस्ती के लिए चलने लगा। मौसम सुहावना था। दोनों बालक के साथ सुखपूर्वक विचरण करते आगे बढ़ रहे थे। अचानक तेज आँधी आई और भारी वर्षा प्रारम्भ हो गई। मार्ग में रुकने के लिए कोई स्थान नहीं था और उसी समय कीर्ति को प्रसव-पीड़ा भी प्रारम्भ हो गई।

गोद के बालक की रक्षा के प्रयोजन से पति तुरन्त ही मार्ग से सटे वन में लकड़ियाँ काटने चला गया। जैसे ही उसने एक झाड़ी से लकड़ियाँ काटनी प्रारम्भ की, उसमें से एक विषधर निकला और उसने उसे काट लिया। वह कुछ क्षण तड़पा, फिर अचेत हुआ और अन्ततः वहीं मृत्यु को प्राप्त हो गया।

कीर्ति अकेले ही मार्ग में बालक को सँभाले थी; रात्रि का प्रथम प्रहर आ गया। पति लौटा नहीं था और इसी बीच उसने दूसरे बालक को भी जन्म दिया। वर्षा और आँधी में ही वह सारी रात दोनों बालकों को वक्षस्थल से चिपकाए रही। कीर्ति चिन्तित थी; पति नहीं लौटा था, वह भयभीत थी। प्रातःकाल हुआ। दोनों बालकों को उठाए वह वन में उसे ढूँढने निकली और जब उसने अपने पति को वहाँ मृत पाया, तो उसके दुख का छोर नहीं रहा। वह बारम्बार अपने को दोष देती कि वह घर से निकली और पतिं को पीछे आना पड़ा। न वह ऐसा करती, न पति पीछे आता और न उसकी मृत्यु होती।

व्यथित-दुखी-वेदनामयी कीर्ति ने बालकों को गोद में ले पुनः श्रावस्ती को प्रस्थान किया। बालक रो रहे थे, उनकी और स्वयं कीर्ति की काया भीगी थी। माँ तब भी साहस न छोड़ते हुए आगे बढ़ रही थी। नदी आई। उसे पार करना था। घनघोर वर्षा के कारण नदी में जलवृद्धि हो गई थी। वह उफान पर थी। दोनों बालकों को एक साथ लेकर उसके पार उतरना कीर्ति के लिए संभव नहीं था। इसलिए उसने एक-एक बालक को पार उतारने का निर्णय लिया; बड़े बालक को वहीं तट पर बैठा दिया और नवजात शिशु को लेकर नदी पार की। वहाँ कुछ तरुपत्र एकत्रित किए और नवजात शिशु को उन पर सुलाकर वह दूसरे तट पर बैठे बड़े बालक को लेने के लिए नदी पार करने लगी। वह नदी में तैरती जाती थी और बारी-बारी से दोनों बालकों की ओर देखती जाती थी।

सहसा उसने नवजात शिशु पर मँडराते एक बाज को देखा। वह भयभीत हुई और उसने तुरन्त ताली बजाई, ताकि बाज भाग जाए। लेकिन ऐसा नहीं हुआ। बाज नवजात शिशु को उठा ले गया। उसने अपना एक हाथ उठाकर शोर मचाया जिससे बड़े शिशु ने समझा कि कदाचित् माँ उसे बुला रही है। वह उफनती नदी की ओर बढ़ा; देखते-ही-देखते जल में उतर गया। कीर्ति

दृढ़तापूर्वक उसकी ओर चली, लेकिन वह उसके हाथ नहीं आया। बालक नदी के गर्भ में चला गया।

अत्यधिक व्यथित तथा असहाय कीर्ति नदी से बाहर आई और वह श्रावस्ती मार्ग पर आरूढ़ हुई। मार्ग में नगर से आ रहा एक परिचित उसे मिला, तो उसे रोककर उसने पूछा :

"मेरे माता-पिता तो कुशल से हैं न!"

"कीर्ति! तेरे माता-पिता और दोनों भाई मृत्यु को प्राप्त हो गए हैं।"

कीर्ति की आँखों से अश्रुजल बरसने लगा। वह काँपने लगी। पथिक से और कुछ भी पूछने का उसे साहस नहीं हुआ। लेकिन पथिक ने स्वतः ही बताया

"गत रात्रि में तेरे माता-पिता तथा भाई सो रहे थे, अचानक आँधी व वर्षा के कारण घर गिर गया। चारों उसमें दबकर मर गए। मैं नगर से चला तो उस समय उन्हें अन्त्येष्टि के लिए ले जाने की तैयारी हो रही थी।"

फिर पथिक ने दूर से ही श्रावस्ती नगर के दक्षिण की ओर उठते धुएँ की ओर अंगुली करते हुए कहा :

"कदाचित्...!"

कीर्ति भूमि पर गिर गई। वह मूर्छित हो गई। चेतना लौटने पर वह वेदनामयी शमशान की ओर चली। उसकी दशा देखी नहीं जाती थी। पति गया, दोनों बालक गए; और अब माता-पिता, दोनों भाई भी नहीं रहे थे। उसकी वेदना बढ़ती जाती थी। परिणामस्वरूप शमशान पहुँचने से पूर्व ही वह पागल हो गई; अपने वस्त्रों तक को सँभालने का होश उसे नहीं रहा।

वह श्रावस्ती में गली-गली घूमती थी। वस्त्रहीन पागलों की भाँति वह विलाप करती हुई कहती थी :

"वह देखो! मेरा पति मेरी ओर आ रहा है। देखो! मेरा पुत्र मुझे पुकार रहा है। देखो! मेरा बालक नदी में तैर रहा है।"

वह यह भी कहती :

"देखो! मेरे माता-पिता की चिता जल रही है। वह देखो! मेरे भाई जलती चिता से उठकर आ रहे हैं।"

क्या बालक, क्या किशोर और क्या प्रौढ़, सभी उसे पागल समझकर चिढ़ाते थे; उस पर कंकर-पत्थर फेंके जाते थे। वह होश खोए रहती थी, नंगी रहती थी और इसीलिए उसका नाम पटाचारा पड़ गया था।

एक दिन श्रावस्ती की गलियों से निकलकर वह उस स्थान की ओर जाने लगी, जहाँ गौतम बुद्ध का विहार था। इसलिए कुछ लोगों ने उसे वहाँ जाने से रोकना चाहा। लेकिन वह नहीं रुकी। वह आगे बढ़ती रही और उसी स्थान पर पहुँच गई, जहाँ तथागत धर्मोपदेश कर रहे थे। शाक्यमुनि ने नग्नावस्था में नारी को देखा; उन्होंने उसके पीछे आते उन कुछ लोगों को भी देखा, जो उसे जेतवन में प्रवेश करने से रोक रहे थे। तथागत ने उन लोगों को संकेत कर वहीं रोक दिया और कीर्ति को पास आने को कहा।

वह उनके निकट पहुँची; उसे देखकर श्रोताओं में भी खलबली मच गई, लेकिन गौतम बुद्ध ने उन्हें शान्त कर कीर्ति की मनोदशा का अनुमान लगाया। वे महान मनोवैज्ञानिक भी थे। इसलिए उन्होंने सर्वप्रथम अपना चीवर उस पर डालते हुए कहा :

"स्मृति लाभकर भगिनी!"

इतने ही करुण शब्दों को सुनकर पटाचारा में परिवर्तन आ गया। उसने तथागत की ओर आँखें गड़ाकर देखा; वहाँ बैठे शान्त व स्थिर चित्त वाले भिक्षुओं को देखा, तथा धर्मलाभ करते उपासकों-श्रोताओं को देखा।

उसके नग्न शरीर को तथागत के चीवर ने ढक दिया था। उसकी चेतना लौटी और वह शाक्यमुनि के चरणों में गिर पड़ी। कुछ देर बाद वह उठी; उसने तथागत को दण्डवत प्रणाम किया और धर्मोपदेश की जिज्ञासा प्रकट की। तथागत ने कहा :

"पटाचारा! अन्ततः पुत्र, भाई, माता-पिता सहायक नहीं होते हैं; अपने सुकर्म ही सहायक बनते हैं। पुत्र, भाई, माता-पिता रक्षा नहीं करते, सुकर्म ही

रक्षक होते हैं। अन्ततः पुत्र, भाई, माता-पिता आदि का होना या न होना एक समान होता है। इसलिए, हे कीर्ति! सुकर्म कर। शीलमयी होकर निर्वाण पथ की ओर बढ़ना ही तुम्हारे लिए श्रेयस्कर है; यही बुद्धिमानी है।"

तथागत के वचनों का पटाचारा के हृदय पर गहन प्रभाव हुआ। उसकी उनके सद्-धर्म उपदेशों के प्रति जिज्ञासा बढ़ती गई। उसके ज्ञानचक्षु खुलते गए। बुद्ध ने उससे कहा :

"हे पटाचारा! अपनी रक्षा के लिए, अपने निर्वाण और कल्याण के लिए बन्धु-बान्धवों का मोह छोड़ दे। हे भगिनी! कोई भी मृत्यु के समय सहायतार्थ, रक्षार्थ नहीं आएगा। इसलिए तू बुद्धिमान बन, शीलवान हो, निर्वाण मार्ग पर आगे बढ़।"

"हाँ भगवन्! आप सही कहते हैं। आपके सत्य वचन मेरे हृदय को छूते हैं; मैं फिर भी अपने पति को स्मरण कर बैठती हूँ। तथागत! मेरा बालक, जिसे बाज उठा ले गया, मुझे याद आता है; मेरा पुत्र, जो नदी की गोद में समा गया, मुझे स्मरण हो उठता है। हे शाक्यमुनि! मेरे माता-पिता और दो भाई एक साथ चिता पर जले, वे मेरे स्मृति-पटल पर बारम्बार उभरते हैं।"

"भगिनी! इस सांसारिक दुखचक्र से ही तुझे बाहर आना है। इस दुख से कहीं अधिक दुख बारम्बार जन्म लेकर तू उठा चुकी है पटाचारा! जितने आँसू तूने अपने पति, बालकों, भाइयों एवं माता-पिता के लिए बहाए हैं, उससे न जाने कितने अधिक आँसू तू अपने पिछले जन्मों में बहा चुकी है। अब तू अपने कल्याण का मार्ग पकड़।"

अन्ततः पटाचारा सन्तुष्ट हुई; उसने तथागत से प्रव्रज्या का निवेदन किया। आठ गुरुधर्मों को स्वीकार कर वह प्रव्रजित हुई। प्रव्रज्या के उपरान्त शाक्यमुनि ने उसे भिक्षुणी संघ में भेज दिया। गौतम बुद्ध की विमाता गौतमी के संरक्षण में संचालित बौद्ध भिक्षुणी संघ में सम्मिलित होकर पटाचारा धन्य हुई और निर्वाण मार्ग पर आगे बढ़ी।

३

भिक्षुणी संघ में सम्मिलित होने के बाद पटाचारा महाप्रजापति गौतमी के पास बैठकर उसी प्रकार धर्मज्ञान की जिज्ञासा प्रकट करती थी, जैसे गौतमी स्वयं तथागत गौतम बुद्ध से।

प्रव्रजित होने के बाद गौतमी अपने पूर्व के जीवन-सम्बन्धी घटनाक्रम के अध्याय को बन्द कर चुकी थी। उसी प्रकार भिक्षुणी संघ में सम्मिलित हो शनैः-शनैः पटाचारा ने भी ऐसा ही किया। वह गौतमी से उसी प्रकार धर्म के विषय में प्रश्न पूछती थी, जैसे स्वयं गौतमी ने तथागत से पूछे थे। एक दिन पटाचारा ने गौतमी से अनुरोध किया :

"हे भिक्षुणीश्रेष्ठ! मुझे संक्षेप में धर्मज्ञान प्रदान कर कृतार्थ करें।"

"पटाचारा! तथागत ने संक्षेप में धर्म के सम्बन्ध में जो ज्ञान मुझे दिया, उसे मैं तेरे लिए कहती हूँ। तथागत ने कहा था, 'जो धर्म इच्छापूर्ति के लिए है, इच्छाविरति के लिए नहीं है; जो धर्म संयोग के लिए है, विसंयोग के लिए नहीं है; जो धर्म संग्रह के लिए है, विनाश के लिए नहीं है; जो धर्म इच्छाओं में वृद्धि के लिए है, इच्छाओं में कमी के लिए नहीं है; जो धर्म असन्तोष के लिए है, सन्तोष के लिए नहीं है; जो धर्म भीड़ के लिए है, एकान्त के लिए नहीं है; जो धर्म आलसियों के लिए है, परिश्रमियों के लिए नहीं है; जो धर्म (अत्यधिक) कठिनाई के लिए है, सुगमता के लिए नहीं है, वह (वास्तव में) धर्म नहीं है; वह विनय भी नहीं है, और वह शास्ता का शासन भी नहीं है।' इस धर्मज्ञान से मेरे अनेक संशय मिट गए, हे पटाचारा!"

"अनेक! क्या समस्त नहीं?"

"समस्त संशय भी मिटे पटाचारा!"

"कब?"

"जब शास्ता ने मेरी विनती स्वीकार कर धर्मज्ञान को सीधे शब्दों में प्रकट किया।"

"क्या कहा महाकारुणिक ने?"

"उन्होंने कहा, 'जो धर्म विरति के लिए है, (इच्छा) पूर्ति के लिए नहीं है; जो धर्म उद्योगकर्ताओं के लिए है, आलसियों के लिए नहीं है; जो धर्म इच्छाओं को कम करने के लिए है, उनमें वृद्धि करने के लिए नहीं है; जो धर्म सुगमता के लिए है, (अत्यधिक) कठिनाइयों के लिए नहीं है, वही (वास्तव में) धर्म है; वही विनय है, और वही शास्ता का शासन है।' हे पटाचारा! क्या तेरे संशय भी तथागत द्वारा कहे गए इन धर्मज्ञान युक्त शब्दों से मिटे?"

"हाँ भिक्षुणीश्रेष्ठ! प्रव्रजित होने से पूर्व के मेरे जीवन का अध्याय भी अब बन्द हो चुका है। मैं भली-भाँति जान गई हूँ, समझ गई हूँ; मेरे भीतर अब कोई शंका नहीं है। मैं विकार, संस्कार-रहित हूँ; शास्ता के शासन के अनुरूप (ही) बरतते हुए अपने निर्वाण के मार्ग पर बढ़ने को उद्यत हूँ; मैं भिक्षुणी संघ में सम्मिलित रहते हुए बहुजनों के कल्याण के लिए, बहुजनों के सुख के लिए और बहुजनों के हित के लिए ही विचरण करूँगी। हे महाभिक्षुणी गौतमी! नमस्कार है तुम्हें! शास्ता के मुख से वर्णित धर्मज्ञान आपने मुझे प्रदान किया, आपको शत-शत नमन!"

फिर पटाचारा ने गौतम बुद्ध का ध्यान किया और भीतर-ही-भीतर बारम्बार उन्हें नमस्कार करते हुए कहा :

"हे सम्यक् सम्बुद्ध! आप सर्वोत्तम प्राणी हैं, वीर, दुखहर्ता मार्ग प्रदत्त करने वाले और करुणासागर हैं; मेरा यह जन्म ही सर्वश्रेष्ठ है, जिसमें मैंने आपके दर्शन किए, आपके द्वारा प्रदत्त धर्मज्ञान लाभ लिया और दुखमय आवागमन से सदा-सदा के लिए मुक्ति हेतु निश्चित मार्ग पकड़ा।"

◆◆◆

दानवीर सुदत्त - अनाथपिण्डिक और क्रूर माणवक-अंगुलिमाल

बुद्धवाणी से खास और आमजन के हृदय परिवर्तित हो रहे थे; उनके साधारण, सरल अमृतमय वचनों से वातावरण करुणामय हो रहा था। दिन-प्रतिदिन धनीजन निर्धनों, भूखों और शोषितों में अपना धन वितरित कर रहे थे; श्रेष्ठीजन अपनी सम्पत्तियाँ दान में दे रहे थे; स्वामीजन दासों और बन्धकों को मुक्त कर रहे थे; क्रूर और अत्याचारी क्रूरता-अत्याचार त्यागकर मानवता का मार्ग अपना रहे थे। तथागत का प्रभाव इतना बढ़ गया था कि उनके सम्बन्ध में सर्वत्र प्रचारित हो गया :

"वे सुगत तथागत बुद्ध (प्रत्येक द्वारा) नतमस्तक होकर प्रणाम किए जाने योग्य हैं, जिनका हृदय करुणामय है, शीतल है; जिनके अन्तःकरण में मोहरूपी अन्धकार से मुक्त ज्योति प्रज्वलित है; जो जगद्गुरु हैं और सांसारिक दुखों से मुक्त हैं, तथा निर्वाण के मार्ग के श्रेष्ठतम प्रणेता हैं....।"

गौतम बुद्ध के सद्-धर्म सन्देश के प्रभाव से अनेक उपासकों ने अपना सर्वस्व जनहितार्थ दे दिया। बुद्ध का सर्वकल्याणकारी सन्देश प्रत्येक तक पहुँचे, इस हेतु धन-सम्पदा को उन्होंने व्यय कर अपने को धन्य माना। ऐसे वीर उपासकों में एक प्रमुख नाम सुदत्त का था।

सुदत्त श्रावस्ती के अतिसम्माननीय और उदार हृदयी श्रेष्ठी सुमन का पुत्र था। वह स्वयं भी पिता जैसा ही उदार था, और इतना दानवीर भी कि पूरे कोशल में उसकी समानता करने वाला दूसरा कोई नहीं था। विशेषरूप से अनाथों की वह इतनी सहायता करता था कि उसका नाम ही अनाथपिण्डिक पड़ गया

था।

सुदत्त का विवाह राजगृह के एक श्रेष्ठी की बहन से हुआ था। इसलिए वह प्रायः राजगृह आता रहता था और ससुराल में उसका भरपूर आदर-सत्कार होता था।

एक बार वह राजगृह आया, तो उसके आदर-सत्कार में कुछ कमी रह गई। कारण था उसके श्रेष्ठी-साले का किसी अन्य के स्वागत-सत्कार के लिए तैयारी में व्यस्त रहना। सुदत्त बहुत समझदार और धैर्यवान भी था। इसलिए अपने आदर-सत्कार में आई कमी का उसने बुरा तो नहीं माना, लेकिन उसे यह जानने की जिज्ञासा अवश्य हुई कि ऐसा कौन है जिसके स्वागत-सत्कार की तैयारी में श्रेष्ठी व्यस्त है?

सन्ध्या आगमन हुआ। सुदत्त विचारों में खो गया था। कदाचित् स्वयं सम्राट बिम्बसार ही श्रेष्ठी के घर तो नहीं पधार रहे हैं, उसे ऐसा लगा। लेकिन अचानक श्रेष्ठी आ पहुँचा और सुदत्त से क्षमायाचना करते हुए बोला :

"सुदत्त! मैं व्यस्त था, इसलिए चाहकर भी आपका यथायोग्य आदर-सत्कार नहीं कर सका। अब तनिक सुविधा हुई है, तो आपके पास आया हूँ। आपको किसी वस्तु की आवश्यकता हो, कोई सुविधा चाहिए, तो आदेश दें?"

"नहीं श्रेष्ठी! मैं प्रसन्न हूँ। मुझे किसी वस्तु की आवश्यकता नहीं। लेकिन क्या मैं आपकी व्यस्तता का कारण जान सकता हूँ?"

"सुदत्त! कल पूर्वाह्न में तथागत गौतम बुद्ध भिक्षुओं सहित भिक्षाटन के लिए नगर पधारने वाले हैं। मैं उन्हीं के आदर-सत्कार की तैयारी में लगा था।"

"लेकिन श्रेष्ठी! मैंने तो अनुगान लगाया था कि मगध सम्राट बिम्बसार आने वाले होंगे।। आप कहते हैं बुद्ध का आगमन होगा... बुद्ध का....।"

सुदत्त बुद्ध का नाम सुनकर भौंचक्का रह गया। "व्यथा और दुखों से भरपूर मानव विश्व में बुद्ध ....।" सुदत्त से रहा नहीं गया और उसने श्रेष्ठी से पूछा :

"क्या मैं बुद्ध के इसी समय दर्शन कर सकता हूँ?"

"नही सुदत्त! अब सन्ध्या हो चुकी है। यह समय उचित नहीं है।"

"लेकिन बुद्ध इस समय कहाँ विहार कर रहे हैं?"

"सुदत्त! वे शीतवन में भिक्षुओं सहित ठहरे हैं।"

श्रेष्ठी तो अपने बहनोई सुदत्त के लिए समुचित व्यवस्था करके चला गया, लेकिन रात्रि में सुदत्त को नींद नहीं आई। वह बारम्बार शय्या से उठता और बेचैन हो जाता। उसकी बेचैनी का कारण था बुद्ध के दर्शनों की तीव्र अभिलाषा। अन्ततः उसने शय्या त्याग दी और श्रावस्ती से बाहर निकलकर शीतवन के मार्ग पर आ पहुँचा। मार्ग में अंधेरा था, लेकिन वह दृढनिश्चयी और निर्भीक होकर आगे बढ़ता रहा और प्रातःकाल की प्रथम वेला में शीतवन पहुँच गया।

नित-नियमानुसार गौतम बुद्ध टहल रहे थे। उन्होंने सुदत्त को देखा, तो टहलना छोड़कर आसनारूढ़ हो गए। सुदत्त थका हुआ था। रात्रि में उसे नींद नहीं आई थी। लेकिन तथागत के दर्शनार्थ वह आतुर था। बुद्ध ने उसकी मनोदशा जानी और उसका नाम लेते हुए कहा :

"आओ सुदत्त!"

सुदत्त इस प्रकार गौतम बुद्ध द्वारा नाम से पुकारने पर हर्षित था; वह उनके निकट गया और बुद्ध के तेजस्वी रूप, करुणा बिखेरते चक्षुओं एवं संयत, शीतल व दृढ़ वाणी से अत्यधिक प्रभावित हुआ। उसने तथागत से धर्मज्ञान की जिज्ञासा की। बुद्ध ने सुदत्त से कहा :

"सुदत्त! यदि सच्चे सुख की कामना हो, तो सुनो, मैं तुम्हें बताता हूँ....।"

"मैं आतुर हूँ तथागत!"

"पापरहित और विमुक्त, काम-तृष्णा से मुक्त, दयावान, शान्त चित्त वाला और स्थिर ही सुख पा सकता है...।"

"इस हेतु तथागत!"

"अष्टांगिक मार्ग का अनुसरण करना होगा।"

तथागत ने सुदत्त को अष्टांगिक मार्ग समझाया। साथ ही उसे सद्-धर्म

का ज्ञान भी दिया। उसके ज्ञानचक्षु खुल गए। वह भली-भाँति समझ गया जो उत्पन्न है, वह नाशवान है। उसने तथागत से प्रार्थना की :

"भन्ते! मुझे उपासक के रूप में स्वीकार करें।"

गौतम बुद्ध ने मौन सहमति दी। सुदत्त आसन से उठा, बुद्ध को करबद्ध प्रणाम किया, उनकी प्रदक्षिणा की और फिर उनसे प्रार्थना की :

"हे महाकारुणिक! कल भिक्षुओं सहित राजगृह में मेरा भोजन स्वीकार करें।"

गौतम बुद्ध ने इस अनुरोध को भी मौन स्वीकृति दी। सुदत्त राजगृह श्रेष्ठी-साले के घर पहुँचा और उसने बताया कि वह तथागत का उपासक हो गया है; उसने कल भिक्षुओं सहित बुद्ध को भोजन के लिए आमंत्रित किया है। श्रेष्ठी ने सुदत्त से कहा :

"सुदत्त! तुम हमारे अतिथि हो। इसलिए उचित होगा कि इस भोजन पर आने वाला सारा व्यय मैं दूँ।"

"नहीं श्रेष्ठी! ऐसा नहीं हो सकता।"

"लेकिन आप हमारे बहनोई भी हैं!"

"कोई बात नहीं! आप चिन्ता न करें।"

"परन्तु अधिक धनराशि व्यय होगी!"

"उसकी चिन्ता भी न करें! मेरे पास पर्याप्त धनराशि है।"

श्रेष्ठी-साले को चुप होना पड़ा। फिर नगरप्रमुख ने सुदत्त से कहा कि वह नगर का अतिथि है, इसलिए भोजन का व्यय नगर निगम देगा, लेकिन सुदत्त अपनी बात पर दृढ़ था। जनपद के राजा को सूचना मिली। उसने भी सुदत्त से अतिथि होने की बात कहकर भोजन व्यय स्वयं के कोष से देने का प्रस्ताव किया। सुदत्त फिर भी अटल रहा और उसने अपने श्रेष्ठी-साले के निवास स्थान पर अति सुन्दर और सुचारु ढंग से भोजन की व्यवस्था की।

गौतम बुद्ध भिक्षुओं सहित राजगृह पधारे। सुदत्त ने श्रेष्ठी-साले के घर के द्वार पर शाक्यमुनि एवं भिक्षुओं का स्वागत किया। जब भोजनार्थ तथागत व भिक्षुक आसनारूढ़ हो गए, तो सुदत्त ने तैयार की गई एक-एक खाद्यवस्तु स्वयं

परोसी। सभी तृप्त हुए। गौतम बुद्ध ने भोजन के उपरान्त धर्मोपदेश दिया और जब वे वापस शीतवन जाने की तैयारी करने लगे, तो सुदत्त ने उनसे यह प्रार्थना की :

"तथागत! वर्षा ऋतु में श्रावस्ती पधारिए। वहीं वर्षा विहार कीजिए।"

गौतम बुद्ध ने मौन स्वीकृति दी। सुदत्त ने हर्षित मन से श्रावस्ती के लिए प्रस्थान किया। राजगृह से श्रावस्ती तक पूरे मार्ग में उसका मन हर्षित रहा। "उसने बुद्ध के दर्शन किए हैं, उनका शिष्यत्व स्वीकार किया है", सुदत्त इस विचार से अपने को गौरवान्वित समझता था, धन्य मानता था। "गौतम बुद्ध उसके निमन्त्रण पर श्रावस्ती आएँगे, यह उसका परम सौभाग्य होगा", वह ऐसा भी मानता था।

श्रावस्ती पहुँचकर सुदत्त उस उपयुक्त स्थान की खोज में जुट गया, जहाँ तथागत भिक्षुओं सहित वर्षा विहार करेंगे; जहाँ से वे अधिकाधिक लोगों को सुगमतापूर्वक धर्मज्ञान का लाभ देंगे। पर्याप्त विचार करने के बाद उसे जेतवन सर्वश्रेष्ठ जँचा। जेतवन, श्रावस्ती के राजकुमार जेत का उद्यान था और इसी कारण वह जेतवन कहलाता था।

तथागत गौतम बुद्ध के वर्षा विहार के उद्देश्य से जेतवन लेने के लिए सुदत्त जेतकुमार के पास पहुँचा। सुदत्त ने जेत से निवेदन किया :

"अपना उद्यान देने की कृपा करें!"

जेत ने सुदत्त को उत्तर देते हुए कहा :

"मेरा उद्यान अदेय है...!"

"मुझे अति पुण्य कर्म के लिए चाहिए!"

"तुम मूल्य नहीं दे पाओगे!"

"आप कहिए!"

"क्या पूरे उद्यान को स्वर्ण मुद्राओं से भर सकते हैं? यही उद्यान का मूल्य है।"

"ठीक है राजकुमार! उद्यान मेरा हुआ।"

सुदत्त ने सेवकों को आदेश दिया। गाड़ियों में भरकर स्वर्ण मुद्राएँ आ गईं; उन्हें उद्यान के एक छोर से दूसरे छोर तक बिछाया जाने लगा। राजकुमार जेत भौंचक्का रह गया। उसे स्मरण हुआ, "सुदत्त श्रेष्ठी पुत्र है। वह मुँह माँगा मूल्य देकर उद्यान क्रय कर रहा है। निश्चित ही उसे इससे कोई बहुत बड़ी प्राप्ति हो रही होगी।"

फिर उसे स्मरण हुआ, "सुदत्त तो किसी पुण्य-कर्म की बात कर रहा था। यदि बात यह है तो वह पुण्य-कर्म भी बहुत महान होगा।"

अन्ततः राजकुमार ने सुदत्त से पूछा :

"सुदत्त! उद्यान तो तुम्हारा हुआ। लेकिन क्या तुम मुझे इसे क्रय करने का प्रयोजन बता सकते हो?"

"हाँ राजकुमार!"

"तो बताओ सुदत्त!"

"राजकुमार! तथागत गौतम बुद्ध भिक्षुओं सहित वर्षा ऋतु में श्रावस्ती आने वाले हैं। उन्हीं के विहारार्थ मैंने यह जेतवन क्रय किया है।"

राजकुमार की आँखें खुल गई। उसे सुदत्त के पुण्य भरे कार्य का भान हुआ। उसने देखा कि सारा उद्यान स्वर्ण मुद्राओं से ढक गया है। केवल उद्यान के बीच में बना एक कक्ष ही बिना ढके रह गया है। राजकुमार ने उस कक्ष की ओर संकेत कर सुदत्त का ध्यानाकर्षित किया, तो सुदत्त ने सेवकों को आदेश दिया :

"इसे भी स्वर्ण मुद्राओं से भर दो!"

"नहीं वीर सुदत्त!"

"क्यों राजकुमार?"

"सुदत्त! मैं भी इस महान पुण्य-कर्म का सहभागी होना चाहता हूँ। कम-से-कम इतना सा स्थान तो छोड़ दो।"

"ठीक है राजकुमार!"

उतना स्थान छोड़ दिया गया। तदोपरान्त सुदत्त ने जेतवन में भिक्षुओं

के विहारार्थ अति सुन्दर तथा अभूतपूर्व व्यवस्था कराई। उसने युद्धस्तर पर राजगृह व श्रावस्ती के मध्य के पूरे मार्ग पर जगह-जगह विश्रामगृह बनवाए; कुएँ खुदवाए और भिक्षुओं के भिक्षाटन का प्रबन्ध किया। उसने मार्ग में तथागत गौतम बुद्ध द्वारा दिए जाने वाले धर्मोपदेशों के लिए स्थान चिह्नित किए; जनता में जागृति उत्पन्न की।

तथागत गौतम बुद्ध श्रावस्ती पधारे; वे जेतवन में ठहरे। अगले दिन पूर्वाह्न में, सुदत्त के सादर आमंत्रण पर शाक्यमुनि भिक्षुओं सहित भोजनार्थ उसके निवास स्थान पर गए। भोजन समाप्ति पर सुदत्त ने जेतवन भिक्षुक संघ को दान में देने की घोषणा की। उसी जेतवन में तथागत ने अपने जीवन के सर्वाधिक वर्षा विहार किए।

२

तथागत करुणामय मानव धर्म के प्रसारार्थ, मानवमात्र के दुखों के अन्त हेतु सम्यक् ज्ञान के प्रचारार्थ निरन्तर विचरण करते रहे; कोई भी निराश होकर उनके पास से नहीं गया।

सुदत्त-अनाथपिण्डिक द्वारा भिक्षुक संघ को भेंट में दिए गए श्रावस्ती के जेतवन में अतिप्रातःकाल की वेला में तथागत विचरण कर रहे थे कि सहसा कोशल के राजपुरोहित भार्गव की पत्नी मैत्रायणी उनके सम्मुख प्रकट हुई। गौतम बुद्ध मैत्रायणी को देखकर तुरन्त ही आसनारूढ़ हुए और संकेत द्वारा उन्होंने मैत्रायणी को बुलाया, तथा उसे भी पास पड़े आसन पर बैठ जाने को कहा। मैत्रायणी बुद्ध के समीप गई; उसने करबद्ध प्रणाम किया और फिर उनकी शरण में बैठकर उसने निवेदन किया :

"भन्ते! आप करुणामूर्ति हैं। आपने उन सबको, जो आपकी शरण में आए, सद्-धर्म शिक्षा दी है; अनेकानेक का कल्याण आपने किया है, जीवन को सार्थक करने का मार्ग दिखाया है। हे तथागत! मैं भी बड़ी आशा के साथ आपके पास आई हूँ; मुझ पर उपकार कीजिए।"

"क्या चाहती हैं आप देवी मैत्रायणी?"

"भगवन्! मेरा पुत्र माणवक, जो तक्षशिला में अध्ययनरत रहा, जो सुशील, सदाचारी, प्रज्ञावान, दृढ़निश्चयी, गुणी और अपने नाम के अभिप्राय के अनुरूप ही अहिंसक था; स्वार्थियों, विद्वेशियों और ईर्ष्यालुओं के षडयंत्र के कारण कुमार्ग पर चल पड़ा। और, भन्ते! कुमार्ग भी ऐसा कि जो हृदय-विदीर्ण कर दे...।"

तथागत शान्तिपूर्वक और गम्भीर होकर मैत्रायणी की बात सुन रहे थे। वह कह रही थी :

"गुरु-आज्ञा को सदैव शिरोधार्य करने वाला, गुरुपत्नी को माता से बढ़कर मानने वाला, गुरुपुत्री को सगी भगिनी समान स्वीकारने वाला, सेवामूर्ति और अनुशासित मेरा माणवक इसी जनपद के जालिनी वन में महाहत्यारे अंगुलिमाल के रूप में है...।"

"अंगुलिमाल!" गौतम बुद्ध ने धीमे स्वर में बोला।

"हाँ शाक्यमुनि! अंगुलिमाल, जो मार्ग चलते लोगों की हत्या करता है; वह मृतकों की सम्पत्ति, वस्त्र, वस्तुएँ नहीं लूटता है। वह लोगों को मारता है...।"

"मैत्रायणी....।"

"भगवन्!" भरी आँखों से मैत्रायणी ने बताया, "मेरे पति भार्गव और मैंने बड़े चाव से माणवक को तक्षशिला भेजा था। अपने गुणों, विद्याध्ययन और सेवा से उसने अपने आचार्य का हृदय जीत लिया था। आचार्य उससे अत्यधिक प्रेम करने लगे थे। इससे माणवक के गुरु भाइयों को ईर्ष्या हुई और उन्होंने उसे आचार्य से पृथक करने का विचार कर एक षडयंत्र रचा। उस षडयंत्र का माध्यम उन्होंने आचार्य की पत्नी को बनाया।"

तथागत अपने करुण नेत्रों को झुकाए मैत्रायणी को सुन रहे थे और वह कह रही थी :

"उन्होंने षडयंत्र को कार्यरूप देने के उद्देश्य से तीन दल बनाए। पहले एक दल के सदस्य आचार्य के पास पहुँचे और उन्होंने उनसे माणवक तथा

आचार्य-पत्नी के मध्य सम्बन्धों की बात कही। लेकिन आचार्य ने उनकी बात को नहीं माना। फिर दूसरे दल के सदस्यों ने उनसे माणवक द्वारा उनके घर को दूषित करने का मिथ्या आरोप लगाया। उसे भी आचार्य ने नहीं स्वीकारा, लेकिन जब तीसरे दल के सदस्यों ने भी इसी तरह की बात की, तो आचार्य के मन में शंका घर कर गई...।"

"शाक्यमुनि!" मैत्रायणी ने आगे कहा, "आचार्य वृद्ध थे। वे अपनी पत्नी से तीस वर्ष से भी अधिक बड़े थे। उन्होंने पहली पत्नी के निधनोपरान्त, अपनी युवा पुत्री के होते हुए भी, एक सुन्दर यौवना से विवाह किया था। चूँकि माणवक का आचार्य के घर खूब आना-जाना था, गुरुपत्नी उससे बातें करती थीं, इसलिए षडयंत्रकारियों के मिथ्या आरोपों से आचार्य की शंका को बल मिला। उन्होंने इस सम्बन्ध में न तो कभी माणवक से पूछा और न ही अपनी युवा पत्नी से। शंकाग्रस्त आचार्य के मन में तो यही आया कि कहीं मेरी वृद्धावस्था के कारण मेरी युवा पत्नी माणवक से...?"

"तथागत!" बात को आगे बढ़ाते हुए मैत्रायणी बोली, "शंकालु आचार्य ने पहले तो माणवक की हत्या करने का विचार किया। फिर गुरुकुल की बदनामी और स्वःकुल के कलंकित होने के भय से एक अन्य उपाय ढूँढ निकाला...।"

करुणासागर गौतमबुद्ध ने आँखें खोलकर धीरे से मस्तक ऊपर किया और व्यथित माता मैत्रायणी की ओर देखा। मैत्रायणी की आशा में वृद्धि हुई और उसने अपनी बात को और आगे बढ़ाते हुए कहा :

"आचार्य ने माणवक से गुरुदक्षिणा माँगने का निश्चय किया। उसने पहले माणवक से कहा कि वह वचन दे, गुरुदक्षिणा में जो भी माँगा जाएगा उसे वह देगा; माणवक ने वचन दिया तो फिर उससे कहा, जाओ एक हजार व्यक्तियों की हत्या करो। मेरा माणवक अहिंसक था; उसने आचार्य से याचना करते हुए किसी अन्य दक्षिणा पर विचार करने को कहा। लेकिन शंकाग्रस्त आचार्य तो ऐसा कर अकारण उसे दण्ड देना चाहता था। आचार्य ने उसे दिए गए वचन का वास्ता दिया। माणवक निराश हो गया; उसने फिर भी गुरु-आज्ञा शिरोधार्य की, वह जालिनी वन में आ गया और हत्याएँ करने लगा।"

अपनी बात को पूर्ण करने के उद्देश्य से मैत्रायणी ने कहा :

"माणवक हत्याएँ करता और मारे गए लोगों की गिनती करता जाता था। उसे गुरु-आज्ञा के अनुसार पूरी एक हजार हत्याएँ करनी थीं। लेकिन कुछ समयोपरान्त वह भूल गया कि उसने कितने लोगों को मारा है? पुनः भूल न हो, इसलिए उसने प्रत्येक मृतक की एक अंगुली काटनी प्रारम्भ की, और जब अनेक अंगुलियाँ एकत्रित हो गईं, तो उसने उनकी माला बनाकर उसे गले में डाल लिया। हे महाकारुणिक! इसी कारण मेरा माणवक अंगुलिमाल कहलाने लगा। अभी तक वह नौ सो निन्यानबे लोगों की हत्या कर चुका है। भगवन्! वह भय और क्रूरता का प्रतीक बन गया है। आपके पास आई हूँ, मेरे पुत्र का कल्याण करें; मुझ पर, मेरे वृद्ध पति पर, कुल पर और जनपदवासियों पर उपकार करें।"

गौतम बुद्ध को अंगुलिमाल की जानकारी थी। मैत्रायणी की बात सुनकर वे मुसकाए। मैत्रायणी समझ गई कि तथागत कल्याण करेंगे। इसलिए वह बुद्ध को करबद्ध नमन कर निश्चिंत अपने घर लौट गई।

तथागत भिक्षुओं सहित श्रावस्ती नगर पहुँचे। भिक्षा ग्रहण की। वापस जेतवन पहुँचे। वहाँ उन्होंने भिक्षुओं, उपासकों और जिज्ञासुओं के समक्ष धर्मोपदेश किया। तदोपरान्त वे अपने आसन से उठे और जालिनी वन की ओर ज़ाने वाले मार्ग पर आ गए।

वहाँ अनेक जन पशु चरा रहे थे; किसान हल चला रहे थे। जैसे ही गौतम बुद्ध ने जालिनी वन-मार्ग पर आगे बढ़ना प्रारम्भ किया, पशुचारकों में से एक बोला :

"किस मार्ग पर जा रहे हैं आप महात्मन्?"

तथागत मौन थे। दूसरा चरवाहा बोला :

"क्या मार्ग भूल गए हैं?"

वे मौन रहकर आगे पग बढ़ा रहे थे। तीसरा बोला :

"आगे मत बढ़ो! आगे भय है।"

गौतम बुद्ध स्थिर चित्त से, शान्त स्वभाव से, मुसकाते चेहरे से चुपचाप चले जा रहे थे। फिर एक किसान उनके निकट आकर बोला :

"हे महाश्रमण! आप क्या कर रहे हैं?"

तथागत अब भी मौन थे। दूसरा किसान निकट आया और बोला :

"भन्ते! आगे मत जाओ। वहाँ अंगुलिमाल है।"

शाक्यमुनि नहीं रुके। तीसरे किसान ने कहा :

"मुनिश्रेष्ठ! वह नौ सौ निन्यानबे लोगों को मार चुका है। प्रतिज्ञानुसार एक हत्या उसे और करनी है। आप क्यों...?"

बुद्ध ने करुणा बिखेरती दृष्टि किसान पर डाली और उसी प्रकार शान्तता, स्थिरता एवं मुसकान के साथ पग आगे बढ़ाने का क्रम जारी रखा।

अन्ततः तथागत जालिनी वन क्षेत्र में पहुँच गए। अंगुलिमाल ने दूर से देखा, कोई उसकी ओर चला आ रहा है। जैसे ही तथागत निकट आए उसने यह भी देखा कि वह कोई श्रमण है, शान्त और गम्भीर मुद्रा में है। सामान्यतः गौतम बुद्ध धीमी गति से आँखें नीचे करके गमन किया करते थे, लेकिन आज अंगुलिमाल की ओर बढ़ते हुए उनकी दृष्टि सीधी थी; सिर ऊँचा था।

अंगुलिमाल के नाम से लोग काँपते थे। उसे अपनी क्रूरता का घमण्ड हो गया था। उसके समक्ष जानबूझकर कोई आने का साहस नहीं करता था। लेकिन श्रमण आ रहा था, वह भी सीधी आँखें करके और मस्तक ऊँचा किए हुए, जो अंगुलिमाल के लिए असहनीय था।

वह समझने लगा कि आगन्तुक उसका तिरस्कार करना चाहता है, इसलिए क्रोध में लाल-पीला होते हुए उसने गौतम बुद्ध को मार डालने के उद्देश्य से धनुष-बाण उठाया। जैसे ही उसने बाण चलाने का विचार किया, उसे तथागत की गति नहीं मिली। वह आश्चर्यचकित हुआ और जोर से चिल्लाया :

"ओ श्रमण वहीं खड़ा हो जा!"

"मैं स्थित हूँ", गौतम बुद्ध ने उत्तर दिया।

"लेकिन तू तो चल रहा है! श्रमण होकर झूठ क्यों बोलता है?"

"मैं स्थित हूँ, अंगुलिमाल!"

अंगुलिमाल चकित हुआ और तनिक लड़खड़ाते स्वर में फिर बोला :

"तू चल नहीं रहा?"

"मैं स्थित हूँ, मैं खड़ा हूँ अंगुलिमाल!"

अंगुलिमाल का सिर चकराने लगा। वह तनिक भयभीत हुआ। उसमें तथागत के प्रति सम्मान आ गया। और अधिक लड़खड़ाते स्वर में, उसने गतिशील प्रतीत होते बुद्ध से कहा :

"आप तो चले आ रहे हैं; मुझे कहते हैं खड़ा हूँ, स्थित हूँ। यह क्या है?"

"हाँ अंगुलिमाल! मैं खड़ा हूँ। तू चल रहा है।"

"यह कैसी उल्टी बात श्रमण?"

"मैं सत्य बोल रहा हूँ।"

"तो आप स्थित हैं!"

"हाँ।"

"कैसे?"

"मुझमें प्राणियों के प्रति दण्डभावना नहीं है। मैं प्राणियों में संयमी हूँ। इसीलिए मैं स्थित हूँ।"

"और मैं?"

"तू अस्थित है अंगुलिमाल!"

"वह कैसे?"

"इसलिए कि तू प्राणियों में असंयमी है; तूने दण्डभावना नहीं छोड़ी है। अतः तू अस्थित है। विपरीत इसके मैं स्थित हूँ।"

शाक्यमुनि के इन शब्दों को सुनकर अंगुलिमाल दंग रह गया; उसे अपने अत्याचारों, क्रूरता और कुकर्मों का भान हुआ। गौतम बुद्ध के शब्द झकझोर देने वाले थे। वे किसी महान् गुरु के वचनों के सदृश्य थे। वह चेतनायुक्त हुआ। उसे लगा कि उसके समक्ष महान गुरु स्वयं खड़े हैं।

अंगुलिमाल के हाथ से न जाने कब धनुष-बाण गिर गए। वह तथागत के चरणों में गिर गया। उसके आँसुओं की धारा बह निकली। गौतम बुद्ध के चरणों को आँसुओं ने धो डाला। फिर वह उठा और झुककर तथागत से प्रव्रज्या की याचना करने लगा। तथागत महाकारुणिक थे; वे सबका कल्याण करने वाले थे। अंगुलिमाल को कैसे निराश करते? बुद्ध ने उसे प्रव्रज्या दी और साथ लेकर वापस जेतवन पहुँचे।

३

संध्या का समय था। तथागत जेतवन में धर्मोपदेश कर रहे थे। उनके बगल में काषाय वस्त्रों में एक नया भिक्षुक भी बैठा था। वह अनायास ही श्रोताओं का ध्यान अपनी ओर आकर्षित करता था। अचानक कोशल के राजा प्रसेनजित का आगमन हुआ। प्रसेनजित ने तथागत को प्रणाम किया; एक ओर बैठ उसने भी धर्मज्ञान-लाभ उठाया। जब उपदेश समाप्त हुआ तो शाक्यमुनि ने प्रसेनजित से कहा :

"राजन्! क्या बात है? आज कुछ कठिनाई में दीख पड़ते हैं!"

"भन्ते! दबाव में हूँ।"

"क्या मगध सम्राट बिम्बसार ने कोई दबाव डाला है?"

"नहीं भन्ते!"

"तो क्या वैशाली से कोई धमकी मिली है?"

"नहीं भगवन्! वहाँ से भी कोई धमकी नहीं मिली है।"

"तब चिन्ता का क्या कारण है?"

"भन्ते मेरी चिन्ता का कारण अंगुलिमाल है; सैंकड़ों निरीहों की हत्या वह कर चुका है। उस क्रूर हत्यारे के प्रति जनमानस में रोष है; जनता का मुझ पर भारी दबाव है। मैं उसे समाप्त करने के लिए ही अपनी सेना के साथ निकला हूँ। अभियान पर जाने से पूर्व मैं सैन्य-बल के साथ तथागत को प्रणाम करने आया हूँ।"

गौतम बुद्ध मुसकाए, फिर बोले :

"राजन्! यदि अंगुलिमाल आपको भिक्षुक स्वरूप दिखाई दे, तो क्या आप उसे फिर भी मारेंगे?"

"नहीं भन्ते! लेकिन वह अत्याचारी और क्रूर हन्ता भिक्षुक तो हो नहीं सकता।"

बुद्ध ने पास ही भिक्षुक के रूप में बैठे अंगुलिमाल की ओर हाथ से संकेत करते हुए कहा :

"प्रसेनजित देखो! यह रहा अंगुलिमाल।"

राजा के होश उड़ गए। उसे सहज ही विश्वास नहीं हुआ। लेकिन गौतम बुद्ध ने कहा था, इसलिए बात तो सत्य ही थी। वह बारम्बार अंगुलिमाल की ओर देखता और विचार करता कि कैसे भयभीतकर्ता को शाक्यमुनि ने भिक्षुक बना दिया? वह करबद्ध बुद्ध के पास खड़ा हो गया और निवेदन करने लगा :

"भगवन्! कैसे आपने अंगुलिमाल का दमन किया? आपके समक्ष उसने कैसे आत्मसमर्पण किया?"

"राजन्! अंगुलिमाल की चेतना जगाने की आवश्यकता थी; उसके ज्ञानचक्षु खोलने की आवश्यकता थी...।"

"आपको बारम्बार प्रणाम तथागत...।"

प्रसेनजित ने बुद्ध के चरणों में शीश नवाया; उनकी प्रदक्षिणा की और आज्ञा ले राजप्रासाद को प्रस्थान करने से पूर्व उस भिक्षुक अंगुलिमाल को भी प्रणाम किया जिसके प्राणान्त हेतु वह सेना सहित निकला था।

प्रव्रजित होने के बाद अंगुलिमाल निरन्तर धर्मज्ञान-लाभ लेता गया। वह तथागत के समीप बैठकर धर्मोपदेश सुनता और निरन्तर अपना दमन करता। वह भिक्षाटन के लिए जाता तो पूर्व के अत्याचारों के कारण लोग उसे पत्थरों से मारते, उसको बुरी तरह सताते, लेकिन वह कुछ नहीं बोलता; वह शान्त रहता और सब कुछ सहता था। अपने जीवन को सार्थक करने हेतु वह शास्ता के शासनानुसार बरतता था और सदा ही बुद्ध को स्मरण कर कहता था :

"मेरे भाग्य जागे, मुझे बुद्ध मिले। कोई दण्ड द्वारा दमन करता है, कोई धनुष-बाण से तथा कोई अन्य शस्त्र से, लेकिन मेरा दमन तथागत ने मेरी चेतना जागृत करके किया; मुझे ज्ञानचक्षु प्रदान करके किया। मेरा जीवन सार्थक हुआ। हे तथागत! आपको मेरा शत-शत नमन है।"

◆◆◆

छियालीसवाँ वर्षा विहार

श्रावस्ती में लगातार पच्चीस वर्षा विहारों के बाद अपने छियालीसवें और जीवन के अन्तिम वर्षा विहारार्थ तथागत वैशाली पहुँचे। इस बार वे पहले नगरवधू आम्रपाली के आम्रवन में ठहरे।

गत पच्चीस वर्षों में वैशाली आन्तरिक कलहों, संघर्षों, युद्धों का शिकार रही थी। उसके वैभव को बहुत बड़ा धक्का लगा था; उसकी प्रतिष्ठा गिरी थी। दूसरी ओर गौतम बुद्ध के निरन्तर धर्मोपदेश से सम्यक-ज्ञान का व्यापक प्रसार हुआ था। परिणामस्वरूप धार्मिक क्रान्ति ने जन्म लिया था; समाज सुधार आन्दोलन खड़ा हो गया था।

गौतम बुद्ध धर्म-सम्प्रदाय, वंश, जाति, कुल और लिंग के भेदभाव के बिना, सर्वसमानता को केन्द्र में रखकर सबका जीवन सार्थक करने का रामबाण रूपी मार्ग प्रदान कर रहे थे। राजा हो या रंक, ब्राह्मणवर्णीय हो या शूद्र, क्षत्रिय हो या चाण्डाल, वैश्य हो या समाज बहिष्कृत, अछूत हो या फिर वेश्या, सभी को सम्यक् ज्ञान का अधिकार मिला था; सभी उपासक रूप में एक साथ बैठ सकते थे। सभी प्रव्रज्या लेकर एक संघ के सदस्य हो सकते थे। अति जटिल और प्रायः असम्भव स्थिति को सरल और सम्भव बनाकर तथागत ने कदाचित् पहली बार मानवीय एकता को मूर्त रूप दिया था; मानवधर्म का शंखनाद किया था।

२

आम्रपाली वैशाली की नगरवधू थी। अपने समय की वह बेजोड़ रूपवती थी। न जाने कितने राजपुत्र, श्रेष्ठीपुत्र और धनिक उसके दीवाने रहे थे। उसका नीलपद्म प्रासाद वैशाली का सबसे चर्चित और भव्य स्थान था। आम्रपाली की

एक झलक पाने को न जाने कितने नवयुवक आतुर रहते थे; उसकी प्रतीक्षा में दिन-रात व्यतीत कर देते थे, और उसके लिए मर-मिटने को, सब कुछ लुटा देने को तैयार रहते थे।

लेकिन समय तो सदा एक समान रहता नहीं है। आम्रपाली कब की प्रौढ़ हो चुकी थी। अब भी उसकी चर्चा मात्र होती थी, लेकिन उससे भी तरुणों और नवयुवकों की तरुणाई व जवानी अंगड़ाई लेती थी। आम्रपाली के दीवाने, प्रेमी वृद्ध हो चुके थे; उनमें से कई स्वर्ग सिधार चुके थे। स्वयं आम्रपाली अब नीलपद्म प्रासाद में नहीं, अपितु सप्तभूमि प्रासाद में रहती थी। नौजवानों, नागरिकों अथवा जिज्ञासु आगंतुकों के लिए उसका दर्शन दुर्लभ था। नवयुवक सप्तभूमि प्रासाद की ओर जाते अवश्य थे, उन्हें वहाँ जाकर और आम्रपाली के सम्बन्ध में जानकर कौतूहल होता था, लेकिन उसकी एक झलक पा सकना भी उनके लिए संभव नहीं था।

आम्रपाली के सम्बन्ध में वैशाली नगर में भिन्न-भिन्न प्रकार की चर्चाएँ होती थीं। वह अब बाहर नहीं निकलती थी। लेकिन तथागत गौतम बुद्ध का वैशाली आगमन हुआ; और जैसे ही उसे सूचना मिली कि वे उसी के आम्रवन में विहारार्थ पधारे हैं, उसमें रोमांच व्याप्त हो गया।

आम्रपाली जीवन में उस कटु अनुभव के मध्य से गुजरी थी, जिसकी सहज ही कल्पना नहीं की जा सकती थी। उसने कामातुर, घमण्डी और स्त्रैणों के पाखण्ड और छल देखे थे। उसने लुटते-मिटते वैभव देखे थे; ईर्ष्याएँ और स्वार्थ-सिद्धियाँ देखी थीं। उसने नष्ट होती राजसत्ताओं को देखा था; सत्ता-मोह, सम्पदा और नारी के लिए पिता-पुत्र, भाई-भाई, राजा-मंत्री के बीच हुए रक्तपात को देखा था। जीवन में बहार और उतार किसे कहते हैं? आम्रपाली श्रेष्ठतः इस वास्तविकता को जानती थी। अब वह शान्त रहती थी, न जाने किसकी प्रतीक्षा करती थी? तथागत उसके आम्रवन में आए, और उसमें रोमांच व्याप्त हुआ; कदाचित् यही उसकी प्रतीक्षा का अन्तिम पड़ाव था।

आम्रपाली ने तुरन्त ही अपनी दासियों, दासों, कर्मचारियों, पहरेदारों आदि को बुलाया। सप्तभूमि प्रासाद में हलचल मच गई। प्रातःकाल का समय था।

प्रासाद का मुख्यद्वार खुला; आम्रपाली दस वर्षोपरान्त बाहर निकली। आम लोग आश्चर्यचकित थे। कोई कहता :

"कदाचित् कोई विशेष घटना घटी है, आम्रपाली सप्तभूमि प्रासाद से दल-बल सहित बाहर आई है ...।"

"वह इसलिए मार्ग पर आई है, ताकि अभी तक शेष अपने ठाट-बाट का भान करा सके", दूसरा यह कहता।

कोई तीसरा कहता, "नहीं भाई! वह वैशाली की दुर्दशा को अपनी आँखों से देखने के लिए बाहर निकली है।"

तरह-तरह की बातें हो रही थी। सारा नगर पथ पर आ गया था। दर्शनों के लिए आतुर रहने वाले तरुण और नवयुवक आम्रपाली की ओर खिचें चले आ रहे थे। नवयौवनाओं में भी उसे देखने की होड़ थी। लेकिन वैशाली की नगरवधू अपनी काया को ढककर शान्ति के साथ एक श्वेत हाथी पर बैठी थी। नगर का कौतूहल उसकी शान्ति के आड़े नहीं आ रहा था। वह किसी की ओर नहीं देख रही थी। उसका हाथी आगे बढ़ रहा था; उसकी दासियाँ, दास और कर्मचारी मालाएँ, पुष्प व सामग्री आदि को लिए थे और उनके पीछे लोगों की भीड़ थी।

उसका श्वेत हाथी आम्रवन के निकट पहुँचा। उसने उसे वहीं रोकने का आदेश दिया। वह रुक गया; और साथ पीछे आ रहे लोगों का झुण्ड भी थम गया। आम्रपाली आगे बढ़ी। उसने वन-द्वार से करुणासागर, तेजस्वी तथागत गौतम को देखा। वह दासियों, जिनके हाथों में अति सुन्दर पुष्पों से गुँथी मालाएँ थीं, पुष्प थे, गन्ध द्रव्य थे और पूजने के लिए सामग्री थी, के साथ द्वार के निकट खड़ी रही। शाक्यमुनि की आयु अस्सी वर्ष थी, लेकिन पद्मासन पर बैठे तथागत उस आयु में भी बलवान प्रतीत होते थे; उनकी कायिक शोभा आकर्षित करती थी। वे उस समय सैंकड़ों भिक्षुओं से घिरे थे और धर्मोपदेश कर रहे थे।

उपदेश समाप्त हुआ। आनन्द तथागत के पास गया और बोला :

"भन्ते! आम्रपाली का आगमन हुआ है।"

तथागत ने पलकें ऊपर उठाईं; द्वार पर खड़ी आम्रपाली को देखा और

मुसकाए। आम्रपाली उनके पास पहुँच गई; उसने करबद्ध हो शाक्यमुनि को प्रणाम किया। तदोपरान्त गन्ध द्रव्यों, पुष्पमालाओं, पुष्पों आदि से विधिवत उनकी पूजा की और फिर एक ओर बैठ गई। तथागत ने पुनः आम्रपाली की ओर अपने करुण चक्षु उठाए। आम्रपाली अपने स्थान पर खड़ी हो गई और उसने भगवन् से निवेदन किया :

"तथागत! भिक्षुक संघ सहित कल के लिए सप्तभूमि प्रासाद में मेरा भोजन स्वीकार करें।"

शाक्यमुनि मौन हो गए। आम्रपाली उनकी मौन स्वीकृति से अति प्रसन्न हुई; उसने गौतम बुद्ध की प्रदक्षिणा की, उन्हें प्रणाम किया और उसी प्रकार दल-बल सहित वापस अपने निवास-स्थान को लौट गई।

३

कुछ ही पल बीते थे कि अश्वों, रथों, हाथियों आदि पर सवार होकर लिच्छवियों के राजपरिवारों के सदस्य भी तथागत की शरण में आम्रवन पहुँचे। आनन्द ने शाक्यमुनि को सूचना दी। तथागत ने कहा :

"आने दो उन्हें भी आनन्द!"

लिच्छवी परिवार बुद्ध के समीप पहुँचे। सभी ने झुककर उन्हें प्रणाम किया। साथ-साथ ही उन्होंने स्वयं अपना-अपना नाम लेकर परिचय भी दिया। प्रणाम करने के बाद वे बैठ गए और गौतम बुद्ध ने उन्हें धर्मोपदेश दिया। सभी लिच्छवी बुद्धवचन सुनकर हर्षित थे। फिर लिच्छवियों का गणप्रमुख अपने स्थान से उठा, उसने करबद्ध हो तथागत से प्रार्थना की :

"हे तथागत! कल समस्त भिक्षुओं के साथ आप हमारा भोजन ग्रहण कर कृतार्थ करें।"

"लेकिन, हे लिच्छवी गणप्रमुख! मैं वह किसी और का पहले ही स्वीकार कर चुका हूँ।"

"किसका भगवन्?"

"आम्रपाली का।"

लिच्छवी गणप्रमुख और उसके साथ आए अन्यों के चेहरों का रंग उड़ गया। घमण्डी और नारी को तुच्छ समझने वाले लिच्छवियों से पहले ही तथागत को भोजन पर आमंत्रित कर आम्रपाली ने उन्हें पराजित कर दिया। अब कुछ नहीं हो सकता था। गौतम बुद्ध द्वारा स्वीकृत आमंत्रण को बदला नहीं जा सकता था। लिच्छवियों ने तथागत को प्रणाम किया, उनकी प्रदक्षिणा की और वे भी आम्रवन से वैशाली को लौट गए।

वैशाली पहुँचकर उन्होंने आम्रपाली से निवेदन किया :

"आम्रपाली! तू चाहे जितना धन, जितनी सम्पदा हमसे ले ले, लेकिन तथागत को कल का भोजन हमारे यहाँ ग्रहण करने का अवसर दे दे।"

"नहीं लिच्छवियों! तुम सारी वैशाली और वैशाली की सत्ता भी मुझे दोगे, तो तब भी मैं यह सुअवसर तुम्हें नहीं दूँगी।"

निराश-हताश व पराजित लिच्छवी लौट गए और आम्रपाली ने तथागत एवं भिक्षुओं के स्वागत-सत्कार और भोजन की तैयारी प्रारम्भ की। स्वयं अपनी देख-रेख में उसने स्वादिष्ट भोजन तैयार कराया और जब अगले दिन पूर्वाह्न में गौतम बुद्ध भिक्षुओं सहित अभूतपूर्व ढंग से सजाए गए सप्तभूमि प्रासाद पधारे, तो आम्रपाली ने स्वयं ही खाद्यपदार्थ परोसे।

भोजन समाप्त हुआ; आम्रपाली एक आसन लेकर तथागत के निकट बैठ गई। शाक्यमुनि ने धर्मोपदेश दिया, वह सन्तुष्ट हुई। उसे अपने जीवन के अनुभव से गौतम बुद्ध के वचनों में शत-प्रतिशत सत्यता जँची। उसने सुन्दरता का उदाहरण रहा अपना यौवन देखा था; प्रौढ़-अवस्था में सुन्दरता और शक्ति का ह्रास होते भी वह देख रही थी। यही नहीं, काया का भविष्य में विनाश हो जाएगा, यह भी उसे ज्ञात था। इसलिए तथागत के आगमन को जीवन का सबसे महान अवसर मानते हुए, वह सप्तभूमि प्रासाद में ही पूरे भिक्षुक संघ की उपस्थिति में शाक्यमुनि के समक्ष करबद्ध होकर खड़ी हो गई।

तथागत ने उससे पूछा :

"आम्रपाली क्या चाहती है?"

"भगवन्! किसी भिक्षुक का उत्तरीय।"

तथागत के संकेत से आनन्द ने अपना चीवर आम्रपाली को दे दिया। कुछ समय के लिए आज्ञा लेकर वह भीतर अपने कक्ष में गई। वहाँ से लौटी तो उसी चीवर से उसने अपनी सारी काया को ढका हुआ था। उसने सब कुछ त्याग दिया था। वह उसी स्थिति में बुद्ध के चरणों में गिर गई। तथागत ने उसके सिर पर हाथ रखा और उससे पुनः पूछा :

"आम्रपाली! अब क्या चाहिए?"

"भगवन्! मेरे जीवन का एक-एक दिन विडम्बना भरा रहा है; मेरी काया कलंकित रही है; शुभकर्मों से मैं वंचित रही हूँ। मेरी व्यथा का कोई पार नहीं...। लेकिन तथागत के चरण मेरे आवास पर पड़े और मुझे ज्ञानचक्षु प्राप्त हुए, तो मेरी व्यथा समाप्त हुई; सब कुछ पवित्र हो गया। अब मेरी एक प्रार्थना है...।"

"वह क्या आम्रपाली?"

"यह सप्तभूमि प्रासाद, समस्त सम्पदा, धन आदि आपको समर्पित है।"

तथागत ने मौन रहकर आम्रपाली का दान भिक्षुक संघ के लिए स्वीकार किया। तदोपरान्त वे भिक्षुक संघ सहित आम्रवान लौट गए।

आम्रवन में आसन पर बैठे कुछ समय ही व्यतीत हुआ था कि आम्रपाली केशों को साफ कर और काषाय वस्त्र धारण कर नंगे पैर वहाँ आ पहुँची। आनन्द ने उसे देखा, तो पूछा :

"देवी आम्रपाली यहाँ क्यों आई हो?"

"मैं प्रव्रजित होना चाहती हूँ भन्ते!"

"यहीं ठहरो! मैं अभी आता हूँ।"

आनन्द तथागत की शरण में पहुँचा। उसने उन्हें बताया कि आँखों में आँसुओं का सागर लिए, केशरहित, काषाय वस्त्र धारणकर आम्रपाली द्वार पर खड़ी है और प्रव्रज्या की याचना कर रही है। तथागत कुछ क्षण मौन रहे, फिर उन्होंने आनन्द से कहा :

"आनन्द! यदि आम्रपाली भी निर्धारित आठ गुरुधर्मों को स्वीकार करती है, तो उसे प्रव्रज्या मिलेगी।"

आनन्द ने आम्रपाली को आठ गुरुधर्म स्वीकार करने की शर्त बताई; उसने दृढ़निश्चय कर सहर्ष शर्तें स्वीकार कीं। आनन्द उसे लेकर शाक्यमुनि के पास पहुँचा। आम्रपाली ने तथागत की प्रदक्षिणा की और उनके सम्मुख करबद्ध होकर कहा :

"बुद्धं शरणं गच्छामि,
धर्मं शरणं गच्छामि,
संघं शरणं गच्छामि।"

वह प्रव्रजित हुई। तथागत ने उससे कहा :

"आम्रपाली जा! प्राणी-कल्याण के लिए जुट जा।"

"मैं तथागत के वचनों के अनुरूप ही बरतूँगी", इतना बोलकर वह पुनः करबद्ध हो गौतम बुद्ध के समक्ष झुकी; फिर सीधी खड़ी हुई और दूसरे ही क्षण नीची दृष्टि कर चल पड़ी भिक्षुणी संघ की ओर...।

आम्रपाली की प्रव्रज्या के बाद तथागत वैशाली के ही वेलुग्राम पहुँचे, वहीं उन्हें अपना वर्षावास पूर्ण करना था। वेलुग्राम में विहार के समय वे रुग्णावस्था में पहुँच गए; स्थिति अति शोचनीय हो गई, लेकिन अपने मनोबल से रुग्णता की पीड़ा को तथागत ने सहन किया। वे यद्यपि ठीक हो गए, लेकिन उनकी काया अति दुर्बल थी। आनन्द उनकी दशा देखकर बहुत दुखी होता था। शाक्यमुनि की ऐसी रुग्णता उसने पहली बार देखी थी। वे एक बार तो मरणासन्न अवस्था को पहुँच गए थे। ऐसे में उन्होंने आनन्द से कहा :

"आनन्द! दुखी मत हो। पर-सहायता की अपेक्षा व्यर्थ है; स्वावलम्बन सर्वश्रेष्ठ है। सद्-धर्म दीपशिखा है; सत्य सब से महान मित्र है।"

और फिर तथागत ने दुर्बल अवस्था में ही पूर्वाह्न में भिक्षापात्र उठाया, चीवर कन्धे पर रखा तथा वृद्धावस्था में स्वयं भिक्षाटन के लिए निकले...।

◆◆◆

अन्तिम उपदेश-अन्तिम प्रव्रज्या

वेलुग्राम में आनन्द उदास था। वह गम्भीर तथा चिन्तित भी था। गौतम बुद्ध भिक्षाटन से लौटे तो उन्होंने उससे पूछा :

"क्या बात है आनन्द!"

आनन्द मौन रहा। गौतम बुद्ध पुनः बोले :

"क्यों उदास हो? क्या चिन्ता है?"

आनन्द फिर भी कुछ नहीं बोला। गौतम बुद्ध मुसकाए और उससे कहने लगे :

"आनन्द! चापाल तो वेलुग्राम से भी अधिक रमणीय है न! चलो आनन्द! वहीं चलते हैं।"

आनन्द पीछे-पीछे था और तथागत आगे-आगे। वे चापाल पहुँचे। आनन्द ने आसन बिछाया; तथागत की पाद सेवा प्रारम्भ की। बुद्ध कुछ क्षण शान्त मुद्रा में रहे, और फिर कहने लगे :

"आनन्द! मैंने तुमसे पहले ही कहा था कि प्रियजनों से विछोह होना ही होता है। तुम फिर भी उदास हो! क्यों? क्या मेरे सम्बन्ध में विचार करके?"

आनन्द अब भी मौन था। लेकिन उसकी आँखें स्पष्ट कर रही थीं कि वह गौतम बुद्ध के सम्बन्ध में विचार करके ही चिन्तित था; उसे तथागत का साथ छूट जाने का भय हो चला था; वही उसकी उदासी का कारण था। गौतम बुद्ध ने बात को स्पष्ट करते हुए कहा :

"सुनो आनन्द! मेरे परिनिर्वाण का समय निकट आ गया है। तीन माह की अवधि के उपरान्त मेरा परिनिर्वाण हो जाएगा।"

आनन्द की आँखें भर आईं। गौतम बुद्ध ने उससे कहा :

"इतने वर्षों तक मेरे साथ रहे हो आनन्द! यह क्यों?"

आनन्द ने अपने को सँभाला। तथागत महायोगी थे। उन्होंने चापाल में यौगिक क्रियाओं से आयु संस्कार का त्याग किया। तदोपरान्त उन्होंने आनन्द से कहा :

"आनन्द चलो! अब आगे चलते हैं।"

"जो आज्ञा भन्ते!"

आनन्द तथागत की इच्छा को शिरोधार्य कर उनका अनुगमन करते रहे। वे मार्ग में महावन पहुँचे। बुद्ध आनन्द से कहने लगे :

"आनन्द! इस समय जितने भी भिक्षुक आस-पास में हों, उन सबको इकट्ठा करो।"

आनन्द ने भिक्षुओं को इकट्ठा किया। तथागत ने उनके समक्ष प्रवचन करते हुए कहा :

"भिक्षुओं! मेरा समय पूर्ण होने को है। जो योग्य था, वह सब मैंने किया; सब आपके समक्ष रखा। भिक्षुओं! आलस्य कभी मत करना; सावधानीपूर्वक जीवन जीना; चित्त की रक्षा करना, बहुतों के कल्याणार्थ, सुखार्थ और हितार्थ विचरण करना।"

"और", उन्होंने कहा, "भिक्षुओं! तथागत के निर्देशों पर मनन करना; कसौटी पर उन्हें कसना, पूर्णतः संशयरहित होकर ही बरतना।"

भिक्षुओं को उपदेश देकर गौतम बुद्ध ने आनन्द से कहा :

"आनन्द! चलो और आगे बढ़ो।"

"अब किस ओर तथागत?"

"कुशीनगर की ओर आनन्द!"

कुशीनगर की ओर बढ़ते हुए तथागत पावा पहुँचे और चुन्द कुम्हार के आम्रवन में रुके। चुन्दपुत्र को ज्ञात हुआ तो वह तथागत की शरण में पहुँचा और उसने उनसे अगले पूर्वाह्न में भोजन ग्रहण करने की प्रार्थना की। तथागत ने मौन रहकर सहमति दी और पूर्वाह्न होने पर भिक्षुओं सहित चुन्दपुत्र के आवास पर पहुँचे।

गौतम बुद्ध ने भोजन ग्रहण किया। लेकिन आम्रवन पहुँचते ही वे अस्वस्थ हो गए। उन्हें रक्तस्राव हुआ। स्वास्थ्य बिगड़ने लगा। उन्होंने आनन्द से तुरन्त कुशीनगर प्रस्थान करने को कहा। आनन्द ने तथागत से पूछा :

"क्या अभी ही?"

"हाँ आनन्द! अभी इसी समय।"

आनन्द तथागत की दुर्बल हो गई काया को देखकर दुखी था। वह चाहता था कि बुद्ध कुछ समय विश्राम करें। काया में बल लौट आए, तभी प्रस्थान करें। लेकिन शाक्यमुनि ने आनन्द से कहा :

"आनन्द! तथागत की दुर्बल काया का विचार न करो। मेरी इन्द्रियाँ वश में हैं, मैं शान्त हूँ; मैं स्थिर हूँ। मैं आज रात्रि के पिछले प्रहर में ही कुशीनगर के शालवन में परिनिर्वाण प्राप्त करूँगा। आनन्द! मेरे लिए दुख-व्यथा को पास न आने दो। चलो कुशीनगर की ओर...।"

२

तथागत के कदम कुशीनगर की ओर उठने ही वाले थे कि चुन्दपुत्र आ गया। वह बहुत दुखी-व्यथित था। गौतम बुद्ध ने आनन्द से कहा :

"आनन्द! चुन्दपुत्र से कहो, दुख न माने। व्यथित न हो। मैं जानता हूँ वह इसलिए दुखी है, क्योंकि वह समझता है कि उसका भोजन ग्रहण कर मेरी यह दशा हुई है।"

चुन्दपुत्र की आँखों में आँसू थे। तथागत ने आगे कहा :

"लेकिन इसके यहाँ भोजन लेने से मैं रुग्ण नहीं हुआ हूँ आनन्द! चुन्दपुत्र को बोलो वह चिन्तारहित हो जाए; व्यथा से निकल आए।"

चुन्दपुत्र गौतम बुद्ध के चरणों में गिर गया। उन्होंने चुन्दपुत्र के सिर पर हाथ रखते हुए कहा :

"तुम्हारा भोजन ग्रहण करके तो मैं परिनिर्वाण प्राप्त करने जा रहा हूँ चुन्दपुत्र! तुम दुखी क्यों हो? मेरे जीवन में दो भोजन सर्वाधिक महत्त्वपूर्ण रहे हैं। प्रथम, सुजाता का। उसे ग्रहण कर मुझे पूर्ण बुद्धत्व-ज्ञान प्राप्त हुआ। दूसरा,

तुम्हारा चुन्दपुत्र! इसे ग्रहण कर मैं परिनिर्वाण को प्राप्त हो रहा हूँ। जाओ! दुख, व्यथा, चिन्ता से मुक्त हो जाओ।"

तथागत ने अन्तिम समय में भी चुन्दपुत्र पर भरपूर करुणा बिखेरी; उसे चिन्तामुक्त किया, उसे दुखरहित किया एवं व्यथा से उबारा।

बुद्ध कुशीनगर पहुँचे। उन्होंने आनन्द और साथ आए भिक्षुओं के साथ शालवन में प्रवेश किया। तथागत की काया थकी थी, इसलिए आनन्द ने आसन बिछाया। शाक्यमुनि उस पर लेट गए। अन्तिम समय निकट आता जा रहा था। कुशीनगर में सर्वत्र चर्चा थी कि आज रात्रि में ही गौतम बुद्ध का शालवन में परिनिर्वाण होगा। इसलिए तथागत के दर्शनार्थ लोगों का ताँता लग गया। रात्रि के प्रथम प्रहर तक स्वयं आनन्द ने समस्त दर्शनार्थियों को गौतम बुद्ध के दर्शन कराए।

जब सब चले गए, और तथागत का अन्तिम समय आ गया, तो कुशीनगर का सुभद्र दौड़ता हुआ शालवन पहुँचा। वह व्यथित था। वर्षों से सम्यक् ज्ञान के प्रति शंका को दबाए बैठा था। अनेक बार गौतम बुद्ध के दर्शन किए थे, लेकिन शंका प्रकट कर उनसे समाधान लेने का साहस वह नहीं जुटा पाया था। इसीलिए बारम्बार इच्छा होने पर वह प्रव्रजित नहीं हो सका था। अब बुद्ध का अन्तिम समय था, तो वह शंका के समाधानार्थ शालवन पहुँचा था।

आनन्द ने दौड़कर आए व्यथित सुभद्र को देखा, तो उससे पूछा :

"सुभद्र! इस प्रकार दौड़कर आने का क्या प्रयोजन है?"

"भन्ते आनन्द! वर्षों से एक धर्म-विषयक शंका से मैं ग्रस्त रहा हूँ।"

"तो!"

"उसी के समाधानार्थ तथागत की शरण में आया हूँ।"

"लेकिन सुभद्र! अब बहुत देर हो चुकी है। तथागत बहुत दूर चले गए हैं...।"

सुभद्र और व्यथित हुआ। उसके दुख में घनी वृद्धि हुई। वह अपने को कोसने लगा। "इतनी बार गौतम बुद्ध के दर्शन किए, लेकिन शंका के

समाधानार्थ उनसे निवेदन न कर सका; मैं कितना भाग्यहीन हूँ?" सुभद्र अपने से कह रहा था। लेकिन यह क्या? तथागत ने बहुत ही मधुर और ठहरे हुए शब्दों में कहा :

"आनन्द! सुभद्र को मत रोको। उसे मेरे पास आने दो। मैं नहीं चाहता अन्तिम व्यक्ति भी सम्यक् ज्ञान, सद्-धर्म के प्रति शंकालु रहे; बुद्ध के पास से खाली और निराश लौटे।"

तथागत के वचन सुनकर आनन्द ने सुभद्र से कहा :

"हे महाभाग्यशाली सुभद्र! जाओ तथागत के पास।"

सुभद्र गौतम बुद्ध के निकट जाकर बैठ गया। बुद्ध ने कहा :

"कहो सुभद्र! क्या शंका है?"

"भन्ते! सभी अपने-अपने मत की पूर्णता का, श्रेष्ठता का और महानता का दावा करते हैं। सभी यह कहते हैं कि उनका विचार सत्य है। मैं शंकित हूँ...।"

"कोई क्या कहता है? यह मेरे लिए महत्त्वपूर्ण नहीं है। मैंने अष्टांगिक मार्ग की खोज की है; इस मार्ग को धर्म-विनय के लिए आवश्यक बताया है। सुभद्र! तुम इस मार्ग की परीक्षा स्वयं करो; तभी तुम्हारी शंका मिट सकेगी। मैं इक्यावन वर्ष पूर्व प्रव्रजित हुआ था। अब मेरा परिनिर्वाण हो रहा है और इस अवसर पर मैं कह सकता हूँ कि जिस धर्म-विनय में अष्टांगिक मार्ग मौजूद हो, वहीं श्रमण उपलब्ध हो सकते हैं....। शेष सब कुछ स्वयं तुम पर है....।"

गौतम बुद्ध के दृढ़तापूर्वक कहे गए इन वचनों से सुभद्र की शंका मिट गई। उसने करबद्ध हो तथागत से प्रार्थना की :

"शाक्यमुनि गौतम! मुझे भी प्रव्रज्या दो।"

"सुभद्र! तुम्हें शंका रही है। तुम इधर-उधर भटकते रहे हो। उचित होगा, यदि तुम्हारे जैसा व्यक्ति चार माह की अवधि तक प्रतीक्षा करे; सम्यक् धर्मज्ञान-लाभ ले और परीक्षा में उत्तीर्ण होने पर ही प्रव्रजित हो...।"

"तथागत! मैं तैयार हूँ। यदि धर्मज्ञान-लाभ करते हुए मुझे चार माह तक प्रतीक्षा करनी पड़े, तो मैं करूँगा।"

तथागत को सुभद्र की दृढ-इच्छा पर पूर्ण विश्वास हो गया। उन्होंने जान लिया कि वह संशयरहित है। इसलिए गौतम बुद्ध ने आनन्द से कहा :

"आनन्द! सुभद्र को प्रव्रजित करो।"

सुभद्र ही तथागत का अन्तिम प्रव्रजित शिष्य था। वह शंकास्पद होकर उनके पास आया था, लेकिन पूर्णतः सन्तुष्ट होकर भिक्षुक बन गया।

सुभद्र की प्रव्रज्या के उपरान्त अन्तिम बार तथागत ने आनन्द को पुकारा और कहा :

"सभी भिक्षुओं को बुलाओ!"

आनन्द की पुकार पर तुरन्त समस्त भिक्षुक एकत्रित हो गए। गौतम बुद्ध ने उन्हें सम्बोधित करते हुए पूछा :

"भिक्षुओं! तुममें से किसी को भी धर्म के सम्बन्ध में कोई शंका हो, तो उसे प्रकट करो; धर्म से सम्बन्धित तुम्हारा कोई प्रश्न हो, तो कहो।"

कोई भिक्षुक नहीं बोला। सभी मौन थे। तथागत ने दूसरी बार भी यही पूछा। इस बार भी सभी मौन थे। उन्होंने तीसरी बार भिक्षुकों का आह्वान करते हुए फिर वही पूछा, लेकिन किसी के भी प्रश्न न किए जाने पर अन्ततः शास्ता ने कहा :

"भिक्षुओं! तुमने सत्यता से साक्षात्कार किया। मेरा कार्य पूर्ण हुआ। प्रमादरहित जीवन व्यतीत करो!"

ये शब्द कहकर बुद्ध परिनिर्वाण को प्राप्त हुए। बुद्ध वाणी बन्द हो गई। शालवन में अब कुछ क्षणों के लिए चहुँओर विराट शान्ति का वातावरण था। वहाँ एक अतिसाधारण प्रतीत होते महाश्रमण की साधारण से आसन पर पड़ी और गले तक चीवर से ढकी हुई काया थी और उसके निकट थी गत पचपन वर्षों से उनके पास मौजूद रही एकमात्र वही वस्तु : अर्थात भिक्षापात्र.....।

◆◆◆

शब्द-अभिप्राय

अपरिहार्य : आवश्यक, अनिवार्य।

अमात्य : मंत्री।

अर्हत : बौद्ध अथवा जैन सन्त; देवता; बुद्ध।

आजीवक : बुद्ध के समकालीन गोशाला के पंथ का सदस्य।

आम्रपल्लव : आम (के वृक्ष) के पत्ते।

इच्छाविरति : इच्छाहीनता; इच्छा न रखना।

उपस्थापक : प्रमुख सहायक; गौतम बुद्ध के बाद संघ में मुख्य स्थान प्राप्त कर्ता (आनन्द के लिए प्रयुक्त)।

उपसम्पदा : (बौद्ध रीति से) सन्यास।

कुक्षि : गर्भाशय।

केलिरत : रति क्रीड़ा में संलग्न।

चीवर : बौद्ध भिक्षुक द्वारा कन्धे पर रखा जाने वाला वस्त्र; अंगोछी।

धात्री : देखभाल करने वाली; अन्य के शिशु की पालना करने वाली।

नीलपद्म प्रासाद : प्राचीन वैशाली की नगरवधू आम्रपाली का भव्य स्थान, जो अपने नीले कमलों वाले सरोवर के लिए प्रसिद्ध था।

परिचारिका : सेविका; दासी।

पुष्करिणी : तालाब; हौज।

प्रत्युत्थान : आगन्तुक के सम्मान में खड़े हो जाना।

प्रतीत्य : दृश्य; प्रकट (होता या होती)।

प्रदक्षिणा : दाँई ओर से प्रारम्भ करते हुए किसी व्यक्ति अथवा वस्तु के चारों ओर चक्कर लगाना।

प्रवर्तक : प्रारम्भकर्ता; स्थापनाकर्ता; सूत्रधार।

प्रवर्तन : प्रारम्भ; स्थापना; विकास।

प्रव्रज्या : (बौद्ध रीति से) सन्यास।

बोधि वृक्ष : वह वृक्ष जिसके नीचे समाधिस्थ होकर बैठने के उपरान्त बोधिसत्त्व को बुद्धत्व-ज्ञान प्राप्त हुआ।

बोधिसत्त्व : सत्य-अन्वेषक; सत्यज्ञाता।

महामात्य : महामंत्री।

महाश्रमण : महाभिक्षुक (बौद्ध), महासन्यासी।

महाश्रावक : महाबौद्ध सन्त; महाबौद्ध सन्यासी।

मृगदाव : मृगों का स्थान; ऋषिपत्तन में बुद्ध के समय एक खुला, अतिरमणीय और शोभायमान स्थान, जहाँ मृग निर्भयपूर्वक विचरण करते थे।

मागध : प्राचीन मगध (राज्य) के निवासी; मगध के नागरिक।

योजन : प्राचीनकालिक भारतीय दूरी मापन की एक इकाई, जो भिन्न-भिन्न क्षेत्रों में चार और अट्ठारह किलोमीटर के मध्य होती थी।

रस्स-कलश : स्तन; कुच; वक्षस्थल।

वाद्यशाला	: संगीतगृह।
विमाता	: सौतेली माँ।
विसंयोग	: पृथकता, संयोगहीनता।
शास्ता	: शासक, नियामक (तथागत गौतम बुद्ध के लिए प्रयुक्त शब्द)।
सप्तभूमि प्रासाद	: आम्रपाली का निवासस्थान, जहाँ वह प्रौढ़ अवस्था में रहती थी।
सम्बोधि	: ज्ञान।
सम्यक्	: ठीक; उचित; वास्तविक।
समाधिस्थ	: समाधि में; ध्यान में लीन।
समुत्पाद	: उत्पत्ति; उदय।
हलकर्षण	: हल चलाना, जोतना या खींचना।
क्षणिकवाद	: अस्थायित्व सम्बन्धी (बौद्ध) सिद्धान्त।